Susanne Wittek

»Es gibt keinen direkteren Weg zu mir als über Deine Kunst«

Rosa Schapire im Spiegel ihrer Briefe an Karl Schmidt-Rottluff 1950–1954

Künstler in Hamburg
Band 2

Herausgegeben von
Ekkehard Nümann

Susanne Wittek

»Es gibt keinen direkteren Weg zu mir als über Deine Kunst«

Rosa Schapire im Spiegel ihrer Briefe an
Karl Schmidt-Rottluff 1950–1954

WALLSTEIN VERLAG

Gefördert von der

und der

Martha Pulvermacher Stiftung

Bibliografische Informationen der Deutschen Nationalbibliothek
Die Deutsche Nationalbibliothek verzeichnet diese Publikation in der
Deutschen Nationalbibliografie; detaillierte bibliografische Daten
sind im Internet über http://dnb.d-nb.de abrufbar.

© Wallstein Verlag, Göttingen 2022
www.wallstein-verlag.de
Vom Verlag gesetzt aus der Stempel Garamond und der Thesis
Redaktion: Dr. Johannes Gerhardt, Hamburg
Lektorat: Frauke Hamann, Hamburg
Umschlaggestaltung: Susanne Gerhards, Düsseldorf
Umschlagabbildung: *Bildnis R. S.* (Ausschnitt aus einem Gemälde von
Karl Schmidt-Rottluff, 1915), Brücke-Museum,
Karl und Emy Schmidt-Rottluff Stiftung
Lithografie: SchwabScantechnik, Göttingen
Druck und Verarbeitung: Pustet, Regensburg

ISBN 978-3-8353-5197-4

Inhalt

»Vorhin war eine sehr nette Engländerin bei mir zum Tee, die übrigens Deine Bilder sehr bewundert, und brachte mir einen so herrlichen Anemonenstrauß mit, wie ich ihn noch nie in meinem Leben besessen habe. Das wäre so recht was für Dich – wie schade, dass die Reise etwas zu lang ist! Ja es ist schon etwas dran an dem alten Lied: Nie soll weiter sich ins Land / Lieb von Liebe wagen, / Als sich blühend in der Hand / Lässt die Rose tragen. / Oder als die Nachtigall ...«[1]

Rosa Schapire an Karl Schmidt-Rottluff am 5. Oktober 1950
(Brücke-Museum, Karl und Emy Schmidt-Rottluff Stiftung Berlin)

Vorwort des Herausgebers

Am Beginn des 20. Jahrhunderts stand die Idee einer Stiftung zur För-derung des wissenschaftlichen Lebens in der Freien und Hansestadt Hamburg. Visionärer Architekt war der Senator und spätere Bürger-meister Werner von Melle, dem es als Präses der Oberschulbehörde ge-lang, begüterte Hamburgerinnen und Hamburger für diesen Brücken-schlag zwischen Kaufmann- und Wissenschaft zu begeistern. Seit 1907 gestaltete die Hamburgische Wissenschaftliche Stiftung zukunftswei-sende Bestrebungen und Entwicklungen in der Hansestadt. Durch ihre Unterstützung konnten hervorragende Wissenschaftler nach Hamburg berufen werden; damit wurde sie zur Wegbereiterin der Gründung der Hamburgischen Universität 1919.

Im Fokus des großangelegten Programms Werner von Melles stand jedoch nicht nur die Wissenschaft, sondern auch die Kunst. Unterstützt von einem einzigartigen Netzwerk, dem gleichermaßen Museumsdirektoren (wie Justus Brinckmann oder Alfred Licht-wark), Kulturwissenschaftler (wie Aby Warburg oder Erwin Pa-nofsky), Kaufleute und Kunstmäzene (wie Alfred Beit oder Henry Newman) angehörten, strebte der Hamburger »Kultusminister im besten Sinne« nach einer institutionellen Verstetigung künstlerischer Impulse.

Dies tat aus ganz anderer Warte als der konservative Hamburger Senator auch Rosa Schapire, welcher der zweite Band dieser Reihe »Künstler in Hamburg« gewidmet ist. Der Jurist Gustav Schiefler, selbst engagierter Förderer der modernen Kunst, beschreibt sie in sei-ner Hamburgischen Kulturgeschichte als »Prophetin« des Expressio-nismus und insbesondere Karl Schmidt-Rottluffs. Rosa Schapires Name ist an erster Stelle derer zu nennen, die dafür gesorgt haben, dass diese Kunstrichtung in deutschen Museen heimisch geworden ist. Ob sie hierüber auch mit Werner von Melle leidenschaftlich gestritten hat – möglicherweise bei einem der Salons in Schieflers Villa in der Oberstraße, in den 1920er Jahren Treffpunkt der Hamburger Gesell-schaft und künstlerischen Avantgarde – ist unbekannt. Zuzutrauen wäre es ihr.

Ohne die finanzielle Unterstützung der Böttcher Stiftung und der Martha Pulvermacher Stiftung wäre die Drucklegung dieses Bandes nicht möglich gewesen. Ihnen beiden sei für dieses großzügige Engagement herzlich gedankt.

Dr. Ekkehard Nümann

Geleitwort von Leonie Beiersdorf

Was uns Frauen fehlt, ist »Des Künstlers Frau«
Oder gleichwertiger Ersatz.

In ihrem wunderbar ironischen Gedicht »Die Leistung der Frau in der Kultur« beschreibt die Lyrikerin Mascha Kaléko die Grenzen weiblicher Handlungsspielräume infolge der vielen Aufgaben von Frauen innerhalb der Familie. Was wir inzwischen als Care-Arbeit bezeichnen, beschnitt weibliche Karrieren, auch im vermeintlich unkonventionellen Kulturbereich.

Rosa Schapire hingegen verkörperte das radikal Andere. Unverheiratet und kinderlos, warf sich die materiell bescheidene, aber energische Intellektuelle auf ihre Ausbildung, den Beruf und die Pflege vieler Kontakte und Freundschaften gerade im kulturellen Feld Hamburgs. Als Feministin, Sozialistin, Ausländerin, Jüdin und Schwester einer – nach damaligem Verständnis – Kriminellen war sie in vielerlei Hinsicht eine Provokation, was ihr den Zutritt zu bestimmten Kreisen versperrte. Zudem entsprach die ledige Akademikerin, das »Fräulein Doktor«, einer devianten Sozialfigur und einem gängigen Topos, der beißendem Spott ausgesetzt war. Denn die wenigen promovierten Kunsthistorikerinnen befanden sich nicht selten in einer Sackgasse, wenn sie die Grenzen ihres Geschlechts zu überwinden suchten, aber höchst selten nur eine aussichtsreiche Stelle bekamen und ihr Milieu doch intellektuell überragten.

Lebensläufe wie jener von Rosa Schapire machen solche Systemgrenzen überhaupt erst sichtbar. Auch deshalb ist es ein großes Glück, dass sich Susanne Wittek als erfahrene Autorin und Forscherin von Exil-Biographien dieses Buches angenommen hat. Ihre sensible Auswertung des erhaltenen Briefwechsels zwischen Rosa Schapire und Karl Schmidt-Rottluff verdeutlicht, wie sehr die einstige Entscheidung Schapires für die unabhängige Ausübung ihres Berufs sie im Alter doch schmerzte, da sie, geplagt von körperlichen Leiden und fern der unerträglich gewordenen Heimat, bisweilen tiefste Einsamkeit empfand. Das Buch ergänzt die bisherige Literatur insbesondere zu Rosa Schapires englischem Exil um wichtige, zum Teil überraschende und

sehr persönliche Bekenntnisse einer bis ins hohe Alter wachen Intellektuellen. Zugleich wird das Verhältnis zwischen Schapire und
Schmidt-Rottluff erstmals wirklich charakterisiert. Ihre freundschaftliche Nähe erscheint genuin, wenn auch nicht immer konfliktfrei.
Manchmal ist eine gewisse Distanz zu spüren, unter der offenbar besonders Schapire litt. Doch zeugt diese Korrespondenz davon, dass
beide durch den Nationalsozialismus Traumata erlitten hatten, wenn
auch in unterschiedlichen Ausprägungen, und jeweils noch nach einer
neuen Verortung in der Nachkriegsgesellschaft suchten.

Es gelingt Susanne Wittek hervorragend, diese Ambivalenz in behutsame Worte zu fassen, sie historisch einzuordnen und die Authentizität der beiden Stimmen rhetorisch zu verstärken. Somit bietet dieses Buch viele neue Impulse, etwa für die kunsthistorische Analyse
von weiblicher Kunstpatronage im 20. Jahrhundert, für die historische
Exilforschung, aber auch für die soziologische Beschäftigung mit einer
außergewöhnlichen weiblichen Biographie. Ich wünsche ihm daher
eine große Resonanz fern jedweder Fachgrenzen.

Nicht zuletzt lädt dieser Band dazu ein, sich auf die Suche nach
Spuren von Schapires noch wenig bekannter Familie und Jugend in
Brody in der heutigen Ukraine zu begeben. Doch müssen diese Forschungsinteressen als nachrangig in der aktuellen Situation gelten.
Während dieses Manuskript gedruckt wird, das sich so intensiv mit
der Exilerfahrung einer durch Verfolgung und Krieg entwurzelten
Person befasst, ist Schapires und Kalékos galizische Heimat von einem
neuen Krieg gezeichnet. Noch einmal möchte ich mir die Stimme Kalékos leihen, die schon vor rund 80 Jahren im »Kurzen Dialog« einen
eklatanten Mangel analysierte:

– Herr, du gabst uns die Welt, wie sie ist.
Gib uns doch bitte dazu
Das seinerzeit leider
Nicht mitgelieferte
Weltgewissen!

Dr. Leonie Beiersdorf

Vorbemerkung

Im Rückblick auf ihr langes Leben schrieb die 78-jährige Rosa Schapire an Karl Schmidt-Rottluff: »Hätte ich im Mittelalter gelebt, ich wäre wohl eine Nonne oder Heilige geworden.«[1] Zwar standen der 1874 in der Österreichisch-Ungarischen Monarchie geborenen vielseitig begabten, bildungshungrigen und temperamentvollen Frau (begrenzte) andere Wege offen, doch ähnlich einer Nonne oder Heiligen führte sie das Leben einer unverheirateten, kinderlosen Frau, die ihr Dasein einer übergeordneten Idee weihte. Denn um die Jahrhundertwende waren selbst wissenschaftlich qualifizierte Frauen, die für einen Beruf brannten, gut beraten, auf Ehe und Mutterschaft zu verzichten, und die ungewohnten Freiheiten im Verhältnis zwischen den Geschlechtern, die sich in der Weimarer Republik auftaten, lockten – soweit das aus heutiger Sicht beurteilt werden kann – Rosa Schapire nicht. Als alleinstehende, ökonomisch unabhängige Intellektuelle war sie Pionierin eines neuen weiblichen Selbstverständnisses.

Auch in anderer Hinsicht war sie ihrer Zeit weit voraus. 1904 promovierte sie als eine der ersten Frauen in der jungen Disziplin der Kunstgeschichte, die damals eine Männerdomäne war, und im späten deutschen Kaiserreich begeisterte sie sich entgegen dem konservativen Zeitgeist für die Ausdrucksformen des Expressionismus, speziell für die 1905 gegründete Künstlergruppe »Brücke« und deren Mitbegründer Karl Schmidt-Rottluff. Urteilssicher vertrat sie ihren Standpunkt als eine der frühesten Förderinnen dieser Avantgardisten, die nicht auf die sachlich getreue Abbildung des Gesehenen zielten, sondern auf der Suche nach einer gesteigerten Ausdruckskraft ihre Werke aus der subjektiven Empfindung heraus in starken Formen und intensiver Farbgebung schufen – und überdies mit ihren Anhängern den Wunsch nach einem Ausbruch aus gesellschaftlichen Konventionen teilten. Schapires furchtloser, unbeirrter Einsatz für die neue Kunstrichtung, die den Ersten Weltkrieg überdauerte, aber von den Nationalsozialisten als »entartet« verfemt wurde, sicherte ihr einen hervorragenden Platz in der Kunstgeschichte.

Dank ihrer Flucht aus Hitler-Deutschland nach Großbritannien überlebte sie den Holocaust, und sie entging auch dem deutschen Bomben-

hagel über ihrem Exilort London im Zweiten Weltkrieg. In den knapp
siebzig Jahren, die seit ihrem Tod im Jahr 1954 vergangen sind, wurde sie
immer wieder Gegenstand wissenschaftlicher Forschung. Bereits 1958
brachte der Kunsthistoriker Gerhard Wietek, späterer Landesmuseumsdirektor des Landes Schleswig-Holstein, eine Publikation über die Postkarten der Brücke-Künstler an ihre Förderin[2] heraus, er würdigte 1964
in einer ausführlichen biografischen Darstellung die zweifache Vorreiterrolle Schapires[3] und kam wiederholt auf sie zurück.

In den 1980er und 1990er Jahren behandelten die Kunsthistorikerin
Maike Bruhns, die mit ihren Forschungsarbeiten exilierte Künstler aus
der Zeit der NS-Diktatur vor dem Vergessenwerden bewahrt hat, und
der Kunstwissenschaftler und Brücke-Spezialist Gerd Presler in zahlreichen Aufsätzen Schapires Bedeutung für ihre Künstlerfreunde und
ihren zeituntypischen Lebenslauf. Beide steuerten 2009 auch Beiträge
zum Katalog der bahnbrechenden Ausstellung »Rosa. Eigenartig grün.
Die Sammlerin Rosa Schapire und die Expressionisten« bei. Diese im
Hamburger Museum für Kunst und Gewerbe unter der damaligen Direktorin Sabine Schulze von der Kunsthistorikerin Leonie Beiersdorf
kuratierte Ausstellung, die anschließend in den Kunstsammlungen
Chemnitz gezeigt wurde, machte Schapire einem großen Kreis Kunst-
interessierter bekannt. Dass der exzellente weiträumig recherchierte
Ausstellungskatalog[4] rasch vergriffen war, belegt das große Interesse,
auf das er gestoßen ist. Auf seiner Basis konnte ich in meinem 2014 publizierten Buch *Absprung über Niemandsland. Hamburger Exil-Biografien im 20. Jahrhundert* im Auftrag der Herbert und Elsbeth Weich-
mann-Stiftung ein kurzes biografisches Kapitel über Schapire verfassen.[5]

Wichtige Forschungslücken schloss der 2017 erschienene Sammel-
band *Rosa und Anna Schapire. Sozialwissenschaft, Kunstgeschichte und
Feminismus um 1900*, herausgegeben von der Kunsthistorikerin Burcu
Dogramaci und dem Politikwissenschaftler Günther Sandner, der sich
überwiegend an eine (sozial-)wissenschaftlich orientierte Leserschaft
wendet.

Angesichts dieses fortgeschrittenen Erkenntnisstandes habe ich ge-
zögert, auf den Vorschlag der Hamburgischen Wissenschaftlichen
Stiftung einzugehen und der Literatur über Rosa Schapire eine weitere
Publikation hinzuzufügen. Doch ich habe mich dem Standpunkt der
Stiftung angeschlossen, dass eine kompakte Biografie fehlt, die der brei-

ten Öffentlichkeit Leben und Schaffen dieser außergewöhnlichen Frau
nahebringt: im Kontext der gesellschaftlichen Umbrüche während ihrer
Lebenszeit und vor dem Hintergrund des nationalsozialistischen Un-
rechtsregimes, das ihr den Weg ins Exil und schwerwiegende Entbeh-
rungen aufzwang. Wenn ich diese Leerstelle nun zu füllen suche, dann
baue ich auf den Arbeiten auf, die andere vor mir geleistet haben, füge
Erkenntnisse über eine bisher unbekannte »Ehrengabe« hinzu, die der
Süddeutsche Rundfunk Schapire aus seinem Künstlerfonds zusprach,
und widme mich schließlich ihren letzten vier Lebensjahren im Spiegel ihrer Briefe an Karl Schmidt-Rottluff und ihrer besonderen Beziehung zu ihm. Realisierbar wird Letzteres dank eines zweiwöchigen
Forschungsaufenthaltes im Archiv des Berliner Brücke-Museums, den
meine Auftraggeberin mir ermöglicht hat.

Dort wird ein kostbares Konvolut verwahrt, das die Karl und Emy
Schmidt-Rottluff Stiftung 2011 von den Nachfahren Roswita Stubbes,
der »Pflegetochter« des kinderlosen Ehepaares Schmidt-Rottluff, erworben hat: fünf Briefe des Künstlers an seine Förderin aus den Kriegs-
jahren 1939/40 und 516 Briefe, die beide einander schrieben, nachdem
ihre Korrespondenz während des Zweiten Weltkrieges nahezu sechs
Jahre lang unterbrochen gewesen war und sie sich nach dem Unter-
gang des »Dritten Reiches« wiedergefunden hatten. 175 Briefe, die
Schapire aus dem Londoner Exil an Schmidt-Rottluff sandte, sind erhalten: einer aus dem Jahr 1946 und 174 aus ihren letzten vier Lebensjahren von 1950 bis 1954. Von Schmidt-Rottluff liegen 341 Briefe aus
den Jahren 1945-1954 vor.[6]

Diese Korrespondenz ist umso wertvoller, als beide schon mit Beginn ihrer Freundschaft einen Briefwechsel begonnen hatten, den sie
jedoch zu großen Teilen vernichteten, wie Schapire ihrer Freundin
Agnes Holthusen berichtete: »Ich habe freilich auch alle Briefe von
Schmidt-Rottluff von 1908 bis 1939 verbrannt, um sie vor den Nazi[7]
zu retten, aber dies geschah auf seinen Wunsch, und ich war ja in
ständiger Gefahr einer Haussuchung. [...] Ich habe damals auch reinen
Tisch gemacht und alle anderen Briefe, darunter sehr Wesentliches,
mitverbrannt.«[8] Korrespondenz aus über dreißig Jahren haben die
Freunde unwiederbringlich zerstört – für Schapire »eine grausame
Notwendigkeit«[9] und für die Nachwelt der Verlust eines Schlüssels zu
einem bedeutenden Stück Zeit- und Kulturgeschichte.

Obwohl – oder gerade weil – Schapires erhaltene Nachkriegsbriefe
Aufschluss über ihre schweren letzten Lebensjahre und ihre nie nach-
lassende Bindung an Schmidt-Rottluff geben, stellt sich die Frage, ob
sie überhaupt ausgewertet und sogar zitiert werden dürfen, insbesondere da die beiden Briefpartner dazu eine erstaunlich vorausschauende
Haltung hatten, wie aus dem bereits erwähnten Schreiben an Agnes
Holthusen hervorgeht: »Ausserdem war an sich die Absicht, dass sie
nach meinem Tode zusammen mit mir verbrannt werden, da wir beide
fanden, er habe in seiner Kunst der Menschheit bereits genug geschenkt, und namentlich er nichts für die Veröffentlichung von Privat-
briefen übrig hat.«[10] Darf man sich als Biografin über eine so explizit
geäußerte Haltung hinwegsetzen?

Man darf – zu diesem Schluss bin ich gekommen –, wenn die Briefe
zum vertieften Verständnis der Protagonistin, ihrer Zeit und ihrer
Welt beitragen können. Und tatsächlich offenbaren die Briefe Schapires an Schmidt-Rottluff eine Frau, die trotz vielfältiger sozialer Kontakte unter ihrer exilbedingten Entwurzelung und unter Einsamkeit
litt, den Tod herbeisehnte und die briefliche Zuwendung Schmidt-
Rottluffs lebensnotwendig brauchte. Sie zeigen eine Frau, die noch als
fast 80-Jährige nie zur Ruhe kam, da existenzielle Sorgen sie unauf-
hörlich vor sich hertrieben, und die trotzdem die Kraft aufbrachte,
sich in ihrem Exilland für die Bekanntmachung des Expressionismus
einzusetzen. Auf ihre Briefe richte ich ein besonderes Schlaglicht, weil
sie sichtbar machen, welchen hohen Preis die kämpferische, emanzi-
pierte Schapire für ihren Idealismus und ihre Unabhängigkeit zu zah-
len hatte.

1. Eine Frau von morgen, die der »Voll-Entfaltung ihres Ichs« entgegengeht

Der Schlüssel zur Freiheit

Njekrassow, ein russischer Dichter, sagt, wir hätten den Schlüssel zu vielen Freiheiten bereits gefunden, nur der Schlüssel zur Freiheit des Weibes läge im tiefsten See, und Gott selbst könne ihn nicht finden. Den lieben Gott wollen wir auch dazu nicht bemühen, wir selbst wollen ihn finden und wir werden ihn finden in der Gesellschaft der Zukunft, in der Gesellschaft des Sozialismus.[1]

Das schrieb Rosa Schapire in ihrem ersten nachweisbaren Zeitschriften-Artikel, erschienen im September 1897 anlässlich des »Internationalen Frauenkongresses« in Berlin[2] unter dem Titel *Ein Wort zur Frauen-emanzipation* in der Zeitschrift »Sozialistische Monatshefte«. Darin kritisierte die Dreiundzwanzigjährige in ironischem Ton die »bürger-lichen Frauenrechtlerinnen«, die »in der Frauenfrage nur die Damen-frage sehen«, und erklärte, dass es allein dem Sozialismus »vorbehalten sein wird, die Frauenfrage zu lösen«.[3] In ihrer Skizze einer zukünftigen Gesellschaft trat an die Stelle des familiären Kochherds »die große all-gemeine Küche mit maschinellem Betrieb«, auch solle »die Erziehung nicht mehr in den Händen der Mutter liegen«, sondern »pädagogisch gebildete Kräfte […] werden auf Geist und Gemüth der jungen Men-schen einwirken«.[4] Unter Verweis auf »Ibsen's Nora« charakterisierte sie »die Frau von morgen, die sich mit dem Heute abzufinden weiß, und als ganzer Mensch mit der Vergangenheit bricht, um einem neuen Leben, der Voll-Entfaltung ihres Ichs entgegenzugehen« – eine For-mulierung, die wie ihr eigenes Lebenskonzept anmutet. Viel häufiger, so ihre Einschätzung, begegnete man allerdings im Leben und in der Literatur einer Frau, »die ihre ganze Persönlichkeit einsetzt, um ent-täuscht, flügellahm zu Grunde zu gehen oder sich einsam in sich selbst zurückzuziehen«[5] – Verhaltensweisen, zu denen sie nie geneigt zu ha-ben scheint, selbst in den härtesten Exiljahren nicht.

Rosa Schapire kam am 9. September 1874 als vierte von fünf Schwes-tern in einer gebildeten assimilierten jüdischen Familie in Brody zur

Lage Brodys in Mitteleuropa, um 1914[6]

Welt, einer Grenzstadt zwischen Österreich und Russland im habs-
burgischen Kronland Galizien und Lodomerien[7], das damals Teil der
Österreichisch-Ungarischen Monarchie war. Nach dem Ersten Weltkrieg gehörte die Stadt zur Republik Polen, nach dem Zweiten Weltkrieg zur Ukrainischen Sozialistischen Sowjetrepublik und seit 1991
zur nun unabhängigen Ukraine.[8] Dass bis heute nur eine lückenhafte
Rekonstruktion von Schapires Kindheit und Jugend, von ihrer Familie
und ihrem gesellschaftlichen Umfeld gelungen ist, liegt maßgeblich
daran, dass im Zuge von Brodys sich ändernden nationalstaatlichen
Zugehörigkeiten Archivbestände an wechselnde Orte verlagert wurden. Doch dank aufwendiger Recherchen des Teams um Burcu Dogramaci und Günther Sandner ist inzwischen bekannt, dass Schapires
Vater Kaufmann war und die Mutter Gutsbesitzerin in Brody.[9] Diese
»jüdischste Stadt der Habsburgermonarchie« hatte 1869, also ungefähr
zum Zeitpunkt von Schapires Geburt, einen jüdischen Bevölkerungs-

anteil von etwa 80 Prozent, während dieser Anteil im gesamten Galizien nur etwas mehr als 10 Prozent betrug.[10] Die Stadt war einer der wichtigsten Handelsplätze Osteuropas und ein Zentrum traditioneller rabbinischer Gelehrsamkeit.[11] Ihre gebildeten Schichten kamen infolge der Handelsbeziehungen nach Westeuropa mit der jüdischen Reformbewegung, der Haskala, in Berührung, die Ende des 18. Jahrhunderts von Berlin und Königsberg ausgegangen war. Viele Menschen schlossen sich ihr an und orientierten sich an der deutschen Sprache und Kultur.[12] Wegen »mangelhafter Schulverhältnisse« wurde Rosa zu Hause unterrichtet, neben Deutsch sprach sie Polnisch, Französisch und vermutlich auch Russisch,[13] doch überwogen deutsche und französische Elemente.[14] Das weltoffene Elternhaus war frei von fundamentalistischem Gedankengut und tolerant gegenüber Angehörigen anderer Religionen und Ethnien in dem zentraleuropäischen Vielvölkerstaat, wie es in Schapires eigener Formulierung zum Ausdruck kommt: »Zum Internationalismus war ich wohl durch Geburt, Erziehung, Lebensschicksal prädestiniert.«[15] Zur jüdischen Religion hatte sie als junge Erwachsene keinen Bezug.[16]

Im Jahr 1893 übersiedelte die Familie nach Hamburg – in einer Zeit, in der sich das Verhältnis der Geschlechter in der Gesellschaft des Kaiserreichs radikal veränderte. Seit den 1890er Jahren standen nach und nach einzelne Gymnasien und Universitäten auch Frauen offen, immer mehr Frauen arbeiteten in den modernen Bereichen Industrie, Verkehr und Handel. Berufsverbände vertraten die Interessen der weiblichen Belegschaft, und privilegierte bürgerliche Frauen hatten dank ihrer verbesserten Qualifikation die Chance, ein eigenes Einkommen zu erwirtschaften und ein eigenständiges Leben außerhalb der traditionellen Versorgungsehe zu führen.[17] Diese vielversprechenden Entwicklungen, die die Emanzipation von Frauen verhießen, riefen allerdings auch deren Gegner auf den Plan, etwa den 1893 in Hamburg gegründeten »Deutschnationalen Handlungsgehilfen-Verband«, der gegen weibliche Angestellte zu Felde zog, da seine männlichen Mitglieder ihre Arbeitsplätze durch die Kolleginnen bedroht glaubten und sozialen Abstieg fürchteten.[18] In diesem Klima ideologischer Kontroverse um die Position von Frauen nahm die 19-jährige Rosa eine Stelle als Kontoristin bei den Hamburger Elektrizitätswerken an. Gemeinsam mit ihrer drei Jahre jüngeren Schwester Anna setzte sie sich in Vorträ-

gen und Veröffentlichungen so engagiert für bessere Arbeitsbedingun-
gen insbesondere von Frauen ein, dass beide ab 1897 von der Politischen Polizei beobachtet wurden.[19]

Damals – 22 Jahre vor Einführung des allgemeinen und gleichen
Wahlrechts im Deutschen Reich – galten Frauen weder als berufs-
noch politikfähig, doch schlossen sie sich immer zahlreicher zu politischen und karitativen Frauenvereinen und Interessenvertretungen
zusammen.[20] Im Laufe der zwei Jahrzehnte um die Jahrhundertwende
wurden sie zu einer starken Bewegung, sie verlangten rechtliche Gleich-
berechtigung, politischen Einfluss in Kirche, Gemeinde und Staat, gleichen Zugang beider Geschlechter zu Ausbildung und Beruf, das Recht
auf ein ökonomisch unabhängiges Leben und das Recht auf sexuelle
Selbstbestimmung.[21] Ihre Forderungen stießen auf heftigen Widerstand
von Antifeministen, die sich (unter anderem) im »Deutschen Bund zur
Bekämpfung der Frauenemanzipation« organisierten, um »dem ganzen
modernen Spuk der Emanzipation […] ein Ende [zu] machen«[22]. Der
Bund, der aus Kreisen des konservativ, nationalliberal oder völkisch
gesinnten Bürgertums hervorging und zu einem Viertel aus Frauen bestand,[23] zielte darauf, strikte Geschlechtergrenzen aufrechtzuerhalten,
Frauen auf ihre traditionelle Rolle zu beschränken und überkommene
männliche Dominanz zu festigen.[24] Seine Meinungsführer argumen-
tierten mit dem Dualismus der Geschlechter, sie behaupteten, vermeintlich wissenschaftlich untermauert, die ausschließliche Bestimmung der
Frau liege in Mutterschaft und Hausarbeit, und sie begründeten diese
Zuordnung nicht nur mit den physischen Besonderheiten der Frau,
sondern auch mit einem ökonomischen Kalkül: »Die wichtigste aller
›Frauenarbeiten‹, auch sogar volkswirtschaftlich, ist, der großen Gesellschaft täglich einen an Leib und Seele erquickten Mann, und ihr
mit jeder Generation wohlgediehene und wohlerzogene Kinder zu
schenken.«[25] Mit ihrem Entschluss, sich dieser Art der »Frauenarbeit«
zu verweigern, stand Schapire in deutlicher Opposition zu jenen Kräften, die ihre biologistisch abgeleiteten Ideen von unterschiedlichen
Rechten, Pflichten und Chancen der Geschlechter dazu nutzen wollten, Frauen ein selbstbestimmtes Leben zu verwehren.

Ihre Schwester wurde 1898 wegen ihrer politischen Aktivität aus
Hamburg ausgewiesen, und obwohl Schapire von da an nicht mehr öffentlich politisch tätig gewesen zu sein scheint, sammelte die Politische

Polizei weiterhin Informationen über sie, darunter diverse Zeitungsar-
tikel über ihre kunsthistorische Arbeit, der sie sich von nun an schwer-
punktmäßig widmete.[26] In ihren mehr als dreihundert nachgewiesenen
Publikationen (Bücher, Zeitschriftenaufsätze, Rezensionen, Übersetz-
zungen, Ausstellungsbesprechungen und Herausgaben) aus den Jahren 1897 bis 1932 und 1947 bis 1954[27] ist der explizit politische Artikel
Ein Wort zur Frauenemanzipation singulär. Gleichwohl blieb die ge-
sellschaftliche Selbstermächtigung von Frauen durchgängiges Thema
ihrer Biografie – in ihrem beruflichen Handeln wie in ihrem privaten
Leben, in dem ihre Unabhängigkeit sie nicht selten teuer zu stehen kam.

In Hamburg empfing die junge Schapire wichtige Impulse, die ihr
Interesse an der Kunst befeuerten. Insbesondere Vorträge des Kunsthallendirektors Alfred Lichtwark und seines Kollegen Justus Brinckmann, Leiter des Museums für Kunst und Gewerbe, inspirierten sie,
ein Studium der Kunstgeschichte aufzunehmen.[28] Doch in der reichen
norddeutschen Kaufmannsstadt gab es keine Universität, denn die im
Kaiserreich regierenden bürgerlichen Parteien hielten an der Auffassung fest, eine Universität könnte die wirtschaftliche Stoßkraft der Stadt
schwächen.[29] Da, wo Universitäten existierten, waren sie im Allgemeinen Männern vorbehalten. Frauen, die studieren wollten, mussten mobil sein und einen Ortswechsel in Kauf nehmen – eine Hürde, die Schapire nicht schreckte. Sie immatrikulierte sich 1901 an der Universität
Bern, wo sie ein lateinisches Aufnahmeexamen ablegen musste, und
wechselte nach zwei Semestern als Gasthörerin an die Universität Heidelberg, die das Frauenstudium seit 1900 offiziell gestattete. Hier war
sie eine von 19 Frauen unter insgesamt 1640 Studierenden.[30]

Die als selbstständige Disziplin noch junge Kunstgeschichte war damals ganz am klassizistischen Kunstideal orientiert und entsprechend
eng aufgestellt. Erst zögernd begann eine wissenschaftliche Auseinandersetzung mit zeitgenössischer Kunst, und so war Schapire schon als
Studentin eine Pionierin, als sie sich 1901 in ihrem zweiten nachgewiesenen publizierten Text dem Werk Ferdinand Hodlers zuwandte: Er
hatte 1889/90 in seinem Gemälde *Die Nacht* die Themen Schlaf und Tod
mit ungeschönten, auch sexuell aufgeladenen nackten Körpern ausgelegt
und in der Schweiz einen Skandal verursacht.[31] Bereits hier zeigte sich,
dass Schapire grenzüberschreitenden neuen Darstellungen vorurteils-
los begegnete, den Umgang mit gesellschaftlichen Tabus nicht scheute

und zukünftige Entwicklungen intuitiv erfasste. Für ihre Dissertation
wählte sie jedoch, taktisch klug, ein Thema, mit dem sie bei ihren akademischen Lehrern nicht aneckte: 1904 wurde sie an der Universität
Heidelberg bei Henry Thode mit einer Arbeit über Johann Ludwig
Ernst Morgenstern, Frankfurter Architekturmaler des 18. und begin-
nenden 19. Jahrhunderts, promoviert.[32]

Eine folgenreiche Begegnung

Wenn Schapire sich entschied, mit dem frisch erworbenen Doktortitel 1905 nach Hamburg zurückzukehren, dann dürfte dabei eine Erfahrung maßgeblich gewesen sein, die sie 1903 als Studentin der Kunstgeschichte gemacht hatte: Bei einem Besuch der Elbmetropole hatte sie fasziniert festgestellt, dass es in der »Stadt der guten, frommen Beefsteakvertilger und gefüllten Kassen« aufgeschlossene Kunstkenner gab, die jenseits des Mainstreams Werke der Avantgarde sammelten[33] – ein guter Grund, diesen Ort erneut als Lebensmittelpunkt zu wählen. Sie streckte ihre Fühler in die kunstinteressierte Szene aus und nahm Kontakt zum 1906 gegründeten Hamburger Frauenclub auf. Hier traf sie gleichgesinnte Frauen, die genau wie sie »sich das Berufsleben als eigene Domäne erobern und damit aus den engumgrenzten Schranken des Familienlebens heraustreten« wollten.[34]

Es dauerte nicht lange, bis ein Erlebnis in den Räumen des Clubs im Antoine-Feill'schen Haus, Jungfernstieg 10, die Weichen für ihr weiteres Leben stellte: Anlässlich eines Vortrags der Kunstsammlerin Luise Schiefler, Vorsitzende der Kunstkommission des Clubs und Ehefrau des Hamburger Landgerichtsdirektors und Grafiksammlers Gustav Schiefler, sah sie zum ersten Mal Arbeiten Emil Noldes, der zu diesem Zeitpunkt Mitglied der expressionistischen Künstlergruppe Brücke und alles andere als anerkannt war. Schapire war von seinen Bildern wie elektrisiert und veröffentlichte kurz darauf einen überschwänglichen Aufsatz über eine Ausstellung seiner Werke in der Kunsthandlung Commeter.[35] Nolde dankte ihr:

> Ihre Abhandlung [...] und Ihr liebenswürdiger Brief brachten heute große Freude in unser kleines stilles Heim. Zum ersten Male sahen wir die Überschrift ›Emil Nolde‹ und zum ersten Male lasen wir ein so eingehendes und warmes Mitempfinden [...] Wenn unsere Rosen blühen, senden wir Ihnen die allerschönsten. Ihr Emil Nolde.[36]

Bei der Eröffnung einer Nolde-Ausstellung im Februar 1908 hielt sie einen Vortrag, ein zweiter Aufsatz[37] folgte. Es kam zu einer persönlichen Bekanntschaft mit ihm und seiner Frau Ada, doch bald trat eine

Ernst Ludwig Kirchner:
Porträt Gustav und Luise Schiefler, 1923.
Lithografie, 64,4 × 54,4 cm.
Hamburger Kunsthalle,
Kupferstichkabinett[38]

wechselseitige Entfremdung ein, die zeitlich in etwa mit Noldes Austritt aus der Brücke zusammenfiel.[39] 1934 sollte er sich darüber rückblickend ganz im Geiste der antisemitischen NS-Ideologie auslassen:

> Die schnell auflodernde Freundschaft zwischen ihr und uns brach wieder zusammen. Nur Asche blieb. Vom Winde verweht. In der Kunst war es meine erste bewusste Begegnung mit einem Menschen anderer Art als ich es war. […] Juden haben viel Intelligenz und Geistigkeit, doch wenig Seele und wenig Schöpfergabe. […] Juden sind andere Menschen als wir es sind.[40]

Das Ende der Beziehung zum Ehepaar Nolde änderte nichts daran, dass Schapire für den Expressionismus entbrannt war, im Gegenteil: Diese Passion wurde trotz der inhaltlichen Breite ihrer Interessen zum alles überstrahlenden Thema, vermutlich auch infolge ihrer Begegnung mit der Schlüsselfigur ihres Lebens, dem Maler und Grafiker Karl Schmidt-Rottluff, im Jahr 1908. Beide befanden sich in der Blüte ihrer Jahre, sie war 34 Jahre alt, er 24. Der initiale Moment, so kurz er auch gewesen sein mag, ereignete sich am 22. März, als sie einander zum ersten Mal sahen. Noch sechsundvierzig Jahre später sollte Schapire dem Freund erklären, »dass niemand und nichts in meinem Leben und für meine Entwicklung von solcher Bedeutung war und ist wie die schicksalvolle

Emil und Ada Nolde,
Kopenhagen 1902

Begegnung mit Dir am 22. März 1908«.[41] Hierauf scheint sich zu beziehen, was sie ihm wenige Wochen vor ihrem Tod bekannte:

> In Bezug auf Schmilinskystraße – ich glaube, es Dir nie gesagt zu haben – weißt Du auch, welches mein erster Eindruck war, als Du kamst und sofort wieder gehen musstest, weil Du unangemeldet kamst und ich meine Einladung zu einer großen Gesellschaft nicht nach Hamburger Etikette im letzten Augenblick rückgängig machen konnte – – ›solch ein stiller, scheuer Mensch, ich möchte gut zu ihm sein.‹ Dies habe ich auf ersten Anhieb nie zuvor und nie wieder empfunden. Und es ist mir unvergesslich geblieben.[42]

Anscheinend verabredeten sie sich für den Folgetag, um den ausgefallenen Besuch nachzuholen, denn ihr Treffen ist verbrieft dank des ersten Geschenks, das Schmidt-Rottluff der Kunstliebhaberin machte: seine Lithografie *Die Pappel* von 1907, versehen mit der Widmung: »Fräulein Dr. Schapire in freundlicher Erinnerung an die Teestunde vom 23.3.1908.«[43] Ort des Treffens war vermutlich erneut ihre Wohnung, jedenfalls wirkt es angesichts der Visite vom Vortag plausibel, wenn es bei Wietek heißt, der Künstler habe Schapire »auf Anregung Gustav Schieflers erstmals am 23.3.1908 in ihrer Wohnung in der Schmilinskystraße aufgesucht«[44]. Jene Wohnung scheint in beider Ge-

Karl Schmidt-Rottluff, 1908-1910   Karl Schmidt-Rottluff, 1914

dächtnis einen festen Platz gehabt zu haben, denn als Schapire Schmidt-
Rottluff wenige Wochen vor ihrem Tod fragte »Weißt Du noch?«,[45]
blieb er die Bestätigung nicht schuldig: »Natürlich kann ich mich der
Schmilinskystraße noch erinnern – es gibt schon Dinge, die das Gedächtnis als wesentlich aufbewahrt – so vieles auch sonst ausfällt.«[46]

Es entwickelte sich zwischen ihnen eine enge Freundschaft, die fast
fünfzig Jahre lang – bis zu Schapires Tod – Bestand hatte und deren
Anfang in ihrer Erinnerung »weder von zwei Weltkriegen noch vom
Nazismus überwuchert werden« konnte.[47]

Nach Schmidt-Rottluff, in ihren Augen bald »der weitaus grösste
unter den Brücke-Künstlern«,[48] lernte sie auch Fritz Bleyl, Erich
Heckel und Ernst Ludwig Kirchner kennen. Alle vier hatten im Jahr
1905 die Künstlergruppe Brücke gegründet, sie waren zwischen 20 und
25 Jahre alt, ehemalige Architektur-Studenten der Technischen Hochschule Dresden, Autodidakten, die höhnische Kritik an ihrer Kunst in
Kauf nahmen. Sie verspürten keinerlei Neigung zu etablierten Kunst-
auffassungen, sondern stellten sich bewusst gegen jede malerische
Konvention und stürmten gegen die damaligen naturalistisch und im-

pressionistisch geprägten Sehgewohnheiten an. Statt um eine wirk-
lichkeitsgetreue, »schöne« Abbildung des Wahrgenommenen ging es
ihnen um die Herausarbeitung des eigentlich Essenziellen, wie Schapire erklärte: »Nicht die äußere Erscheinung gilt, der innerste Kern, das
Wesenhafte des Menschen wird offenbar.«[49] Indem sie in ihrer Malerei
die Farbe dramatisch steigerten, um die Fülle des inneren Erlebens sichtbar zu machen, erreichten sie eine »Verlebendigung des Bildgeschehens
durch ein formsprengendes oder -auflösendes Farbgeschehen«.[50] Mit
holzschnittartigen Formen schufen sie ein »archetypisches, formal ver-
einfachtes Menschenbild«, das sich von den Darstellungen der voraus-
gegangenen Epochen radikal abgrenzte.[51] In ihrer Kunst, die vielfach
nackte Menschen in der Natur zeigte, begehrten sie gegen überkommene Normen ihrer Zeit auf. Sie strebten nicht nur die Entwicklung
einer neuen Bildsprache an, sondern sie wünschten sich, dass aus der
Kunst heraus im »Reich des Geistigen« ein
Wandel stattfände.[52] Mit ihrer Rebellion gegen
die Traditionen des konservativen, saturierten
Bürgertums des Wilhelminischen Zeitalters
wollten sie eine Erneuerung der Menschen
und ihrer Lebenshaltungen anstoßen. Während »ihr Suchen nach neuen Wegen sie […]
gegen Theorien skeptisch bleiben ließ« und sie
»nichts von Theorien (hielten)«, wie der Brücke-Spezialist Heinz Spielmann[53] erklärt, for-
mulierten sie für ihren ungestümen Aufbruch
ein Programm, von dem sich auch ihre neue
Bewunderin angesprochen fühlte:

Mit dem Glauben an Entwicklung an eine
neue Generation der Schaffenden wie der
Genießenden rufen wir alle Jugend zusammen und als Jugend, die die Zukunft trägt,
wollen wir uns Arm- und Lebensfreiheit
verschaffen gegenüber den wohlangesesse-
nen älteren Kräften. Jeder gehört zu uns, der
unmittelbar und unverfälscht das wieder-
giebt, was ihn zum Schaffen draengt.[54]

Ernst Ludwig Kirchner und Fritz Bleyl:
Programm der »Brücke«, 1906,
Holzschnitt

Rasch wurde Schapire sogenanntes passives Mitglied in dem Freundeskreis, der sich um die Brücke bildete und in etwa die Funktion eines För-
dervereins hatte. Intellektuell eigenständig und unabhängig, trat sie der
Vereinigung genau in den Tagen bei, als bodenlose Schmähungen auf die
Künstler niedergingen, etwa indem von der »Notdurft einer künstlerischen Begabung« die Rede war.[55] Die vernichtenden Urteile der etablierten Kritiker verunsicherten die eigenwillige Expertin nicht – vielleicht
auch, weil sie in der Kunst ihrer neuen Freunde einen weitreichenden
politischen Anspruch aufscheinen sah, wie die britische Kunsthistorikerin Shulamit Behr erläutert: Demnach glaubte
Schapire an

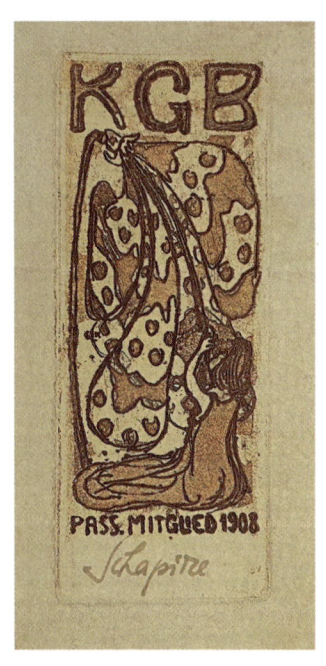

eine in Gelehrsamkeit und künstlerischem
Streben begründete künstlerische Utopie. Die
Künstlergruppe Brücke stand für einen Primi-
tivismus und eine Authentizität, die dem eman-
zipatorischen Ideal Schapires entsprachen –
einem Ideal, das den Geschlechtern ermög-
lichte, gemeinsam der Zukunft ins Auge zu
blicken.[56]

Von nun an widmete sie sich intensiv der Bekanntmachung und Unterstützung der Gruppe,
sie besuchte sie in deren Dresdner Atelier und
in Dangast, einem kleinen Dorf am Jadebusen an
der Nordsee westlich von Bremerhaven, wo die
vier Maler in Meeresnähe gemeinsam im Freien
arbeiteten. Schapire vermittelte deren Werke an
Galerien, Käufer und Museen und warb für sie
in Ausstellungsrezensionen und Aufsätzen. Die
Künstler dankten es ihr in mehrfacher Hinsicht,
sie porträtierten sie und sandten ihr Postkarten
mit Skizzen ihrer jeweils aktuellen Werke oder
mit expressionistisch illustrierten persönlichen
Grüßen, die zu einer kostbaren Sammlung von
etwa hundertfünfzig Kunstwerken auf kleinster
Fläche anwuchsen.[58]

Ernst Ludwig Kirchner:
Mitgliedskarte für die passiven
Mitglieder der Brücke, 1908,
ausgestellt für Rosa Schapire.
Radierung, 17,6 × 8,8 cm.
Sammlung Hermann Gerlinger,
Stiftung Moritzburg –
Kunstmuseum des Landes
Sachsen-Anhalt, Halle,
ehemals Sammlung Schapire[57]

Dabei waren ihre Beziehungen zu
ihrer Förderin unterschiedlich eng.
Wietek erklärt, dass der nachträg-
lich zur Brücke hinzugestoßene
Max Pechstein, zu dem Schapire
nach dem Zweiten Weltkrieg wieder Kontakt aufnahm, gegenüber
ihrer »differenzierten Geistigkeit«
eine »auch später nicht geschwun-
dene Befangenheit« habe erkennen
lassen.[59] Mit Kirchner, dessen zwölf
erhaltene Postkarten den kleinsten
Teil des Konvoluts ausmachten[60],
scheint es in Hamburg zu Verstim-
mungen gekommen zu sein, jedenfalls schrieb er an seinen Förderer
Schiefler:

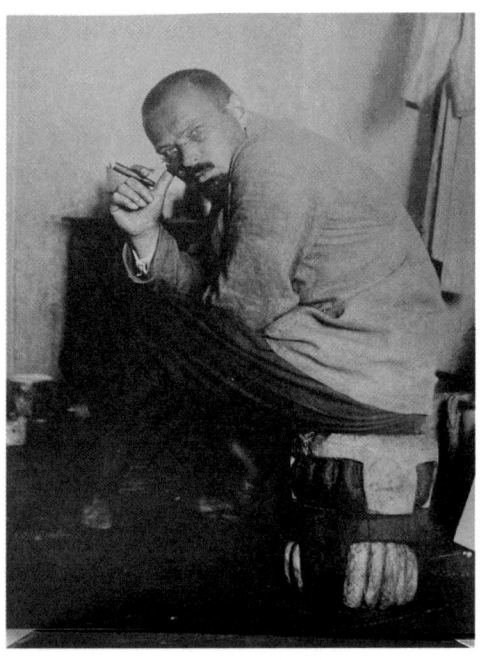

Karl Schmidt-Rottluff, um 1917

Fräulein Schapire fragte bei
mir an, ob sie den Absalom-
cyklus abholen dürfte, ich
habe es ihr verboten und ein für alle Mal ihre Unterstützung mir
verbeten. Ich kann mir nicht helfen, aber mein ganzes Empfinden
sträubt sich gegen diese Art Kunstbetrieb, wie ihn Fräulein Schapire
ins Werk setzt. Sie wird sich natürlich schwer beleidigt fühlen,
trotzdem ich ruhig und sachlich schrieb.[61]

Gleichwohl hielt sie noch im Londoner Exil daran fest, dass er und
Schmidt-Rottluff »die wirklich großen Begabungen von ›Brücke‹«
gewesen seien.[62] Mit Heckel war sie bis zuletzt verbunden, und sie
berichtete Schmidt-Rottluff: »[V]on Heckel kam wohl der netteste
und freundschaftlichste Brief seit vielen Jahren – als Dank für meinen Glückwunsch zu seinem 70. Geburtstag.«[63] Doch an Intensität,
Emotionalität und Dauer überstrahlte ihre Beziehung zu Schmidt-
Rottluff die zu den anderen von Anfang an und bis zum Schluss.

Zwischen Leidenschaft und Melancholie

Drei Jahre nach der ersten Begegnung mit Schmidt-Rottluff gelang es Schapire, in den Oberlichtsälen der Galerie Commeter, die sich für Avantgardekünstler einsetzte und in Hamburg eine Vorreiterrolle innehatte, eine Einzelausstellung seiner Gemälde mit dazugehörigem Katalog zu platzieren. Sie hielt am 8. Januar 1911 den Eröffnungsvortrag, in dem sie die künstlerische Tiefe Schmidt-Rottluffs rühmte. Ein Rezensent der Ausstellung widersprach allerdings und kommentierte Schapires Urteil mit unverhohlenem Spott.[64] Daraufhin veröffentlichte sie in der Zeitung »Der Hamburger« einen Aufsatz, in dem sie das aus ihrer Sicht Charakteristische der Werke Schmidt-Rottluffs auf den Punkt brachte:

Das Augenerlebnis ist der äußere Anstoß, aber durch die gestaltende Kraft des Künstlers werden Dinge eingetaucht in eine neue Sphäre und ihres Wirklichkeitsgehaltes entkleidet. Nicht der Abklatsch der Natur wird angestrebt, sondern das Geheimnis wird offenbart, das sich hinter der scheinbar unbelebten Materie verbirgt. […] Und aus menschlichen Köpfen wird herausgeholt, was sich hinter der Oberfläche verbirgt. Schmidt-Rottluffs Kunst unterscheidet sich prinzipiell vom Impressionismus. Gegenüber dem Analytisch-Zersetzenden, Auflösenden des Impressionismus gibt er die Synthese, ein konzentriertes Zusammenfassen, ein Heraustreiben des Wesentlichen, ein Reduzieren der Dinge auf ihre unmittelbarsten Komponenten. Komposition, Stil, Monumentalität in den glücklichsten Schöpfungen, treten an die Stelle des bloßen Naturausschnitts. Der Impressionismus geht dem Spiel des Lichtes nach, der Wiedergabe des Atmosphärischen, flimmerndem Sonnenschein und dunstigem Nebel. Kraft seines Prinzips kann er eine starke Farbenglut überhaupt nicht erreichen. Bei Schmidt-Rottluff schließen sich ein flammendes Rot, ein transparentes Grün, ein tiefes, sattes Blau, Gelb von aufregender Intensität zu neuen starken Akkorden und reichen Melodien zusammen. Man kann den optischen Reiz dieser Zusammenklänge empfinden, ehe man sich über die gegenständliche Bedeutung klar wird. Diese Kunst rührt an tiefe Verborgenheiten, und das mag den Zugang zu

Karl Schmidt-Rottluff: Bildnis S., 1911. Öl auf Leinwand, 84 × 76 cm,
Brücke-Museum, Foto: Nick Ash[65]

ihr erschweren. Ihr, der man Brutalität vorwirft, eignet ein mysti-
sches Element, und was sie in uns auslöst, sind keine bequemen Lu-
xusgefühle, sondern Empfindungen, die mit elementarer Gewalt auf-
steigen.[66]

In diesem Jahr, in dem der 27-jährige Schmidt-Rottluff dank dem Einsatz seiner Förderin in der zweitgrößten Stadt des Deutschen Reiches
an exponiertem Ort sichtbar wurde und seine Kunst Gegenstand einer
medial ausgetragenen Kontroverse war, schuf er sein *Bildnis S.*, das eine
entschlossen wirkende und ernst nach innen blickende Rosa Schapire
zeigt. Verschiedene Interpreten erkennen in dem Gemälde die »Vitalität« der Porträtierten[67], eine »spannungsreiche Gegensätzlichkeit« zwischen »kühler Überlegenheit und schwelender Glut«[68] oder im »Topos
des auf die geballte Faust gestützten Kopfes« den »melancholisch ver-

Karl-Schmidt-Rottluff-Zimmer
in Schapires Wohnung,
Osterbeckstraße 24, Hamburg,
nach 1924.
Raumgestaltung und Möbel
entworfen von Karl Schmidt-
Rottluff[69]

sunkenen Menschen«.[70] Der Schapire-Forscher Gerd Presler erspürt
in dem Porträt Schmidt-Rottluffs »Glück, verstanden und mutig ver-
teidigt zu werden«, und er betont, dass der Künstler es nie verkauft,
sondern bis zu seinem Tod behalten habe.[71] Glücklicherweise hat dieses besondere Gemälde im Keller von Schmidt-Rottluffs Berliner
Wohnhaus in der Bamberger Straße 19 den Zweiten Weltkrieg über-
standen, während die Wohnung und das Atelier von Bomben zerstört
wurden.[72]

Sicherlich ist es unter anderem Schapires stetem Werben zu verdanken, dass es in Hamburg 63 Sammler seiner Werke gab – eine auch
ökonomisch relevante Konstellation, die ihn 1910 veranlasste, sich in
der Kleinen Johannisstraße 6 ein von Schapire vermitteltes Atelier einzurichten und während der Wintermonate seinen Arbeitsmittelpunkt
hierherzuverlegen.[73] In den 1910er Jahren hielt er sich mehrfach in der
Hansestadt auf, außerdem verreiste er mit Schapire: So begleitete sie
ihn 1911 zur Eröffnung einer Ausstellung des Sonderbunds Westdeut-

Karl-Schmidt-Rottluff-Zimmer in Schapires Wohnung,
Osterbeckstraße 24, Hamburg, nach 1924.
Mit Werken von Karl Schmidt-Rottluff[74]

scher Kunstfreunde und Künstler, einer die modernen künstlerischen
Tendenzen vertretenden Düsseldorfer Ausstellungsvereinigung.[75] 1921
gestaltete er in ihrer Wohnung in der Osterbeckstraße ein ganzes Zimmer zu einem expressionistischen Gesamtkunstwerk, das manchen Besucher »zunächst mit Bestürzung erfüllte«.[76] Selbst Franz Radziwill,
guter Freund Schapires aus jenen Jahren, den sie als jungen Maler
förderte,[77] fand, dass »man durch diesen Raum gefordert (wurde)«:

Der Raum war nicht sehr hell, die Wände mit grüner Leimfarbe gestrichen. In der Straßenwand – nach Westen – ein Rundbogenfen-
ster. Nur vom späten Nachmittag an schien hier herein die Sonne.
Dieses Fenster hatte Schmidt-Rottluff als Kakteenfenster gestaltet,
damals etwas ganz Neues. Alle Möbel in diesem Raum waren von
Schmidt-Rottluff entworfen und bemalt, vorherrschend stark gelb,
braun und ultramarin-blau. Nur das Biedermeiersofa und ein Tisch
aus den 60er Jahren waren nicht von ihm. Das Zimmer mag die Maße

Emy und Karl Schmidt-Rottluff, Berlin, um 1919,
Karl und Emy Schmidt-Rottluff Stiftung

5 x 6 x 3 besessen haben. Auf dem Sofa lagen des öfteren neue Kissen, aus Wollstoff geschneidert und von Schmidt-Rottluff entworfen.[78]

Nachdem dieses Werk vollendet war, traf Schmidt-Rottluff, der seit 1919 mit der Fotografin Emy Frisch verheiratet war, Schapire nicht mehr in Hamburg, aber sie besuchte ihn mehrfach an seinen Urlaubsorten, unter anderem in Hohwacht an der schleswig-holsteinischen Ostseeküste und in dem Fischerdorf Jershöft in Hinterpommern. Von dort und aus anderen Orten erhielt sie von ihm zahlreiche bemalte Postkarten.[79]

Wie so viele seiner Zeitgenossen war der junge Schmidt-Rottluff vor dem Ersten Weltkrieg von Judenhass nicht frei. Ob dies Schapire, die sonst äußerst sensibel auf antisemitische Äußerungen reagierte,[80] entgangen sein könnte, lässt sich nicht feststellen. Er war schon mehrere Jahre mit ihr befreundet und wurde intensiv von ihr gefördert, als er Wilhelm Niemeyer, Hamburger Sammler seiner Werke, seine politische Diagnose mitteilte: »Aber wir haben eine neue Gefahr im Lande: die Juden – die das Geld haben u. die Sozialdemokratie, die's nicht hat.«[81]

Rosa Schapire bei Karl Schmidt-Rottluff
in Hohwacht, 1919

Wenig später befand er über den Kriegsgegner England, dessen Volk
sei »vollkommen durch die Juden verseucht«, und er schilderte seine
»Furcht vor dem Judentum«:

> hier in B(erlin) ist sie bereits greifbar geworden. Diese Juden hier
> tragen die große Überzeugung schon öffentlich mit sich herum, dass
> sie nach dem Kriege auch politisch herrschen. Doch ich denke, der
> deutsche Gott wird uns davor bewahren und es ihnen gründlich in
> die Bude schneien lassen.[82]

Laut der Kunsthistorikerin Aya Soika, deren Forschungen diese Äußerungen Schmidt-Rottluffs zutage gefördert haben, sind aus der Zeit des
Nationalsozialismus von ihm keine NS-freundlichen oder antisemitischen Aussagen bekannt,[83] allerdings scheint es auch keine Anhalts-
punkte dafür zu geben, dass er die betreffenden Formulierungen später
zurückgenommen hat.

Für ihr Anliegen, der Brücke zur Anerkennung zu verhelfen, dürfte
der engagierten Kunstliebhaberin nicht nur ihr fundiertes Fachwissen

zugutegekommen sein, sondern auch ihr lebhaftes, kommunikatives Auftreten, das ihr viele Zeitgenossen bescheinigten. Der Maler Friedrich Ahlers-Hestermann, der es »besonders erstaunlich« fand, dass sie Hamburgs Damen für moderne Kunst gewann, verglich sie in ihrer Wirkung mit einem Sauerteig und sagte über sie: »Man liebte Rosa Schapire, trotz ihrer leichten Verstiegenheit. Sie war heiter und hatte einen starken Charakter.«[84] Rund dreißig Jahre nach seiner letzten Begegnung mit ihr erinnerte sich Franz Radziwill: »Wenn sie erzählte, erzählte sie leidenschaftlich im Sitzen etwas vornübergebeugt, oft mit Humor und mit hellem Lachen.«[85] Der Grafiker und Kunstkritiker Harry Reuss-Löwenstein schilderte sie als »eine temperamentvolle Kämpfernatur, der die Unabhängigkeit und damit die Freiheit ihrer Meinungsäußerung über alles geht«.[86] Als »die berühmte Kunstwissenschaftlerin«, die »stets Öffentlichkeit als Elixier gewöhnt war, die sie brauchte, um für die Moderne einzutreten«, bezeichnete sie der Künstler Wolf Hildebrandt, genannt Hil, der sie zwei Jahre vor ihrer Emigration erstmals besuchte. Ihm, dem 30 Jahre Jüngeren, blieb »unauslöschbar wie ein Feuer im Herzen«, als sie ihm eines Tages in ihrer Wohnung aus dem »Gilgamesch-Epos« vorlas:

Da [...] flüstert? dröhnt? stampft? sie, die Stimme der phantastischen Sprecherin – auslöschend alles, was du bisher kanntest als ›Vortrag‹ als ›Rezitation‹ [...]. Die Stimme der Rosa Schapire wandelt Text in Farbe [...]. Ein Staunen ergreift mich: wie Sprache sich wandelt in gesprochenen Gesang, zurück gleitet in die Monotonie gehämmerten Aufzählens – und schon wieder explodiert, zum Drama wird.[87]

Ähnlich stark beeindruckten ihn die Begegnungen in ihrem »Salon«:

Es ›wogt‹ durch ihre Räume – eine Grundsee des Geistigen. Eleganz, Ehrbarkeit und Extravaganz – die Lust an großen Hüten, an bunten ›Cache-nezs‹ und an bunten Schals – die Buntheit der Vielfalt vergisst du aber bald, wenn du den Blick hebst und in die Antlitze schaust – etwa das Haupt des Professor Dr. Snell[88] betrachtest, der hier das Gespräch mit Rosa führt, beide mit ihren markanten Stimmen im Wechsel, dass wir anderen oft gebannt lauschen.[89]

Auf dem Hamburger Dom,
1930, v. l. n. r.: Reinhard Lentz,
Rosa Schapire, Kurt Löwengard,
Cläre Grimm, Willem Grimm

Dass die selbstbewusste Intellektuelle »den extravaganten Aufzug in leuchtenden Farben« liebte, erfuhr auch die Schapire-Forscherin Maike Bruhns. Ihr berichtete die Tochter Justus Brinckmanns, Gründungsdirektor des 1877 eröffneten Hamburger Museums für Kunst und Gewerbe, im persönlichen Gespräch:

Ich sehe sie noch vor mir, eine schlanke Gestalt in einem grasgrünen Kleid, einen Pompadour am Arm. Vater kommt ihr zur Begrüßung entgegen. Sie reicht ihm etwas geziert die Hand und spricht so gediegen. Ihre manierierte Art regte uns zur Nachahmung an, so dass wir Kinder – wenn man uns schlafend wähnte – in Nachthemden ›Schapire-Abende‹ veranstalteten. Wir verkleideten uns als Frl. Dr. Schapire und machten gepflegte Konversation in ihrer gewählten Sprache. Dieses Spiel konnten wir wochenlang treiben, Abend für Abend. Den Eltern blieb das verborgen.[90]

Auch dass sie sich ihren Themen mit Verve widmete, klang vielfach in
Zeitzeugnissen an, etwa als Fritz Saxl, ehemals Direktor der Kulturwissenschaftlichen Bibliothek Warburg (K.B.W.) in Hamburg und später des Warburg Institute London, sie in einem Empfehlungsschreiben
für die Auswanderung in die USA als »enthusiastisch« charakterisierte.[91]
Manchem mag ihr überschäumendes Naturell auch zu weit gegangen
sein, wie es in einer Äußerung des Malers Kurt Löwengard aufscheint:
»Die Rosa erfüllte die Luft mit Geschnatter, Gewieher und homerischem
Gelächter, und steckte ihre ganze Gesellschaft damit zu gleichem Ge-
baren an … immer hatte sie's große Wort.«[92] Noch drastischer drückte
sich Wolf Stubbe aus, Mitarbeiter im Kupferstichkabinett der Kunsthalle, der sie mit der Zuschreibung bedachte: »intellektuelle Bombe,
kein Partner war möglich«.[93] Der Maler Ewald Dülberg nannte sie eine
»Kunsthetäre«, und der Kunsthistoriker Aby Warburg, Gründer und
Eigentümer der K.B.W., soll sie als »Anregungs-Masseuse« bezeichnet
haben.[94] In einem Brief an seine Frau Mary befand er: »Frl. Schapire
benahm sich eigenartig grün. Sie ist sehr affektiert und beredt. Dieses
Rosenknöspchen auf Tintenfüßchen.«[95] Seine Frau wiederum berichtete, Schapire habe einen Besuch bei einer ungenannten Person über
Gebühr ausgedehnt, sie »blieb, blieb solange, dass er sie zum Gehen auf-
fordern musste, blieb und blieb – bis 12 Uhr nachts!«[96]

Angesichts des Bekanntheitsgrades, den sie in Hamburg erreichte,
kann kein Zweifel bestehen, dass sie es trotz aller Ecken und Kanten
verstand, sich in ein soziales Umfeld zu integrieren und Bündnispart-
ner zu finden, die ihre Ziele teilten. Sie hatte Zugang zu den kunstinteressierten Kreisen und kannte alle Maler der Stadt. Kontakte zu einflussreichen Personen pflegte sie sorgsam, zu privaten Sammlern
ebenso wie zu den Direktoren der Kunsthalle[97] und des Museums für
Kunst und Gewerbe,[98] und hinzu kam ihre Begabung, ihre Kunstauf-
fassung in den Medien zu platzieren, wie ihre zahlreichen Zeitschrif-
tenartikel belegen. Es gelang ihr, neue »passive Mitglieder« für die
Brücke zu gewinnen und den Hamburger Freundeskreis bis 1911 mit
24 von deutschlandweit 68 Mitgliedern zum zahlenmäßig stärksten zu
machen. Auch hierfür dankten ihr die Künstler mit Postkarten.[99]

Protagonistin einer feministischen Kunstgeschichte

Obwohl die Brücke sich 1913 auflöste, setzte Schapire sich unverändert für den Expressionismus ein, nun auch in institutionalisierter Form. Im männlich dominierten Kunstbetrieb suchte sie sich Mitstreiterinnen, die sich wie sie für Kunst interessierten. 1916 – mitten im Ersten Weltkrieg – gründete sie in Hamburg gemeinsam mit einflussreichen Frauen den Frauenbund zur Förderung deutscher bildender Kunst, darunter die Mäzenin und Frauenrechtlerin Ida Dehmel und die Schriftstellerin Magdalena Pauli, deren Mann Gustav Pauli 1914 in der Nachfolge Alfred Lichtwarks als Direktor an die Hamburger Kunsthalle berufen worden war. Es scheint, dass Schapire ihre frühere radikale Abgrenzung von der bürgerlichen Frauenbewegung[100] aufgab und stattdessen im Interesse der Kunstförderung den Schulterschluss mit Frauen aus wohlhabendem Hause suchte.[101]

Ihren frauenpolitischen Standpunkt brauchte sie deswegen nicht aufzugeben, denn meist gehörten Frauen, die sich der Förderung zeitgenössischer Kunst verschrieben, auch einem der zahlreichen Frauenclubs an, die über feministische Anliegen aufzuklären versuchten und eine spezifisch weibliche Form des Kunstkonsums entwickelten.[102] So verwundert es nicht, dass Schapire auch als »Protagonistin einer feministischen Kunstgeschichte« bezeichnet wird,[103] zumal sie während des Ersten Weltkriegs die »Frauenkünstlerhilfe« und die »Künstlerinnenkriegshilfe« unterstützte.[104]

Die Gründerinnen des Frauenbundes bezogen eine moderate Position, stellten zugleich aber klar, dass sie sich als Entscheiderinnen verstanden:

Frauenrechtlerische Tendenzen liegen dem Bund ganz fern. Dies hat er auch durch seine Ankäufe bewiesen. Männer und Körperschaften, die unseren Zielen nahe stehen, sind als Mitglieder sehr willkommen. Durch den Namen wird nur zum Ausdruck gebracht, dass die geistige und künstlerische Leitung der Organisation in Frauenhänden liegt. […] Den Hauptvorstand bilden 14 Frauen, die durch ihre berufliche Tätigkeit und als Sammlerinnen den Beweis erbracht haben, dass sie ein Verhältnis zur Kunst unserer Zeit haben.[105]

Ida Dehmel, o. J. (um 1914)   Magdalena Pauli, o. J.

Wohl um von vornherein dem Verdacht mangelnder Professionalität
vorzubeugen, verständigten sie sich auf ein Programm von »elitärem
Anspruch und emanzipatorischem Charakter«, in dem kategorisch
jegliche »Verquickung von Wohlfahrt und Kunst« – eine Künstlerhilfe
aus sozialen Gründen – abgelehnt wurde. Entscheidend für den An-
kauf eines Werkes sei allein dessen Qualität, eine »soziale Verpflich-
tung« sei die Vermittlung neuester, »noch nicht allgemein akzeptierter
und verbreiteter Kunst einer ausgewählten Kunstrichtung« – des Expressionismus.[106]
   Die Haltung des Frauenbundes zu einer national orientierten Kunst-
politik war ambivalent, denn einerseits wurde erklärt:

Auch mehren sich die Stimmen, die von der Kunst nach dem Kriege
nationale Selbstbeschränkung fordern, die erklären, sie dürfe nur
›deutsch‹ sein, müsse sich von allen Fremdeinflüssen frei halten und
bewährten Vorbildern folgen. Dieser kunstfremde ja feindliche Ton
ist nicht neu, er wurde gegen jede Generation erhoben, die ihre
Deutung des Lebens in ihrer eigenen Sprache verkündet hat.[107]

Karl Schmidt-Rottluff:
Bildnis R. S., 1915.
Öl auf Leinwand, 73 × 65 cm.
Brücke-Museum,
Karl und Emy Schmidt-
Rottluff Stiftung,
erworben mit Hilfe der Ernst
von Siemens Kunststiftung;
Foto: Nick Ash[108]

Andererseits hieß es im selben Text:

> Die Absicht besteht, nur deutsche Kunstwerke anzukaufen. Maßge-
> bend sind dafür nicht nationale Gesichtspunkte allein, so berechtigt
> sie an sich wären, sondern die Überzeugung, dass Bedeutendstes auf
> künstlerischem Gebiet heute in Deutschland geschaffen wird. Den
> Platz, den Frankreich zur Zeit eines Manet, Renoir und Cézanne
> innehatte, musste es lange vor Ausbruch des Krieges dem germani-
> schen Norden abtreten.[109]

Der Frauenbund trat mit Vorträgen und Ausstellungen an die Öffent-
lichkeit. 1917 zeigte er in der Hamburger Kunsthalle die Sammlungs-
ausstellung »Von Werken neuerer deutscher Kunst aus Hamburger Pri-
vatbesitz« mit 134 Exponaten von Hamburger Malern und bekannten
Avantgardisten. 1918 folgten sechs Ausstellungen mit Grafiken aus
Hamburger Privatbesitz, darunter Werke von Edvard Munch, Emil
Nolde, Erich Heckel, Ludwig Kirchner, Max Pechstein, Karl Schmidt-
Rottluff und ausländischen Expressionisten.[110] Die Mitglieder des Frau-

enbundes erhielten gegen einen Jahresbeitrag von 20 Reichsmark ein hochwertiges grafisches Blatt als Jahresgabe. Zentrales Anliegen des Vereins war es, mit privatem Geld zeitgenössische Kunst anzukaufen und staatlichen Sammlungen als Geschenk anzubieten, und tatsächlich fanden auf diesem Wege in den Jahren 1917 und 1918 mit Schmidt-Rottluffs *Georginen in Vase* (1912) und seinem *Bildnis B.R.* (Bertie Rosenberg, 1915) die ersten expressionistischen Gemälde Eingang in den Bestand der Hamburger Kunsthalle.[111]

Mit seinen Werken war der Künstler in Hamburg also präsent, doch er selbst war schon seit zwei Jahren als Soldat in Russland im Einsatz. Er sehnte das Ende des Krieges herbei, nachdem er es ursprünglich kaum hatte erwarten können, der »Weltherrschaft deutschen Geistes« zum Durchbruch zu verhelfen.[112] Mit seiner Kriegsbegeisterung war er keineswegs allein gewesen, im Gegenteil hatten Künstler und Kunstfreunde, die in den Jahren zuvor gegen die Enge des Kunstverstands im Kaiserreich und für die Moderne gekämpft hatten, ihre Opposition gegen Tradition und Konvention aufgegeben und sich entschlossen, in den Krieg zu ziehen. Auch die anderen ehemaligen Brücke-Künstler hatten der Einberufung entgegengefiebert, um sich im Verteidigungskrieg – als der der Krieg in der deutschen Öffentlichkeit wahrgenommen wurde – nützlich zu machen, erst recht da sie hofften, der Krieg würde die europäische Kultur erneuern und eine Hinwendung zu den geistigen Werten der Kunst bewirken.[113] Schmidt-Rottluff hatte über ein Jahr lang in Ostpreußen beim Bau von Stellungen und Grenzbefestigungen körperliche Schwerstarbeit geleistet, bevor er ab September 1916 in Kowno, einem von deutschen Truppen als Garnisonsstadt genutzten Ort im damaligen Russischen Reich (heutiges Litauen), als Mitarbeiter des Buchprüfungsamtes in einem Kreis von Schriftstellern, Journalisten und Malern ein vergleichsweise privilegiertes Leben führte.[114] Seine regelmäßige Feldpost an Wilhelm Niemeyer, Professor für Kunstgeschichte an der Kunstgewerbeschule am Lerchenfeld, ließ

Karl Schmidt-Rottluff, um 1917

Karl Schmidt-Rottluff: Georginen in Vase, 1912.
Öl auf Leinwand, 84,5 × 76,5 cm.
Kunsthalle Bielefeld[115]

keinen Zweifel daran, dass seine Haltung zum Krieg sich rasch und gründlich geändert hatte[116] und dass er schon kurz nach seiner Einberufung im Mai 1915 deutlich kriegsmüde war: »[E]s ist halt doch Alles total anders – als man als Zivilist erlebt. Man soll nur künftig nichts wieder von den erhebenden ethischen Werten des Krieges erzählen – das ist alles Plunder.«[117] Zwei Jahre später war er überzeugt: »Jeder Gedanke, der heute nicht Frieden heißt, ist Verbrechen.«[118]

Da entschloss sich Schapire im Frühjahr 1917 gemeinsam mit zwei anderen Bewunderern seiner Kunst aus dem unmittelbaren Umfeld des Frauenbundes zu einem ungewöhnlichen Schritt: Sie selbst, Niemeyer und der Dichter Richard Dehmel, Ehemann Ida Dehmels und Wegbereiter des literarischen Expressionismus, der zuvor mit Schmidt-Rottluff in Russland stationiert gewesen war, baten den amtierenden

Reichskanzler[119] brieflich um die Befreiung des Künstlers vom Heeres-
dienst.[120] Das Gesuch wurde trotz der Unterschriften vieler weiterer
Kunstfreunde abgelehnt,[121] sodass Schmidt-Rottluff erst im November 1918 von seinem Einsatz in Russland zurückkehrte, im Gepäck
über vierzig Holzschnitte, mehr als vierzig Holzskulpturen und einige
Aquarelle, die er dort geschaffen hatte.[122]

Eine intensive Öffentlichkeitsarbeit begleitete insbesondere im letzten Kriegsjahr das Engagement des Frauenbundes. Über seine Arbeit
auch in den Ortsgruppen von Berlin, Bremen, Dresden, Elberfeld, Essen,
Hagen, Heidelberg, Köln und Mannheim erschienen bis 1920 in den
einschlägigen Kunstzeitschriften acht Aufsätze von Schapire[123], bis seine
Aktivitäten schließlich in der Inflationszeit zum Erliegen kamen.[124]

Wenngleich der Frauenbund auch nur in bestimmten Sammler- und
kunstinteressierten Kreisen, darunter viele jüdische Hamburger, auf
Resonanz traf,[125] war er dennoch auf lange Sicht ein wichtiger Vorrei-
ter, denn er setzte erstmals die Vorstellung einer professionellen
Kunstkennerin in der Öffentlichkeit durch. Aus ihm ging die bis heute
aktive Gemeinschaft Deutscher und Oesterreichischer Künstlerinnen-
vereine aller Kunstgattungen (GEDOK) hervor, 1926 gegründet von
Ida Dehmel. Sie und Schapire profilierten sich mit dem Frauenbund
als Pionierinnen einer klugen Kunstförderung, die moderne Kunst von
der Abhängigkeit privaten Mäzenatentums befreite und einem breiten
Publikum zugänglich machte[126] – ein Verdienst, das allerdings unter
männlichen Zeitgenossen umstritten war. Einige erkannten neidlos
und bewundernd Schapires Leistung an: Der Kunstkritiker Hans W.
Fischer pries sie als »unermüdliche Werberin für junge Kunst«, und
Harry Reuss-Löwenstein schrieb über sie: »Wer weiß, wie unmöglich
diese Künstler derzeit für Museumsdirektoren waren, dem braucht man
nicht zu sagen, wie viel Mut, noch dazu für eine Frau, dazu gehörte,
um sich durch Vorträge usw. öffentlich dafür einzusetzen.«[127]

Doch es gab auch kritische Stimmen. Nicht nur der Maler und Bild-
hauer Heinrich Stegemann missbilligte ihr Engagement für Schmidt-
Rottluff als »Personenkult«,[128] sondern auch Gustav Schiefler, der
wiederholt ihre jüdische Herkunft hervorhob.[129] Er, der 1908 für das
Zustandekommen ihrer ersten Begegnung mit Schmidt-Rottluff eine
Schlüsselrolle gespielt hatte und damit zum Stifter ihrer lebenslangen
Freundschaft geworden war, bezeichnete sie als »Schutzpatronin der

Rosa Schapire (links) mit Karl Schmidt-Rottluff und
seiner Schwester Gertrud in Jershöft, 1920 (Fotograf unbekannt)

modernen Künstler überhaupt«, für die Schmidt-Rottluff der »Erfül-
ler aller Verheißungen der neuen Kunst« sei,[130] eine Formulierung, in
der eine gewisse Ironie unüberhörbar war. Ähnlich distanziert klang
es, als er ihr bescheinigte, es verstanden zu haben, »sich in den Mittelpunkt einer von ihr ins Leben gerufenen Bewegung zu stellen, welche
die Kunst des Expressionismus auf den Schild erhob«.[131] Möglicherweise rührten diese Äußerungen aus einer gewissen Rivalität zwischen
den beiden Kunstbegeisterten, die gleichermaßen zu den Protagonis-
ten der Hamburger Kunstszene gehörten. Auch Schapires frühe Texte
ließen zwischen den Zeilen eine subtile Infragestellung Schieflers erkennen: Zwar attestierte sie ihm in ihren Rezensionen seiner Grafik-
kataloge zu Edward Munch und Max Liebermann, sie seien »den
strengsten wissenschaftlichen Maßstäben gewachsen«, doch sie erwähnte auch, der Autor habe die Verzeichnisse in seiner Freizeit als
Kunstliebhaber verfasst und sich selbst als »Nichtfachmann« bezeichnet.[132] Zwanzig Jahre später sollte von solcher Relativierung seiner Fach-
kompetenz in ihrem Aufsatz *Gustav Schiefler und die Kunst seiner*

Zeit,[133] erschienen in einem Sonderheft der Zeitschrift »Der Kreis« zu Ehren seines 70. Geburtstages, nichts mehr zu spüren sein. Stattdessen sollte sie nun seine frühe und vorurteilslose Aufgeschlossenheit gegenüber solchen Künstlern würdigen, die ihre »seelischen Erlebnisse in einer damals völlig neuen Weise zu gestalten« suchten,[134] allen voran Edvard Munch und Emil Nolde und bald auch die Avantgardisten der Brücke, die in seinem Haus in der Hamburger Oberstraße 86 »zuerst Fuß gefasst«[135] hätten, bevor sie weitere Förderung erfuhren: »Diese jungen Künstler fanden bei Schiefler Verständnis und Interesse, da er jedem künstlerischen Erlebnis offen gegenübersteht, ohne vorgefasste Ansichten und Maßstäbe, die an der Kunst anderer gewonnen wurden.«[136] Rückblickend bescheinigte sie ihm, »mehr für die Kunst unserer Zeit gewirkt« zu haben als mancher Jüngere, und sie schloss:

> Der Segen, der in der Beschäftigung mit Kunst liegt, hat sich in Schieflers Leben ausgewirkt, wie im Leben jedes Menschen, der die Fähigkeit der Hingabe hat. Schiefler hat sich nicht wie so viele Vertreter der älteren Generation grollend und besserwissend, an die ›gute alte Zeit‹ glaubend in den Schmollwinkel zurückgezogen, mit der Jugend mitlebend, an ihren Kämpfen teilnehmend, beweist er, dass Alter und Jugend nicht gebunden sind an Kalenderjahre, sondern an geistige Spannkraft und Intensität.[137]

Nach dem Ende des Frauenbundes suchte Rosa Schapire immer neue Mittel und Wege des Engagements. 1919 trat sie als »literarisches Mitglied« der neu gegründeten Hamburgischen Sezession bei, Sammelbecken der künstlerischen Avantgarde,[138] in dem sie ein Forum für ihre Vortragstätigkeit fand. Im selben Jahr ging sie auf den Vorschlag des Dichters und Malers Karl Lorenz ein, mit ihm die Zeitschrift für Kunst und Dichtung »Die Rote Erde« herauszugeben.[139] Neben ihr selbst erklärten sich hochrangige Künstler und Kunstkenner zur Mitarbeit bereit, neben Schmidt-Rottluff auch Emil Maetzel, Mitbegründer der Hamburgischen Sezession, Conrad Felixmüller alias Conrad Felix Müller, Beiträger auch in anderen wichtigen Zeitschriften des deutschen Expressionismus, Lyonel Feininger, Meister an Walter Gropius' Bauhaus, Lothar Schreyer, Leiter des avantgardistischen Theaters »Sturm-Bühne« in Berlin, und der Kunsthallendirektor Gustav Pauli. Die Zeitschrift avancier-

te unter den Zeitschriften des Hamburger Expressionismus zur bedeutendsten: Sie fand nicht nur in anderen expressionistischen Zeitschriften
ihren Widerhall, sondern auch in nicht-expressionistischen Publikationen und sogar außerhalb Hamburgs,[140] und sie erschien (mit Unter-
brechungen) am längsten: von Juni 1919 bis zur Jahreswende 1923/24.

Gemeinsam mit Niemeyer, der sich wie sie schon früh als passives
Mitglied dem Kreis um die Brücke angeschlossen hatte, gründete Schapire 1920 die »Kündung. Eine Zeitschrift für Kunst«. Die großformatigen
Hefte vereinten in einer Auflage von 200 Exemplaren Grafik und Dichtung des Expressionismus und hatten mit ihren zunächst unpaginierten,
dann eingebundenen Grafikbeilagen und einem
Holzschnitt von Schmidt-Rottluff auf allen
Umschlägen bibliophilen Charakter. Die Zeitschrift existierte nur ein Jahr lang, bis Dezember 1921 erschienen sieben Hefte (teilweise als umfangreiche Dreifach- und Dop-
pelnummern).[141] Danach zerbrach die Verbindung zwischen den beiden Herausgebern.[142]

Eine von Schapire verfasste Monografie
über Schmidt-Rottluff, die 1921 erscheinen
sollte, wurde letztlich infolge der Inflation
nicht gedruckt.[143] Mehr Glück hatte sie mit
dem Werkverzeichnis seiner Druckgrafiken,
das sie 1923, knapp zwanzig Jahre nach ihrer
Dissertation, als zweite Buchpublikation veröffentlichte.[144] Dieses bis heute gültige wissenschaftliche Standardwerk machte sie über
Hamburgs Grenzen hinaus in der Fachwelt
bekannt und brachte ihr ungeachtet einer et-
waigen Konkurrenz mit Gustav Schiefler auch
von ihm, der selbst ein Kenner der Grafik
Schmidt-Rottluffs war und sich intensiv damit befasst hatte, uneingeschränktes Lob ein:
»Es ist ein schönes Buch geworden.«[145] Es
beruhte auf ihrer vollständigen Sammlung
von Schmidt-Rottluffs seit 1905 geschaffenen
Grafiken, die sie seit Beginn ihrer Freund-

Karl Schmidt-Rottluff:
Titelblatt der Zeitschrift
»Die Rote Erde«, 1919

Karl Schmidt-Rottluff:
Titelblatt der Zeitschrift
»Kündung«, 1920. Holzschnitt auf
orangefarbigem Unterdruck.
44 × 31,8 cm. Privatbesitz[146]

Karl Schmidt-Rottluff: Titel des Karl-Schmidt-Rottluff-Werkverzeichnisses
von Rosa Schapire, Berlin 1924, Privatbesitz[147]

schaft aufgebaut hatte, und enthält alle 311 bis dahin entstandenen Arbeiten: 58 Holzschnitte, 105 Steindrucke, 70 Radierungen und Stiche
sowie 78 Gebrauchsblätter. Auch die nach 1923 entstandenen Grafiken besaß sie vollständig, doch ihr Plan, ein zweites Werkverzeichnis
anzufertigen, ließ sich nicht verwirklichen.[148]

Mit Kunst- und Sprachkursen in der Hamburger Volkshochschule
und mit Führungen durch Ausstellungen verdiente Schapire ihren Lebensunterhalt, und offensichtlich wurden ihre Leistungen nachgefragt,
wie einem Brief aus dem Jahr 1929 zu entnehmen ist: »Ich bin sehr in
Arbeit und mein Leben läuft zwischen zwei Vorträgen. Die Zwischen-
räume werden immer geringer, doch beklage ich mich darüber wahrhaftig nicht!«[149] Neben Kunst- und Künstlervereinen luden Frauen-
verbände die eloquente Rednerin ein, vielfach auch außerhalb Hamburgs. Überhaupt war sie zwischen den beiden Weltkriegen sehr mobil
und unternahm viele Reisen – nicht nur innerhalb Deutschlands, sondern auch ins nahe und ferne europäische Ausland und in andere Kultur-
kreise. In den 1920er Jahren führte ihr Interesse an maurischer Kultur
und deren Verbindungen zu afrikanischer Kultur sie mehrfach nach
Spanien, sie reiste nach Syrien, Palästina und Ägypten und publizierte
ihre Reiseberichte in Zeitungen und Zeitschriften.[150]

Geistige Partnerin der Künstler

Schapires Bewusstsein von der sich ändernden Rolle der Frau in der Gesellschaft und speziell im Kunstbetrieb drückte sich nicht nur in ihrem
Ausnahmetext *Ein Wort zur Frauenemanzipation*[151] vom September 1897
aus, sondern prägte durchgängig ihre reale Lebenspraxis. Schließlich verkörperte sie als Intellektuelle, die mit Kopfarbeit ihren Lebensunterhalt
bestritt, im ausgehenden Kaiserreich den Gegenentwurf zum traditionellen Rollenmodell, das für Frauen ein Dasein ausschließlich in Ehe und
Mutterschaft vorsah. Damals taten ambitionierte bürgerliche Frauen gut
daran, unverheiratet zu bleiben, wenn sie einen Beruf ausüben wollten.
Schapire war sich darüber im Klaren und lebte als alleinstehende Frau
ein aktives, selbstbestimmtes Leben.

In einem persönlichen Umgang mit den Künstlern der
Brücke trotz aller Bewunderung für ihre Werke eine bestimmte Distanz
aufrechterhielt und keineswegs daran dachte, die Rolle der erotischen
Muse zu übernehmen. Unter den zahlreichen Porträts, die von ihr geschaffen wurden, ist kein einziges überliefert, das sie nackt oder wenig
bekleidet zeigt, sondern stets erscheint sie als geistige Partnerin der
Künstler. Der Kunsthistoriker Olaf Peters weist darauf hin, dass sie in
Schmidt-Rottluffs Bildern aus den ersten Jahren mehrfach als »Halb-
figur« vorkomme und eine »durchaus beobachtbare erotische Präsenz«
ausstrahle (im Gemälde *Frau am Tisch* von 1909 und im *Bildnis S.* von
1911[152]), die jedoch später verschwinde und im *Bildnis R.S.* (1915)
»einer physiognomischen Charakterisierung« weiche; hier wirke der
Kopf sogar »wie ein skulptiertes Porträt, das auf einem Hals aufsitzt
und kaum mit dem Körper verbunden scheint«.[153] Dies gilt allerdings
nicht für das *Bildnis Dr. Rosa Schapire*[154] von 1919.

In einem Text über *Gelebte Utopie in Kirchners Ateliers und Schapires Wohnräumen* zeichnet die Schapire-Forscherin Leonie Beiersdorf
quasi im Widerschein von Kirchners sexueller Freizügigkeit und seinem Bruch mit gesellschaftlichen Konventionen das Bild einer Wissen-
schaftlerin, die die von manchen Feministinnen propagierte libertäre
Sexualität als Lösung der Frauenfrage für eine »emanzipatorische Sackgasse« hielt. Ein Indiz dafür sei ein Aufsatz, den Schapire 1927 rückblickend über Kirchners Atelier schrieb, einen »Vorstadtladen in einer

proletarischen Straße zu Dresden«, den sie 1910 besucht hatte.[155] In diesem Raum setzte der damals 30-jährige Künstler sein explizit erotisches Bildprogramm mit zahlreichen Kunstwerken – nackten Frauenkörpern, sich vereinigenden Paaren – und sexualisierten Gebrauchsgegenständen um. In ihrer Schilderung des Ateliers wandte Schapire sich zwar vielen Einzelheiten zu, doch die erotischen Anteile der Einrichtung überging sie konsequent, denn, so die Deutung Leonie Beiersdorfs:

> Interessierte sich Kirchner vor allem für die erotische Kraft des weiblichen Körpers, der ihn zwischen Schaffensakt und Geschlechtsakt inspirierte und der als Symbol seiner Befreiung von gesellschaftlicher Konvention stand, war eben dieser Zusammenhang für die promovierte Kunsthistorikerin Ausdruck ihrer persönlichen Unfreiheit, die sie zu überwinden suchte.[156]

Dies Projekt – die Überwindung persönlicher Unfreiheit – habe aus Schapires Sicht »nur im Gegenextrem« gelingen können: »in der Verneinung der auf ihr Geschlecht reduzierten erotischen Muse und der gleichzeitigen Anerkennung der Frau als körperlich oder geistig tätige Arbeiterin«.[157]

Wie Schapire diesen Anspruch zu erfüllen gedachte, klingt in einem ebenfalls 1927 verfassten frauen- und kunstpolitischen Text an, der in weiten Teilen wie ihr eigenes, der patriarchalischen Tradition abgerungenes Lebenskonzept anmutet. In *Die Frau in der bildenden Kunst* würdigte sie die Frau als Auftraggeberin und Mäzenin, als Anregerin und Rezipientin und nicht zuletzt als Künstlerin vor dem Hintergrund der Emanzipationsbewegungen ihrer Zeit:[158]

> Bis an die Schwelle des 20. Jahrhunderts stand die Frau im Hintertreffen. Wenn sie aus dem Frieden des Hauses heraus getreten ist, so hat sie sich damit begnügt, den ungeheuren Schatz, den der Mann gehoben hat, weiter zu geben, ohne ihn zu mehren. Die Gründe hierfür sind verschiedenster Art. Die Frau, ins Haus gebannt, das ihre alleinige Welt war, hatte innere und äußere Widerstände und Hemmungen zu überwinden, Schranken zu durchbrechen, während die Bahn für den Mann frei war. Familie und Gesellschaft, Tradition, Sitte, Brauch waren gegen sie, ein Berg von Vorurteilen stand ihr im

Karl Schmidt-Rottluff:
Frau am Tisch
(Rosa Schapire), 1909.
Aquarell über Bleistift,
66 × 50 cm.
Brücke-Museum Berlin.
Foto: Roman März.
Vorne: Gefäße von Karl
Schmidt-Rottluff[159]

Wege. Schrittweise nur konnte sie vorgehen, selbst die offizielle Lehr-
anstalt, die staatlich subventionierte Akademie, war ihr verschlossen,
durch ›Damenakademien‹ wurde ihrer Ausbildung und ihrem Schaffen von vornherein der Stempel des Dilettantismus aufgeprägt. […]
Überraschend ist, wie sehr sich das Bild des Frauenschaffens auch
auf künstlerischem Gebiet in den letzten dreißig Jahren verändert hat.
Als die Bahn frei war, waren plötzlich auch die Begabungen vorhanden. Die äußere Not, der Umschwung in den sozialen Verhältnissen, hat die Frau ins Leben hinaus gedrängt, aber es war nicht die
äußere Not, die die Künstlerin in ihr geweckt hat. Seelische Wand-
lungen waren bestimmender. Ein neues Frauengeschlecht hat sich
einen neuen Pflichtenkreis geschaffen, neue Lebensideale aufgestellt
und seinen Horizont erweitert. […] Die Frauen, in denen heute der
Drang zu gestalten lebt, gehören einem anderen Geschlecht an. Sie
sind sich dessen bewusst, dass der Sinn ihres Lebens in ihrer Arbeit

Karl Schmidt-Rottluff:
Bildnis R. S. (Rosa Schapire),
1915. Holzschnitt, 61 × 47 cm.
Lentos Kunstmuseum Linz,
ehemals Sammlung
Schapire[160]

liegt. Sie sind nicht gefühlsärmer oder selbstsüchtiger als die Frauen
früherer Generationen, die sich als Gattin und Mutter ausgelebt haben und Ehe und Mutterschaft als Zentrum ihres Lebens empfan-
den, aber als schaffende Menschen, die eine Welt aus sich heraus
stellen, leben sie konzentrierter, und alle Kraft ihrer Seele ist auf das
eine gespannt: auf das Werk, die schöpferische Tat.[161]

Dass Schapire diese Sätze wortgleich auch im Jahr zuvor in einem Text
über Paula Modersohn-Becker verwandte, mag als Indiz dafür gelten,
wie sehr sie sich mit diesem neuen Frauentypus identifizierte, »dem es
ernst ist um seine Aufgabe, der sein Leben gestaltet und es nicht mehr
als Schicksal aus der Hand des Mannes empfängt«.[162] Ganz im Sinne
dieser Überzeugung gehörte sie 1931 in Hamburg gemeinsam mit Agnes Holthusen, Ida Dehmel und der Künstlerin Alma del Banco –
Frauen, denen sie schon aus ihrem Engagement für die Kunst verbunden war – zu den 43 Gründungsmitgliedern des ersten deutschen
Zonta-Clubs, einer Vereinigung hoch qualifizierter berufstätiger Frau-

Karl Schmidt-Rottluff:
Bildnis Dr. Rosa Schapire,
1919. Öl auf Leinwand,
100,6 × 87,3 cm.
Tate Modern, London,
ehemals Sammlung
Schapire[163]

en in verantwortungsvollen Positionen, die sich für ihre politischen und wirtschaftlichen Rechte einsetzten, »den Gedankenaustausch aus der Vielfalt ihrer beruflichen Erfahrung heraus pflegen und sich dabei des freundschaftlichen Zusammenhalts und der Loyalität bewusst sein (wollten)«.[164] Unter der Leitung ihrer Gründungspräsidentin Magdalene Schoch, der ersten in Deutschland habilitierten Juristin,[165] folgten sie dem Beispiel von Frauen, die 1919 in den USA den ersten Zonta-Club gegründet und sich »Selbstorganisation, Selbsthilfe, öffentliches Engagement, verbunden mit einem gesellschaftlichen Auftrag« zur Aufgabe gemacht hatten.[166]

2. Ausgrenzung und Flucht aus Deutschland

In den Jahren 1934 und 1936, als antisemitische Ausgrenzung und Verfolgung bereits schwer auf den Jüdinnen und Juden im Deutschen Reich lasteten, hielt Schapire sich jeweils für mehrere Monate in Italien auf.[1] Zwar genoss sie diese Reisen außerhalb des Machtbereichs der Nationalsozialisten in vollen Zügen,[2] doch sie verarbeitete ihre Eindrücke nicht mehr in Reiseberichten. Auch für ihre kunsthistorischen Vorträge, Aufsätze und Ausstellungsführungen fehlte ihr der Stoff, da der von ihr so leidenschaftlich geförderte Expressionismus durch die »Neue Sachlichkeit« abgelöst wurde, die sie als »bürgerlich« ablehnte. Nicht zuletzt schlugen auch die Folgen der Weltwirtschaftskrise von 1929 auf ihre Auftragslage durch, sodass sie im Vergleich zu den 1920er Jahren, in denen sie außerordentlich produktiv war und zahlreiche Aufsätze veröffentlichte, in den 1930er Jahren als Publizistin kaum noch und schließlich gar nicht mehr in Erscheinung trat. 1938 erschien ein letzter Text vor der Emigration, diesmal in den »Monatsblättern des Jüdischen Kulturbundes«,[3] nachdem ihr zuvor für ihre Arbeiten die ganze Bandbreite der einschlägigen Zeitschriften offengestanden und ihre Verbindungen zur jüdischen Gemeinde sich auf einige Vorträge im israelitischen Gemeinschaftsverein beschränkt hatten.[4] Ihr Versuch, unter einem Pseudonym zu publizieren, schlug fehl.[5]

Es bewahrheiteten sich nun die dunkelsten politischen Befürchtungen. Die neuen Machthaber diffamierten moderne Kunst als »entartet«, drangsalierten Künstler mit Mal- und Berufsverboten und entfernten missliebige Werke aus den Museen, darunter 1933 ein Ensemble expressionistischer Plastik aus dem Hamburger Museum für Kunst und Gewerbe, dessen Direktor Max Sauerlandt seit seinem Amtsantritt 1919 zahlreiche expressionistische Kunstwerke erworben und die Brücke-Künstler unterstützt hatte.[6]

Als Schapire diesen Vorgang kommentierte und »im Januar 1935 in der Bibliothek des MKG […] in ›aggressiver Art‹ behauptet, diese Kunstwerke der Moderne stünden zum Verkauf«,[7] lief sie Gefahr, ausgegrenzt und in ihrer Berufsausübung behindert zu werden. Tatsächlich forderte der Kustos des Kupferstichkabinetts in der Kunsthalle, Wolf Stubbe, sie auf, die dortige Bibliothek zu meiden. Die Na-

Max Sauerlandt an seinem Schreibtisch

tionalsozialisten schafften moderne Bilder, Grafiken und Skulpturen in Lager, um daraus die Propaganda-Ausstellung »Entartete Kunst« zusammenzustellen und später teilweise devisenbringend zu verkaufen. Dem Museum für Kunst und Gewerbe gingen 220 und der Kunsthalle etwa 800 Werke verloren.[8] 1937 besuchte Schapire die Ausstellung in München, in der wichtige zeitgenössische Werke in diffamierender Weise präsentiert und kommentiert wurden. Unter den zahlreichen Skulpturen und Holzschnitten Schmidt-Rottluffs befand sich auch ein Porträt von ihr, und auf einer Tafel, die der Moderne nahestehende Kunstkritiker schmähte, wurde auch sie genannt.

Nach und nach fielen auch die Hausvorträge und Diskussionen in kleinem Kreis fort, zu denen einige ihrer Mitstreiterinnen aus dem Frauenbund zur Förderung deutscher bildender Kunst sie häufig eingeladen hatten – ein Format, das sie besonders liebte, wie Wietek aufgrund mündlicher Mitteilungen der betreffenden Frauen zu berichten wusste: »Ihre Freunde erinnern sich daran, dass sie brillant aus dem Stegreif formulieren konnte und geistvolle Gesprächspartner schätzte.«[9] Einige Getreue hielten zu ihr, doch angesichts des wachsenden Denunziationsrisikos brach die verschworene Gemeinschaft auseinander. Als Nicht-Juden solche Treffen in privaten Räumlichkeiten kaum noch zu

Karl Schmidt-Rottluffs Holzschnitt »Bildnis R. S. (Rosa Schapire)«, 1915,
in der Ausstellung »Entartete Kunst«, 1937, München

besuchen wagten, gab man sie schließlich auf, sodass auch diese Ein-
nahmequelle für Schapire versiegte. Es blieb der Jüdische Kulturbund,
in dem sie, die bis 1933 in den meisten behördlichen Dokumenten als
»konfessionslos« geführt worden war, sich betätigen konnte; er war
das einzige Forum, das jüdischen Referenten und jüdischem Publikum
noch zugänglich war.

Jenseits der Diffamierung, die die Künstler und ihre Freunde erfuhren, wurden in Hamburg seit der Reichstagswahl vom 5. März 1933,
aus der die Nationalsozialistische Deutsche Arbeiterpartei (NSDAP)
als stärkste Partei hervorging, Schritt für Schritt die demokratischen
Institutionen außer Kraft gesetzt: Der Senat, in dem die Nationalsozialisten die Hälfte der Senatoren und den Ersten Bürgermeister stellten,
erhielt auf der Basis des seit dem 31. März 1933 reichsweit geltenden
Gleichschaltungsgesetzes die Befugnis, Gesetze zu verabschieden, wo-
mit die gewählte Bürgerschaft faktisch überflüssig wurde. Mit dem Ziel,
die Reichspolitik auf hamburgischer Ebene umzusetzen, wurde das Amt
des Reichsstatthalters eingeführt, dem später sogar der »Regierende«
Bürgermeister untergeordnet war.[10] Gleichzeitig häuften sich im öffentlichen Raum bedrohliche Ereignisse, die von antisemitischen Flugblät-
tern auf Hauswänden über den Boykott gegen »Juden« am 1. April 1933

Judenboykottposten
in der Grindelallee, Hamburg,
1. April 1933[11]

und Schändungen jüdischer Friedhöfe bis zu Gewalt gegen Juden auf
offener Straße reichten.

Relativ spät, erst im August 1938 – wenige Monate vor der Reichs-
pogromnacht im November, in der in Hamburg die Bornplatz-Syna-
goge[12] verwüstet wurde – entschloss Schapire sich, in die USA aus-
zuwandern. Viele Hamburger Frauen, Männer und Kinder jüdischer
Herkunft unternahmen deutlich früher den Schritt ins Exil, um der
systematischen Verdrängung und Entrechtung, der Deportation und
schließlich der Ermordung zu entgehen. Bis Ende 1937 verließen bereits 5.000 von ihnen die Stadt, viele von ihnen gleich nach der Machtergreifung der Nationalsozialisten 1933.[13] Darüber, was Schapire so
lange in Deutschland und in Hamburg hielt, lässt sich nur mutmaßen.
Ihr fortgeschrittenes Alter mag eine Rolle gespielt haben, denn immerhin war sie 1933, als die erste große Welle jüdischer Auswanderung stattfand, mit ihren 58 Jahren deutlich älter als der Großteil der
Emigranten.[14] Auch der Umstand, dass sie den Schritt ins Exil allein
und ohne Partner machen musste, mag ihr die Entscheidung erschwert
haben. Sie wird sich nicht nur dagegen gewehrt haben, die einmal erar-
beitete materielle Habe und ihr Zuhause zu verlieren, sondern sich
gesträubt haben, ihre langfristig aufgebaute und existenziell wichtige

berufliche Perspektive aufzugeben. Möglicherweise hätte Schapire sich den Worten der Politikerin Elsbeth Weichmann angeschlossen, die bereits im September 1933 gemeinsam mit ihrem Mann, dem späteren Hamburger Ersten Bürgermeister Herbert Weichmann, aus Deutschland floh: »Wir hatten Angst, aber noch nicht den Mut zur Angst, der Konsequenzen verlangt: Über Niemandsland abzuspringen, alle Brücken zum bisherigen Leben, zur eigenen Identifikation abzubrechen – das war ein Entschluss, der viel Kraft abverlangte.«[15]

So ähnlich könnte es auch Schapire gegangen sein, bevor sie sich zur Flucht durchringen konnte. Ihre Angst vor der unbekannten Zukunft mag ihre Angst vor der wachsenden antisemitischen Repression lange überwogen haben. Und vielleicht hat sie – wie viele andere – an der Hoffnung festgehalten, dass das NS-Regime nur kurzzeitig existieren würde. Schließlich bedeutete die Entscheidung, das Land zu verlassen, sich von einem gewachsenen sozialen Umfeld, von geschätzten und geliebten Menschen zu trennen – ohne die Gewissheit, sie jemals wiederzusehen. Nicht zuletzt dürfte Schapires umfangreiche Kunstsammlung, die viel aufwendiger zu verpacken und zu transportieren war als ihr sonstiger Hausstand, wie ein »Klotz am Bein« gewirkt haben. Alles zusammen mag dazu geführt haben, dass die Ausgegrenzte sich dem immensen körperlichen, emotionalen und materiellen Kraftakt der Emigration nicht gewachsen fühlte und ihn deswegen immer weiter hinausschob.

Ihr Studienfreund Wilhelm Valentiner, der inzwischen Direktor des Detroit Art Institute (USA) war, bot ihr 1938 an, sich für sie als Tutorin an der College Art Association in New York zu verwenden, damit sie mit Vortragstouren Geld verdienen könne. Das erforderliche Affidavit – der eidesstattliche Nachweis, dass sie in den USA keine finanziellen Hilfeleistungen benötigen werde – wurde zügig erstellt.[16] Damit tat sich eine attraktive und ermutigende (Über-)Lebensperspektive auf, deren Alternativlosigkeit nach fünf Jahren nationalsozialistischer Herrschaft auf der Hand lag. Sie mag erklären, warum Schapire sich für ein Exil im englischsprachigen Raum entschied, für den sie keinerlei Sprachkenntnisse mitbrachte, während sie die französische Sprache fließend beherrschte. Valentiner riet ihr, sich für die Emigration in die USA um ein Empfehlungsschreiben von einschlägiger Stelle zu bemühen. Eine ebenso hilfsbereite wie angesehene Ansprechpartnerin war

die Literaturwissenschaftlerin und Philosophin Gertrud Bing, stellver-
tretende Direktorin des Warburg Institute London, die 1933 gemeinsam mit Fritz Saxl die K.B.W. aus Hamburg nach London gebracht
und so vor dem Zugriff der Nationalsozialisten gerettet hatte. Seitdem
bildeten Bing und Saxl mit dem Londoner Institut eine zentrale Anlauf-
stelle, einen »geistigen Ort des Zusammenhalts« für Kunst- und andere
Geisteswissenschaftler, die entweder schon emigriert oder zur Ausreise aus Deutschland entschlossen waren.[17] Besonders der frühere
Hamburger Benutzerkreis der Bibliothek orientierte sich dorthin, aber
wegen Saxls Herkunft aus Österreich fühlten sich auch österreichische
Kunsthistoriker angezogen.

Das Warburg Institute bot vielen die dringend benötigte erste Möglichkeit, die abgebrochenen Arbeiten fortzusetzen, doch ebenso wichtig war die von Bing und Saxl freigiebig und umstandslos offerierte
praktische Lebens- und Überlebenshilfe. Sie vernachlässigten ihre eigenen wissenschaftlichen Interessen, um Ausreisewilligen Aufenthalts-
genehmigungen und Visa zu beschaffen und den in London eingetrof-
fenen Emigranten kleine Jobs in der Bibliothek oder an englischen
Institutionen zu vermitteln. Vor allem aber bemühten sie sich, für die
meist verarmten Exilierten Stipendien und Arbeitsplätze zu organisieren,[18] vielfach in Kooperation mit der Society for the Protection of
Sciences and Learning (SPSL), die auf Initiative britischer Universitäts-
mitarbeiter zur Unterstützung junger exilierter Hochschulwissenschaft-
ler in Großbritannien gegründet worden war.[19] Zu ihren zahlreichen
Aufgaben gehörte es, Gutachten und Stellungnahmen zu verfassen, in
denen sie sich vor allem zu der Integrationsfähigkeit des Bewerbers in
ein fremdes Wissenschaftsmilieu äußerten.[20] Daher lag es nahe, dass auch
Schapire sich an sie wandte, selbst wenn sie wegen ihres fortgeschrittenen Alters für eine Förderung durch die SPSL nicht mehr infrage kam.
Doch sie war vor 1933, als Bing noch Bibliothekarin an der K.B.W. in
Hamburg war, der Kollegin bereits flüchtig begegnet, unter anderem, da
auch jene zu den Gründungsmitgliedern des Hamburger Zonta-Clubs
gehört hatte.[21] Während eines England-Aufenthalts im Frühjahr 1938
hatte sich der Kontakt intensiviert:

Liebe Frau Dr. Bing, morgen ist mein Aufenthalt in London zu
Ende – leider, leider! Im Augenblick habe ich wohl keinen heißeren

Gertrud Bing, 1933   Fritz Saxl, 1940er Jahre

Wunsch als wiederzukommen und bleiben zu können. Seltsam, dass wir so viele Jahre in Hamburg nebeneinander hingegangen sind, und ich Sie hier in wenigen Stunden besser kennengelernt habe als in meinem ganzen bisherigen Leben![22]

Daran also konnte Schapire anknüpfen, als sie Bing im Sommer desselben Jahres bat, jene für den Neuanfang in den USA erforderliche Stellungnahme zu verfassen. Leicht fiel es ihr nicht:

Ich habe nie in meinem Leben um Hilfe dieser oder anderer Art gebeten. Jetzt muss ich es, ich bin mir durchaus dessen bewusst, dass ich ohne Hilfe nichts erreichen werde und dass auch bei aller Hilfe ein dorniger Weg vor mir liegt. Aber ich muss ihn gehen, weil ich keine andere Wahl habe. Ich wäre sehr dankbar, wenn Sie und Prof. Saxl mir bei dem Namen und den Beziehungen Ihres Institutes helfen könnten, und ich hoffe, Ihrer Empfehlung keine Unehre zu machen.[23]

Der Brief blieb nicht ohne Antwort. Rund drei Wochen später, im September 1938, verfasste Saxl ungeachtet dessen, dass er Schapire früher einmal als »silly goose« – »alberne Gans« – bezeichnet hatte,[24] ein freundliches Empfehlungsschreiben:

Ich habe Dr. Rosa Schapire viele Jahre in Hamburg gekannt und immer ihren Mut bewundert, mit dem sie für moderne Kunst und das Kunstverständnis im Allgemeinen kämpfte. In einer Zeit, als niemand die Qualitäten der jüngeren Generation sah, entdeckte sie sie und tat alles in ihrer Macht stehende, um die Künstler zu ermutigen.[25]

Parallel zur Beschaffung der erforderlichen Dokumente war noch die Rettung der wertvollen Kunstsammlung zu organisieren. Schapire bot die mehr als 600 Werke zunächst geschlossen einem Amsterdamer Museum an, das jedoch aus Platzgründen ablehnte. Immerhin gelang es ihr, die Bilder von Radziwill zu verkaufen. Wie Leonie Beiersdorf nachgezeichnet hat, wurde ihr Plan, die anderen Kunstwerke ins Ausland auszuführen, durch ständig neue Verordnungen, die der Entrechtung der Ausreisewilligen dienten, durchkreuzt und behindert.[26] Die NS-Administration verlangte von Juden, ihr Vermögen und insbesondere Kunstbesitz bei der Finanzbehörde anzumelden, sie verfügte, dass Kunstgegenstände von Sachverständigen zu prüfen und zu bewerten seien, und erklärte die Mitnahme von Umzugsgut für genehmigungspflichtig. Während es Juden bereits seit Dezember 1938 verboten war, Schmuck oder Edelmetalle zu veräußern, wurden sie ab März 1939 per Verordnung genötigt, sämtliche Edelmetalle – von Tafelgeräten über Füllfederhalter bis zu Zigarettenetuis – bei Pfandleihanstalten abzugeben, wobei die formell vorgeschriebene Erstattung des Materialwerts nur selten erfolgte.[27]

In Erwartung der bevorstehenden Auswanderung mietete Schapire im Hamburger Hafen eine Überseekiste. Darin lagerte sie für die Überführung in die USA ihren Hausstand, Teile der Einrichtung des Schmidt-Rottluff-Zimmers, drei Mappen mit Grafik bedeutender expressionistischer Künstler sowie ihre 500 Bücher umfassende Bibliothek einschließlich der Publikationen der Brücke. Ihre jungen Künstlerfreunde Willem Grimm und Karl Kluth, die regelmäßig Gäste ihres »Salons« gewesen waren, hatten ihr beim Einpacken geholfen. Für die transatlantische Überführung deponierte sie beim Spediteur Willi Springe 1.000 Reichsmark Lagergeld und 300 Reichsmark für das Ticket nach New York.[28] Dass die summarisch aufgelisteten Kunstgegenstände im Juli 1939 für die Ausfuhr freigegeben wurden, ist nach Beiersdorfs Einschätzung möglicherweise darauf zurückzuführen, dass der zuständige Sachverständige den Wert nicht erkannte, denn weder er noch

Willem Grimm
und Rosa Schapire,
um 1925 (anonym)

Schapire hatten die betreffenden Künstler namentlich genannt. Sie zitiert in diesem Zusammenhang den Bericht des Justizinspektors zum Fall »Dr. Rosa Sarav Schapira« (sic): »Die heutige Untersuchung des Umzugsgutes hat ergeben, dass die unter Abschnitt 1 aufgeführten Sachen nach Art und Beschaffenheit sehr alt und gebraucht sind.«[29] Darunter befanden sich die von Schmidt-Rottluff gestalteten Möbel, Gefäße und Textilien.

Der Weg ins US-amerikanische Exil war also gut vorbereitet, doch dann stellte sich heraus, dass Schapire wegen ihrer hohen Wartenummer – Platz 1.473 der USA-Einwanderungsliste – in absehbarer Zeit weder mit einer Ausreisebewilligung noch mit einem Einreisevisum in die USA rechnen konnte. In äußerster Bedrängnis wandte sie sich im Januar 1939 erneut ans Warburg Institute, diesmal mit einem verzweifelten Schreiben direkt an Fritz Saxl:

Lieber Herr Professor Saxl, dieses ist ein SOS-Brief! Nachdem ich […] im Sept. dieses Jahres herauszukommen glaubte, stellt sich heraus, dass ich zwei bis drei Jahre zu warten habe, ehe meine Nummer in Wirksamkeit tritt! Dass ich dies unmöglich kann, aus inneren und äußeren Gründen, brauche ich Ihnen nicht auseinanderzusetzen. Und so kommt meine Bitte: helfen Sie mir, dass ich erstmal für ein Jahr Aufenthaltserlaubnis in England, d.h. in London bekomme. Bin ich dort – das Weitere wird und muss sich finden. Sonst habe ich nur die Möglichkeit, die Reise in jenes Reich anzutreten, wo nicht nach Pass und Wartenummern gefragt wird. Aber ich glaube, dass ich vor dieser Reise, die ja niemandem erspart bleibt, noch manches auf Erden zu tun habe. Für die ersten sechs Monate würden mir auswärtige Freunde unter die Arme greifen, die dies auch für Amerika zu tun bereit waren.

Verzeihen Sie den dringenden Ton dieses Briefes. Er ist nur durch die Notlage zu verstehen. […] Ich kann Ihnen nicht so danken, wie ich sollte und möchte. Es ist meine letzte Chance. Ich glaube, Sie kennen mich gut genug, um zu begreifen, dass ich nur in diesem äußersten Fall so dringend um Hilfe bitte. Bitte lassen Sie mich nicht zu lange auf Antwort warten. Ich zähle die Tage – die Stunden. Von Herzen Dank und viele Grüße Ihnen und Frau Dr. Bing, Ihre Rosa Schapire.[30]

Ihre andere, nicht minder drängende Sorge galt dem Schutz ihrer Schmidt-Rottluff-Sammlung. Und tatsächlich gelang es ihr – anscheinend dank der Hilfe ihres seit Jahren gewachsenen Netzwerkes –, das Geflecht schikanöser Verordnungen teilweise zu umschiffen und bedeutende Teile ihres Kunstbesitzes zu retten. Den von Schmidt-Rottluff gestalteten Schmuck – Ringe, Ketten, Anhänger, Armreifen und Broschen – vertraute sie ihrer Hamburger Freundin Hilde Zoepffel an, von wo die kostbaren Stücke nach dem Krieg auf unbekanntem Weg zu ihr zurück gelangten und bis zu ihrem Tod verblieben. Unklar ist, wie sie es schaffte, andere Teile der Sammlung, die sie nicht im Hamburger Hafen einlagern ließ, nach Großbritannien zu verbringen. Aufgrund der fiskalischen Verfolgung jüdischen Besitzes ist davon auszugehen, dass die Werke auf illegalem Weg an den Behörden vorbei ins Ausland gelangten. Jedenfalls tauchen die fraglichen Arbeiten weder in den Prüflisten für die Güter auf, die Schapire mit dem Ausfuhrziel USA im Hamburger Hafen lagern ließ, noch in den Listen ihres Reisegepäcks nach England.[31]

Die Partner der Galerie Roland, Browse & Delbanco, 1959:
Gustav Delbanco, Lilian Gertrude Browse, Henry Roland (v. l. n. r.)

Beiersdorf hält es für denkbar, dass Gustav Delbanco, aus Hamburg
stammender Kunsthändler jüdischer Herkunft, behilflich war, vielleicht
vermittelt durch seine Mutter Elsa, die Schapire bereits in der Hansestadt freundschaftlich verbunden war und sie später auch in London
unterstützte. Möglicherweise habe Delbanco, der schon 1930 in London
zusammen mit dem ebenfalls aus dem Deutschen Reich emigrierten
Heinrich Rosenbaum, alias Henry Roland, eine Galerie für Altmeis-
ter-Zeichnungen gegründet hatte, seine geschäftlichen Kontakte zu
Galerien in Deutschland und zu Transportunternehmen nutzen können.[32] Die Forscherin weist darauf hin, dass einige »Auffälligkeiten in
der Buchhaltung der Galerie« die Vermutung nahelegten, die Galerie
habe »manchen in Not geratenen deutschstämmigen jüdischen Sammlern eine Übergangslösung verschaffen wollen, in der sie ähnlich wie
ein Pfandhaus operierte«.[33] Fest steht jedenfalls, dass es Schapire gelang, zahlreiche Arbeiten Schmidt-Rottluffs ins Exil mitzunehmen:
sechs großformatige gerahmte Ölgemälde, Plastiken aus Holz, Stein
oder Metall, zwei in Relief geschnitzte und bemalte Holzkästen und
zahlreiche Schmuckarbeiten aus Silber. Doch damit nicht genug: Es
glückte ihr, eine mindestens fünfhundert Blatt umfassende Grafiksamm-

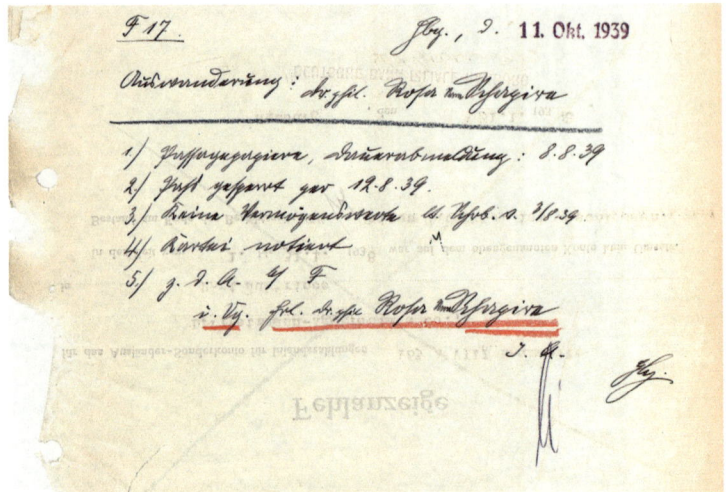

Notiz der Behörde des Oberfinanzpräsidenten Hamburg
zur »Dauerabmeldung« Rosa Schapires[34]

lung auszuführen, die laut ihren Angaben je ein Exemplar aller seiner
bis 1939 entstandenen Holzschnitte, Radierungen und Lithografien
umfasste, und darüber hinaus auch das Konvolut von über 150 Künst-
lerpostkarten, die er und die anderen Brücke-Künstler ihr seit 1908 gesandt hatten.[35] Dennoch fiel etliches, was sie nicht mitnehmen konnte,
den Nationalsozialisten in die Hände, wie Schmidt-Rottluff erfuhr. Er
berichtete seiner Schülerin, der Malerin Erika von Hornstein, »in Bitterkeit, dass die Sammlung Rosa Schapires am 30. und 31. Oktober '41
versteigert worden sei. Die Gestapo habe in ihrer Hamburger Wohnung sechsundachtzig Nummern beschlagnahmt.«[36] Während trotz
widrigster Umstände der Kunst-Transfer von Hamburg nach London
stattfand, gelangten in umgekehrter Richtung das erlösende Transitvi-
sum und die Aufenthaltsgenehmigung für Großbritannien zu Schapire.
Dank Saxl, der nach ihrem SOS-Brief vom Januar 1939 die nötigen Pa-
piere besorgt hatte, hielt sie am 25. Juli 1939 ihre Ausreisegenehmigung
in Händen. Es vergingen noch knapp drei Wochen, bis die inzwischen
65-Jährige den Weg ins Exil antrat – völlig mittellos, da sie spätestens
seit 1936 unter den Nationalsozialisten ihrer Verdienstmöglichkeiten
beraubt war. Seitdem hatte sie weder Einkommens- noch Vermögens-

Wangoni (1922),
Fotograf unbekannt[37]

steuer abführen müssen, denn beide Werte lagen in ihrem Fall weit
unter der Besteuerungsgrenze. Auch die Reichsfluchtsteuer von 25 Prozent, deren Vermögensuntergrenze die NS-Administration 1934 von
200.000 Reichsmark auf 50.000 gesenkt hatte, um die Ausfuhr jüdischen Vermögens zu unterbinden, war in ihrem Fall nicht zu entrich-
ten. Kurz vor ihrer Ausreise nach London erklärte sie dem Finanzamt,
ihr restliches Vermögen sei für die Fahrkarte nach England und zur
Weiterreise in die USA sowie für den geplanten Übersee-Transport des
Liftvans aufgebraucht worden.[38]

Laut einer formlosen Notiz der Behörde des Oberfinanzpräsidenten
Hamburg vom 11. Oktober 1939 ist Schapires »Dauerabmeldung« aus
Hamburg auf den 8. August 1939 datiert[39] und eine »Einzelgenehmi-
gung« für die »Mitnahme von Gegenständen zum Zwecke der Auswan-
derung« aus demselben Amt auf den 10. August 1939[40]. Der letzte
Eintrag in der Auswanderer-Akte für »Schapire, Frl. Dr. Rosa Sara«
lautet: »über England nach U.S.A. 12.8.39«.[41] An diesem Tag verließ
sie Deutschland auf der »Wangoni«, einem Schiff der Hamburger
Woermann-Linie.[42] Damit war sie eine der letzten der etwa 250 in
Deutschland und Österreich tätigen Kunsthistorikerinnen und Kunst-

historiker jüdischer Abstammung, die bis 1939 dem Machtbereich der Nationalsozialisten entkamen.[43] Sie gehörte zu den rund 29.000 Flüchtlingen aus Deutschland, die seit 1933 eine Einreisegenehmigung nach England erhalten hatten. Viele von ihnen waren inzwischen von dort in andere Staaten weitergereist, vor allem in die USA, und etwa 4.000 waren geblieben, meist in London.[44]

3. Neubeginn im »Phoney War«

»Ich wurde im ersten Kriegswinter ausgebombt«

Nach einer mehrtägigen Seereise erreichte Rosa Schapire am 18. August 1939 die britische Hauptstadt, in der Tasche eine Barschaft von zehn Reichsmark.[1] Zunächst kam sie mit Saxls und Delbancos Hilfe im Ladies' International Club in 74 Princes Square[2] im Distrikt Bayswater unter. Eine Woche nach ihrer Ankunft sandte sie einen Brief an Schmidt-Rottluff, dessen Inhalt sich nur teilweise aus seiner Antwort, in Unkenntnis ihrer Anschrift adressiert an eine Kontaktperson namens Dr. M. Ungers, erahnen lässt:

> Meine liebe Ro, ich versuche Dir zu schreiben in der ungewissen Hoffnung, dass Dich der Brief auch erreicht. Deinen Brief vom 25.8. haben wir noch richtig bekommen, vielen Dank. Es war mir sehr erfreulich zu hören, dass die Reise u. Dein Empfang von Deinen Freunden in gutem Zeichen standen – Dein Geburtstag tut es freilich nicht mehr, aber gleichwohl werden wir in aller Treue an Dich denken. Es sind über alle Völker schwere Sorgen hereingebrochen u. die Schicksale der einzelnen sind überall düster, aber wir dürfen den Mut nicht sinken lassen u. müssen versuchen, uns in diesen Zeiten zu bewähren. […] Der Sommer stand freilich in mir bereits unter dem Druck kommenden Dunkels – leider hat sich dieses Gefühl bewahrheitet. Wie sich nun Dein Aufenthalt in L. entwickeln wird, ist mir rechte Sorge, da ja auch dort alle Interessen gestört sein dürften. […] Ich hoffe, dass wir von Zeit zu Zeit von einander hören können.[3]

Schapires Schreiben vom 25. August 1939 ging verloren, ebenso wie zwei andere frühe Briefe aus London, für die Schmidt-Rottluff sich Anfang 1940 bedankte.[4] Danach machte der Krieg jede weitere Korrespondenz unmöglich, und die Verbindung brach für mehrere Jahre ab. Aus der Zeit zwischen dem 30. März 1940 und dem 5. Dezember 1945 ist von keinem der beiden Freunde ein Brief erhalten, und es ist anzunehmen, dass diese Daten Anfang und Ende der kriegsbedingten Pause markieren – einer Pause, unter der Schapire litt und an die sie sich später schmerzhaft erinnerte, als sie einmal ungewohnt lange auf einen Brief Schmidt-Rottluffs warten musste: »Dein […] Brief […] kam heute Morgen. Ich war wie erlöst, ich hatte schon schlaflose Nächte und fragte mich, ob wieder die gleichen Zustände kommen werden wie im letzten Krieg, wo man 6 Jahre nichts von einander gehört hat.«[5]

Aus der ersten Zeit im Exil liegen kaum Quellen vor, aus denen sich ihr Befinden entnehmen ließe. Ungewiss ist, ob sie davon betroffen war, dass viele Londoner deutschen und österreichischen Flüchtlingen mit Vorbehalten begegneten und teilweise sogar fanden, alle Deutschen müssten verhaftet werden, selbst wenn einige Unschuldige leiden sollten.[6] Offensichtlich ist jedoch, dass sie zwar vor nationalsozialistischer Verfolgung geschützt war, dass sie sich aber keineswegs in Sicherheit für Leib und Leben wiegen konnte, denn mit ihrer Flucht nach London hatte sie sich an einen hochgradig gefährdeten Ort begeben: Am 1. September 1939, knapp zwei Wochen nach ihrer Ankunft, entfesselte Hitler-Deutschland mit dem Überfall auf Polen den Zweiten Weltkrieg, und am 3. September erklärten Großbritannien und Frankreich Deutschland den Krieg. Es begann der »Phoney War«[7], der »komische, seltsame« Krieg, in dem beide westeuropäischen Kriegsparteien während der ersten acht Monate von September 1939 bis April 1940 militärisch weitgehend passiv blieben. In London – mit 8,2 Millionen Einwohnern damals die größte Stadt der Erde[8] – war man sich bewusst, dass die Metropole ein bevorzugtes Ziel deutscher Luftangriffe sein würde. Dies lehrte die Erfahrung aus dem Ersten Weltkrieg, in dem das Deutsche Reich Großbritannien aus der Luft mit Zeppelinen und ersten Bombern angegriffen hatte. Damals waren 1.414 Menschen ums Leben gekommen, und der Umstand, dass das Land erstmals seit Jahrhunderten auf heimischem Territorium attackiert worden war, hatte die Bevölkerung unter Schock versetzt. Das Gefühl, schutzlos ausgeliefert zu sein, hatte eine Panik ausgelöst, die seitdem nicht vergessen war.[9] Im Gegenteil hatte 1937 die Zerstörung Guernicas durch deutsche Kampfflugzeuge das Leid der Zivilbevölkerung neu ins Zentrum öffentlicher Aufmerksamkeit gerückt.[10] Man traute den Deutschen jede Art der Grenzüberschreitung zu und stellte sich 1939 auf erbarmungslose Angriffe einer noch viel leistungsstärkeren Luftwaffe ein. Da man über viel zu wenige Schutzräume verfügte, geriet das Land und insbesondere die Hauptstadt in einen Zustand

größter Anspannung. Zum Schutz der Bevölkerung wurden einschnei-
dende Maßnahmen ergriffen, die London innerhalb weniger Wochen
grundlegend veränderten, und auch wenn die Vorgänge Schapire teilweise sicher nur indirekt betrafen, dürften sie sich ihr atmosphärisch
mitgeteilt haben.

Das öffentliche Leben kam weitgehend zum Erliegen, Theater,
Opernhäuser, Kinos und Tanzsäle wurden geschlossen,[11] die meisten
Museen und Galerien ebenfalls. Wertvolle Kunstobjekte wurden an
sichere Orte ausgelagert, so wurden etwa die Bilder der National Gallery in einen stillgelegten Schieferbruch in Nordwales gebracht.[12] Der
Botanische Garten Kew Gardens wurde aus Furcht vor splitterndem
Glas der Gewächshäuser gesperrt,[13] Sitzgelegenheiten in den Parks
wurden entfernt.[14] Aus dem Zoo wurden Säugetiere evakuiert, gefähr-
liche Schlangen und Schwarze Witwen vorsorglich getötet, das Aqua-
rium trockengelegt, um die unkontrollierte Freisetzung von 900.000
Litern Wasser zu verhindern.[15] Es galten strenge Verdunkelungsvor-
schriften, die das öffentliche Leben stark einschränkten und die sonst
strahlend illuminierte Stadt in fast völlige Finsternis tauchten. Aus den
Häusern durfte kein noch so schwaches Licht nach außen dringen,
Straßenlaternen waren ausgeschaltet. Autos und Laster mussten ohne
Beleuchtung fahren, mit dem Ergebnis, dass die Unfallzahlen rapide
stiegen.[16] Bis Ende 1939 verließen 3.453 große Firmen London. Die
Lebensmittelpreise stiegen, Schinken, Butter und Zucker wurden ratio-
niert, Benzin ebenfalls. 800 Busse wurden aus dem Verkehr gezogen,
die Straßen leerten sich, der private Autoverkehr versiegte, dafür waren die Züge überfüllt.[17] Aus Angst vor der bevorstehenden Apoka-
lypse wurden rund 750.000 Londoner Kinder mit großem organisato-
rischen Aufwand ins ländliche Umland evakuiert.[18] Die Regierung
verteilte 38 Millionen Gasmasken an die Bevölkerung[19] – eine Maß-
nahme, die keinen Zweifel an der Gefährlichkeit der Lage aufkommen
ließ und von den Menschen sehr ernst genommen wurde: Im September 1939 trugen die meisten Passanten in der Londoner Innenstadt die
monströsen Masken.[20] Da war Schapire gerade einmal drei Wochen in
der Stadt, in der sie zu überleben hoffte.

Als im »Phoney War« die befürchteten Angriffe vorerst ausblieben,
normalisierte sich das Leben wieder. Die Hälfte der evakuierten Kinder
kehrte im Herbst und Winter 1939/40 nach London zurück, bevor erst

im Sommer darauf ihre erneute Evakuierung organisiert wurde.[21] Auch
viele Unternehmen kamen zurück,[22] die Bevölkerung wagte in Kultur,
Sport und Freizeit nach und nach annähernd gewohnte Aktivitäten,
vorsichtig angepasst an die ungewisse Lage.[23] Einige Museen, darunter
das British Museum, waren wieder zugänglich, wenn auch im Allgemeinen mit räumlichen und zeitlichen Einschränkungen.[24] Eines der
wenigen geöffneten Museen war das von Schapire geliebte Victoria and
Albert Museum, zwar ohne seine wertvollsten Bestände, aber Kleidung
und viele Metallarbeiten waren ausgestellt.[25] Im Frühling 1940 war
London zum »business as near usual as possible« zurückgekehrt, und
die drohende Gefahr geriet aus dem Bewusstsein der Bevölkerung. Die
Schriftstellerin Theodora FitzGibbon beschrieb die damalige Stimmung
so:

Warten auf Neuigkeiten, auf den Bus, auf die Bahn… Warten auf
Bomben, die niemals fallen; Gas. Warten auf Verletzte in trostlosen
improvisierten Räumen. Am schlimmsten das Warten beim Schlan-
gestehen für Essen, für auszufüllende Formulare, für Dinge, die
niemals eintreten werden. Die Trübsal des Nichtstuns beim Warten
auf Anweisungen. Vielleicht. Es wurde bekannt als der Große Lang-
weilerkrieg.[26]

Als am 20. November 1939 zum ersten Mal ein feindliches deutsches
Flugzeug über die Außenbezirke Londons flog, wurde es von einer hef-
tigen Fliegerabwehr zum Umkehren gezwungen. Im März 1940 fielen
Bomben auf Schapires Wohndistrikt Bayswater[27] und das Londoner
Zentrum.[28] Danach blieb Großbritannien einige Monate lang von An-
griffen verschont, während die Wehrmacht im April und Mai in Nor-
wegen, Belgien, Holland und Frankreich einmarschierte. Im Sommer und
Herbst rechnete man in Großbritannien täglich mit einer Invasion
deutscher Truppen, bis schließlich im September die ersten schweren
Bombenangriffe auf London stattfanden. Knapp 6.000 Menschen verloren innerhalb von dreißig Tagen ihr Leben, doppelt so viele wurden
schwer verletzt.[29] Die Angriffe richteten sich zunächst gegen den Londoner Osten, insbesondere gegen den Hafen, wo Lagerhäuser und
Schiffe in Brand gesetzt wurden. In den Tagen darauf wurden Stadttei-
le im Westen der Stadt und bedeutende Gebäude wie die St.-Paul's-

Kathedrale, der Buckingham-Palast und das Unterhaus getroffen. Die
Bombardements kulminierten am 15. September in zwei Tagesangrif-
fen, die allerdings der deutschen Luftwaffe so große Verluste bereite-
ten, dass sie von nun an zu Nachtangriffen überging. Eine dieser nächt-
lichen Attacken beraubte Schapire ihrer Unterkunft, wie sie nach dem
Krieg Schmidt-Rottluff schilderte:

Ich wurde auch im ersten Kriegswinter ausgebombt und musste wie
der ganze Ladies International Club, in dem ich damals lebte, das
Haus um 10 Uhr Abends (!) mit meiner Handtasche, die ich gerade
in der Hand hatte, verlassen und in einen öffentlichen Bunker gehen
(London hat keine unterkellerten Häuser). Das Haus war stehen
geblieben, war aber für Monate unbewohnbar und niemand (bei mir
im Hause!) hatte Schaden an Leben oder Sachen erlitten. Es war ein
sehr interessantes Erlebnis, die Bomben heulten die ganze Nacht
und viele Häuser in unmittelbarster Nähe wurden zerstört, aber das
Publikum verhielt sich tadellos. Nichts von Panik, in solchen Dingen wie Selbstbeherrschung sind die Engländer fabelhaft. Und die
›air raid warden‹ brachten uns um 1/2 6 Uhr morgens heißen Tee.
Es war eine kalte Oktobernacht.[30]

Nur zwei Straßen weiter, in 21 Leinster Square, fand sie ein kleines
Zimmer, in dem sie mehrere Jahre – mindestens bis Mai 1947 – lebte.[31]
Die nahezu jährlichen Umzüge von einem gemieteten Zimmer zum
nächsten, die ihr zwischen 1950 und 1954 das Leben schwer machten und
in ihren Briefen an Schmidt-Rottluff dokumentiert sind, blieben ihr
während des Krieges erspart.

Am 29. Dezember 1940 erreichte der Luftkrieg seinen Höhepunkt,
als Brandbomben wie schwerer Regen auf London fielen und große
Teile der Stadt in ein Flammenmeer verwandelten. Da dieser Tag ein
Sonntag war – Büros, Warenhäuser und Kirchen in der City verschlossen und die Brandwachen zu Hause in ihren Wohnungen –, war
die Stadt besonders verwundbar. Hinzu kam, dass die Themse so wenig Wasser führte, dass Löschboote nicht in die Nähe der Brände gelangten und viele Pumpen sich außer Reichweite des Wassers befanden. Fast 1.500 Feuer brachen aus, die zu zwei mächtigen Großbränden
zusammenwuchsen[32] und nahezu ein Drittel der City von London in

Schutt und Asche legten.[33] Nach diesem verheerenden Feuersturm, der in seiner Wirkung an den in Hamburg im Juli 1943 und den in Dresden im Februar 1945 heranreichte,[34] wurden die Bombenangriffe auf London zunächst seltener. Aber im April und Mai 1941, anderthalb Jahre nach Schapires Ankunft in London, fielen schnell aufeinanderfolgenden Nachtangriffen deutscher Tiefflieger Tausende Menschen zum Opfer – in so verschiedenen Gegenden wie Holborn im Osten der Stadt und Chelsea im Westen.[35]

Der Einmarsch der deutschen Truppen in Russland im Juni 1941 verschaffte der britischen Hauptstadt eine Pause im Luftkrieg und damit eine Zeit relativen Friedens, in der das Leben wieder seinen gewohnten Gang zu gehen schien. Doch die angerichteten Zerstörungen und die Gewissheit, dass der Krieg in anderen Regionen unvermindert weiterging und jederzeit nach London zurückkehren konnte, erzeugten eine Atmosphäre der Lähmung.[36] Die inzwischen 68-jährige Schapire wollte Großbritannien verlassen und, wie ursprünglich geplant, in die USA auswandern. Auf ihre dringende Bitte erhielt sie im September von Saxl und Valentiner Empfehlungsschreiben zur Vorlage beim State Department in Washington, D.C. Zu dieser Zeit begannen in Deutschland die Deportationen. In Hamburg lebten damals noch immer etwa 7.500 Jüdinnen und Juden. An ihrer finanziellen Ausplünderung, der Sicherstellung ihrer beweglichen Habe zugunsten der Nationalsozialistischen Volkswohlfahrt und der Neuvergabe ihrer Wohnungen beteiligten sich neben der Gestapo und der Polizei diverse Behörden. Über 5.800 Menschen wurden zwischen Oktober 1941 und Februar 1945 aus Hamburg deportiert, 5.296 von ihnen wurden ermordet. 319 Menschen wählten den Freitod, etwa 700 in westliche Nachbarländer Ausgewanderte wurden von dort deportiert. Nachdem bis Dezember 1941 der Tod der Gefangenen in den Ghettos im Osten noch als Folge der Arbeits- und Lebensbedingungen in Kauf genommen worden war, betrieb das nationalsozialistische Regime ab 1942 sein systematisches Mordprogramm. Etwa 10.000 Hamburger Jüdinnen und Juden fielen dem Holocaust zum Opfer.[37] Es ist kaum vorstellbar, dass die in mehrfacher Hinsicht aufgefallene Schapire sich dem Zugriff der Schergen hätte entziehen können, wäre ihr nicht unmittelbar vor Kriegsbeginn die Flucht nach London gelungen.

»Sie haben sich hier immer als treue Freunde bewährt«

Letzten Endes scheint ihre Idee, in die USA zu emigrieren, nicht umsetzbar gewesen zu sein. Jedenfalls blieb sie schließlich in Großbritannien und nahm die britische Staatsbürgerschaft an. Ab 1943 gibt es in ihrer erhaltenen Korrespondenz im Warburg Institute und im Archiv der Tate Gallery keine Hinweise mehr, dass sie ihre Weiterreise noch verfolgt hätte. Das haben Forschungen Leonie Beiersdorfs ergeben, die anhand der Briefe auch rekonstruiert hat, dass die 69-Jährige zu dieser Zeit in der Bibliothek des British Museum und der Bodleian Library in Oxford ihre wissenschaftliche Arbeit wieder aufnahm und mit kunstgeschichtlichen Vorträgen und Übersetzungen ein geringes Einkommen erzielte.[38] Schapire selbst schrieb in ihrem ersten Nachkriegsbrief an ihre Freundin Agnes Holthusen: »Ich […] habe natürlich schon zu kämpfen gehabt, aber seit etwa 2 Jahren habe ich eine Tätigkeit, die in meinem Rahmen ist und mich außerordentlich interessiert.«[39] Glaubt man Gustav Delbanco, der unmittelbar nach ihrem Tod rückblickend Willem Grimm, Schapires Freund aus Hamburger Tagen, von ihrem Bemühen um ökonomische Unabhängigkeit berichtete, könnte sie schon im Jahr 1940 erste Einkünfte erzielt haben: »Sie stellte sich – ich glaube es war innerhalb eines Jahres, dass sie hier ankam – soz. selbstständig auf ihre eigenen Beine […] und hat sich seitdem immer ihr eigenes bescheidenes Brot mit Arbeiten verdient, die auf ihrem eigensten Interessengebiet lagen.«[40]

Wovon sie in den Anfangsjahren seit ihrer Ankunft in London lebte, wie lange sie die Zuwendungen jener auswärtigen Freunde erhielt, die ihr für die ersten sechs Monate »unter die Arme greifen«[41] wollten und für sie »garantiert« hatten[42], wer diese Freunde waren und wie es nach einem halben Jahr weiterging – das liegt im Dunkeln. Könnte es sich bei ihren Unterstützern um die Familie Delbanco gehandelt haben? Diese Idee ist sicher nicht ganz abwegig, da Gustav Delbanco in dem eben zitierten Brief an Willem Grimm auch erwähnte, sie habe schon bald »nichts mehr von der Hilfe von Freunden wissen« wollen. Offenbar war er also informiert, dass jemand sie materiell unterstützte, und es ist denkbar, dass er selbst und/oder seine Mutter diese Personen waren, denn Elsa Delbanco machte Schapire in London mehr-

fach großzügige Geldgeschenke.[43] Überdies muss Gustav Delbanco
maßgeblich dazu beigetragen haben, dass ihr die Flucht aus Deutschland gelang, vielleicht – auch dies lediglich eine Annahme – weil er
der bettelarmen Emigrantin im entscheidenden Moment zum unver-
zichtbaren Affidavit verhalf, indem er bescheinigte, dass sie ihrem
Gastland nicht auf der Tasche liegen würde …? Sie selbst jedenfalls
schrieb ihm eine Schlüsselrolle bei ihrer Rettung zu: »Zuletzt verdanke ich es nur ihm, dass ich nicht von den Nazi in einem Konzentrationslager zu Tode gemartert wurde, sondern noch in zwölfter
Stunde herausgekommen bin, und sie haben sich hier immer als treue
Freunde bewährt.«[44] Bis zu ihrem Tod blieb sie in engem Kontakt mit
beiden Delbancos, und es kann kein Zweifel bestehen, dass Mutter
und Sohn sich jenseits ihrer mutmaßlichen Hilfe bei der Verbringung
der Kunstsammlung nach Großbritannien[45] um Schapire verdient gemacht haben.

Im Juni 1944 setzten die deutschen Bombenangriffe auf London erneut ein, und erstmals führten Großraketen das Werk der Zerstörung
fort. Dessen ungeachtet versuchte Schapire, die fragilen Ansätze ihrer
neuen beruflichen Existenz zu festigen und weiter auszubauen – ein
schwieriges Unterfangen, da sie die englische Sprache noch nicht gut
genug beherrschte, um wie zuvor in Deutschland mit Aufsätzen, Rezensionen, Vorträgen und Führungen einen wirklich auskömmlichen
Lebensunterhalt verdienen zu können. Noch während des Krieges, spätestens seit 1944, arbeitete sie für den Nationalökonomen und Wissen-
schaftstheoretiker Otto Neurath, ihren Schwager. Er war von 1907 bis
1911 mit ihrer zur promovierten Sozialwissenschaftlerin und Dichte-
rin gereiften Schwester Anna verheiratet gewesen, die entscheidend zu
seiner intellektuellen und politischen Entwicklung beigetragen hatte[46]
und mit 34 Jahren kurz nach der Geburt des gemeinsamen Sohnes Paul
Martin Neurath gestorben war.[47]

Das Paar hatte sich 1903 während des Studiums in Wien kennengelernt[48] und in den Anfangsjahren seiner Beziehung immer wieder Rosa
als Gesprächspartnerin und Begleiterin einbezogen.[49]

Neurath war nicht nur ein schillernder Intellektueller, der vielfältige
Interessen und Fähigkeiten in seiner Person vereinte, sondern auch ein
politischer Gestalter. Er war, um es mit den Worten seines Biografen
Günther Sandner zu sagen,

Otto Neurath,
Anna Schapire
und Rosa Schapire,
um 1904[50]

der Antiphilosoph des legendären Wiener Kreises, der die Metaphysik aus dem wissenschaftlichen Denken verbannen wollte, der Arbeiterbildner und revolutionäre Sozialisierungstheoretiker, der einen Weg in den nahen Sozialismus aufzeigte, der Erfinder einer internationalen Bildsprache, deren Spuren bis zu den optischen Leitsystemen und Infographiken der Gegenwart reichen.[51]

Nach der Novemberrevolution von 1918 war Neurath unter dem sozialdemokratischen bayerischen Ministerpräsidenten Johannes Hoffmann als Präsident des Münchner Zentralwirtschaftsamtes damit betraut, die Sozialisierung der Produktionsmittel – ihren Übergang in den Besitz der

Gesamtheit – in die Wege zu leiten. Er wurde jedoch nach der Nieder-
schlagung der Räteherrschaft seines Amtes enthoben, verhaftet und zu
einer anderthalbjährigen Festungsstrafe verurteilt, aus der er nach einigen Monaten freikam.[52] Zurück in Österreich, arbeitete er in diversen
kulturpolitischen und wissenschaftlichen Funktionen, doch angesichts
der Machtübernahme der Nationalsozialisten in Deutschland im Januar 1933 und der zunehmenden Polarisierung zwischen der christlich-
sozialen Dollfuß-Regierung und der Arbeiterbewegung in Österreich
floh Neurath 1934 mit seiner Lebensgefährtin Marie Reidemeister aus
Wien zunächst auf Umwegen in die Niederlande[53] und 1940 weiter
nach Großbritannien, wo beide in getrennten Lagern bis zum Februar
1941 als »feindliche Ausländer« interniert wurden.[54] 1941 gründete er
während einer zweisemestrigen Lehrtätigkeit an der Oxford University das Isotype Institute[55], in dem er seine in Wien begonnene Systema-
tik einer internationalen Zeichensprache für Bildungsprojekte und
Werbung weiterentwickelte.[56] Für seine Studie »From Hieroglyphics
to Isotypes« (erschienen posthum 1946) erledigte Schapire in der National Art Library und der British Library kulturgeschichtliche Recherchen.[57]
Im März 1945 endeten schließlich die Luftangriffe auf die britische
Hauptstadt, und wenige Wochen später war Hitler-Deutschland be-
siegt.[58] Schapire hatte das Glück, den Zweiten Weltkrieg in London
zu überleben – in der Stadt, in der nahezu 30.000 Menschen unter dem
Bombenhagel ums Leben kamen, über 100.000 Häuser zerstört und
große Teile der City dem Erdboden gleichgemacht wurden.[59]

4. Nachkriegszeit

»Ich habe niemand vergessen und grüsse sie alle von Herzen«

Schapires erster Brief nach Kriegsende – ihr »erster deutscher Brief seit 1939« –, datiert auf den 26. August 1945, ging nicht an Schmidt-Rottluff, dessen aktuelle Anschrift sie nicht kannte, sondern an ihre nahe Freundin Agnes Holthusen, mit der sie in ihren Hamburger Jahren im Frauenbund zur Förderung deutscher bildender Kunst und im Zonta-Club zusammengearbeitet hatte. Der Exilantin war beim Verfassen dieses Briefes, als schriebe sie »von jenseits des Grabes«, und ihre dringlichste Frage lautete, wie es den gemeinsamen Freunden inzwischen ergangen sei: »Schmidt-Rottluffs, Willem Grimm und Frau Clara Grimm, Hildebrandt der Maler, Kluth, Arnold Fiedler, Frau Magda Pauli, Emmy Ruben, Frau Walter und Frau Zoepffel und all die vielen andern. Ich habe niemand vergessen und grüsse sie alle von Herzen.«[1] Holthusen wusste um die besondere Freundschaft zwischen Schapire und Schmidt-Rottluff, und indem sie ihm, der jetzt in seiner Geburtstadt Chemnitz lebte, eine Abschrift des Briefes sandte, verhalf sie den beiden dazu, einander wiederzufinden. Für diesen Freundschaftsdienst dankte ihr Schapire einige Monate später, als am 5. Januar 1946 Schmidt-Rottluffs erster Nachkriegsbrief in London eintraf: »[D]ass Du es fertig gebracht hast, eine Abschrift meines Briefes an S-R. zu schicken – gestern kam ein Brief von ihm! – werde ich Dir nie vergessen.«[2]

In der Tat hatte Schmidt-Rottluff postwendend an die ihm nun bekannte Londoner Adresse geschrieben:

Meine liebe Ro, heute traf eine Abschrift Deines Briefes v. 31.8. an Frau Agnes H[olthusen] bei uns ein. Du kannst Dir denken, in welchem Maße uns das erregt hat. Die erste positive Kunde von Dir klang wie aus einem fernen Zeitalter an unser Ohr. Wir hätten ausrufen mögen: herzlich willkommen, so nah glaubten wir Dich. Nun – endlich wiedergefunden – welch ein Tag. Wie oft haben wir uns gefragt, wo mag Ro sein – ob sie nach USA gekommen ist, ob sie am Ende den Krieg in London mitmachen musste – ob sie am Ende gar diese Welt verlassen hat. Offen gestanden, ich habe immer geglaubt,

Anita Rée: Bildnis Agnes Holthusen,
nach 1927

Nikolaus Pevsner,
um 1952

dass Du lebst u. diese Zeiten überdauern wirst – und mein Glaube
hat sich nicht geirrt. Von Deiner Tätigkeit lasen wir nun auch, dass
es schwer für Dich gewesen ist – was mir leider leider mein Instinkt
auch gesagt hat. Wir haben auch mancherlei Schicksale hinter uns.
Seit April 41 war mir auf Befehl H's die Berufsausübung verboten
worden und ich wurde von der Polizei daraufhin kontrolliert. [...]
Von allen persönlichen Erinnerungsstücken an Dich haben nur
überdauert: ein kleiner Bohrer, an den Du Dich kaum erinnern
wirst u. der sich seltsamerweise hier anfand – u. der große Amethyst. Die Erinnerung selbst war ja glücklicherweise nicht so leicht
zu reduzieren, solange sie nicht völlig ausgelöscht worden wäre –
obwohl ich mir das Vergessen geradezu zu einer Disziplin gemacht
hatte, um überhaupt weiter existieren zu können. – Aber all diese
Fragen u. Umstände können wir hoffentlich in nicht allzu ferner
Zeit näher erörtern. Zunächst bin ich froh, wenn ich versuchen darf,
Dir erst überhaupt einmal zu schreiben.[3]

In den Wirren der Nachkriegszeit kam die Korrespondenz zwischen den
beiden Freunden nur schleppend in Gang, denn oft war die Post lange

unterwegs.[4] Auch in diesem Fall dauerte es anscheinend einen ganzen
Monat, bis der Brief bei Schapire eintraf,[5] und möglicherweise noch
einmal rund drei Monate, bis Schmidt-Rottluff den ersten Nachkriegsbrief direkt von ihr erhielt. Erneut antwortete er gleich am selben Tag:
»Meine liebe Ro, Dein Brief heute mit der vertrauten so lange nicht gesehenen Schrift war uns doch eine kleine Erschütterung – immerhin, man
ist sich wieder näher gerückt u. es fehlt nicht viel u. wir hören Dich wieder sprechen, wenigstens ist die Suggestion stark genug dafür.«[6]
    Ein halbes Jahr nach Kriegsende – im Dezember 1945 – erlag Neu-
rath zu Schapires großer Bestürzung einem Herzschlag, sodass ihre
Zusammenarbeit jäh abbrach.[7] Sein Tod war für sie »ein sehr schweres
Erlebnis«, wie sie Agnes Holthusen schrieb: »[M]ein ältester Freund
(seit 1903) und einer der bedeutendsten Menschen, die ich gekannt
habe, starb plötzlich innerhalb 5 Minuten.«[8] Mit ihm verlor sie einen
Vertrauten, der sie über die Jahrzehnte mit ihrer früh verstorbenen
Schwester Anna verbunden hatte. Schmidt-Rottluff, dem sie ebenfalls
(in einem nicht erhaltenen Brief) davon berichtet hatte, reagierte mit
Anteilnahme: »Dass Du gleich den Tod von Neurath melden muss-
test, tat uns recht leid – der für Dich wieder neue Umstellung bringt –
hoffentlich gibt es nicht zuviel Schwierigkeiten.«[9] Auch wovon dieser
frühe Nachkriegsbrief Schapires außerdem handelte, lässt sich teilweise erschließen, denn Schmidt-Rottluff nahm auf ihre Nachrichten
über zurückliegende Ereignisse Bezug – den Verlust ihres 1939 im
Hamburger Hafen zurückgelassenen Lifts, ihre Annahme der britischen
Staatsbürgerschaft, und: »Über Deine bisherige Tätigkeit u. Dein Leben im möbl. Zimmer u. von den Menschen zu hören, mit denen Du
zusammenkommst, war mir sehr erwünscht.«[10]
    Neuraths Tod zwang Schapire, sich nach einer neuen Einkommens-
quelle umzusehen, obwohl sie darauf hoffte, auch in Zukunft gelegent-
lich für das von ihm etablierte Institut tätig sein zu können.[11] Es wurde
nun von Neuraths Witwe Marie Neurath geführt, Schwester des Kunsthistorikers Leopold Reidemeister, der 1964 in Berlin auf Initiative
Schmidt-Rottluffs das Brücke-Museum gründen[12] und bis zu seinem
Tod leiten sollte. Tatsächlich fand Schapire eine Tätigkeit, die sogar
ökonomisch vorteilhafter war: Von nun an war sie mehrere Jahre lang
feste Mitarbeiterin im Langzeit-Projekt *The Buildings of England* des
Kunst- und Architekturhistorikers Nikolaus Pevsner, der 1933 nach

London emigriert war, nachdem die Universität Göttingen den Privat-
dozenten als »nichtarisch« entlassen hatte.[13] Für diese Publikation, die
1951 mit Cornwall begann und 1974 mit Staffordshire endete, unternahm Schapire ab 1946 architekturgeschichtliche Recherche-Reisen in
mehrere Regionen. Zu den Bänden über Nottinghamshire (1951), Derby-
shire (1953) und das County Durham (1953) steuerte sie wesentliche
Ergebnisse bei.[14] Das 46 Bände umfassende epochale Werk brachte
dem Herausgeber einen britischen Adelstitel ein[15] – was Schmidt-
Rottluff zu der Bemerkung veranlasste: »Dass Pevsner Sir geworden
ist, scheint mir außergewöhnlich – was wird man für Dich noch auf-
bewahren?«[16]

»Wer die Nazi so lange ausgehalten hat, ist mit Feuer getauft und allem gewachsen!!«

Der einzige im Archiv des Brücke-Museums erhaltene Brief Schapires an Schmidt-Rottluff aus den fünf Nachkriegsjahren 1945 bis 1949 stammt von 1946, er ist auf hauchdünnem Luftpostpapier beidseitig mit durchscheinender blauer Tinte beschrieben und entsprechend schwer zu entziffern. Inhaltlich ist er in mehrfacher Hinsicht typisch für ihre Mitteilungen an den Freund: Er enthält Reflexionen über Politik, über ihren Umgang mit der zurückliegenden Verfolgung im nationalsozialistischen Deutschland und der Bedrohung durch den Bombenkrieg in London. Zugleich ist er ganz gegenwartsbezogen, wenn es um ihr beider Lebensthema, die Kunst, und um Begegnungen mit anderen Menschen im Zeichen der Kunst geht.

> Mein lieber Karl, [...] <u>Wenn</u> Politik darin bestände, den Menschen das Leben in den verschiedenen Zonen behaglich zu gestalten, so liesse ich sie mir gern gefallen. Und wenn den Viktualien einige Zentner Kohlen beigefügt wären, so hätte ich das mit freudigem und dankbarem Herzen begrüsst. Es ist aber leider immer und überall dafür gesorgt – und dies gründlich –, dass die Bäume nicht in den Himmel wachsen.
>
> Nein, das wäre noch schöner, wenn die Nazi mich um meinen Idealismus gebracht hätten. Der sitzt zu tief. Sie haben mich hassen gelehrt – und ich kann nicht behaupten, dass ich dadurch besser und glücklicher geworden wäre. Ich habe auch in ganz anderem Maße als je zuvor gelernt, <u>wie</u> sehr das Leben auf Kampf [...] gestellt ist – ist das ein zu kleiner Tribut?!
>
> [...] Mich haben die vielen Bombenangriffe im ersten Kriegswinter – die Spuren sind in den Straßen Londons noch sehr sichtbar – innerlich überhaupt nicht berührt. Wie oft dachte ich ›diese unschuldigen Bomben‹ – was sie natürlich keineswegs waren, wenn ich sie mit dem moralischen Leiden unter dem Naziregime von 33 bis August 39 verglich. Wer die Nazi so lange ausgehalten hat, ist mit Feuer getauft und allem gewachsen!!

Lest Ihr ›die Auslese‹? Für die mache ich neuerdings Übersetzungen
aus dem Polnischen und werde auch nach geeigneten Dingen aus
dem Französischen fahnden. [...]
Für morgen habe ich eine sehr interessante Einladung zu Tisch von
Menschen, die ich überhaupt nicht kenne. Ein Herr, der eine prominente Stellung in der Contemporary Art Society einnimmt, schrieb mir
neulich, indem er sich auf einen Freund berief [...] und fragte ob ich sie
wohl besuchen möchte [...] und mir ihre Bilder ansehen wolle. Ich antwortete: mit grösstem Vergnügen, da mich Menschen, die ein lebendiges
Verhältnis zu Kunst haben, ebenso interessieren wie ihre Bilder [...].
Euch beiden von Herzen Grüße und alles Gute Eure Ro.«[17]

Aus der Korrespondenz, die sich nun entspann, sind aus den Jahren
1947 bis 1949 ausschließlich Schmidt-Rottluffs Briefe erhalten. Vielfach füllen sie Informationslücken, die durch die kriegsbedingte Un-
terbrechung des Kontaktes gerissen wurden, etwa wenn Nachrichten
über das Schicksal von Angehörigen[18] oder den Verbleib von Kunstwerken[19] übermittelt beziehungsweise erfragt werden. Ein Konflikt
entzündete sich am Katalog zur Ausstellung »Karl Schmidt-Rottluff.
Aquarelle aus den Jahren 1943-1946«,[20] die im Herbst 1946 in der Städtischen Kunstsammlung zu Chemnitz (heute Kunstsammlungen
Chemnitz) unter der Leitung von Schmidt-Rottluffs Freund und Un-
terstützer Friedrich Schreiber-Weigand[21] stattfand. Als Schapire sich
(in einem nicht erhaltenen Brief) darüber beklagte, im Buch zu dieser
ersten Einzelausstellung Schmidt-Rottluffs nach dem Krieg mit keinem Beitrag vertreten zu sein, war der über ihren Vorwurf »mehr als
unglücklich«, und er hielt ihr entgegen:

Was hätte eigentlich von Dir als Literaturbeitrag in den Katalog
aufgenommen werden sollen? Du vermutest vermutlich, man hätte
Dich um einen Beitrag angehen sollen – das wäre sicher auch ge-
schehen, wenn, als der Katalog vorbereitet wurde, überhaupt schon
Postverbindung n. London gewesen wäre! Denn solange hatte Sch.-
W. den schon in Angriff genommen.[22]

Allerdings versammelte der Katalog unter der Überschrift *Urteile der
Zeit* nicht nur aktuelle Statements aus dem Jahr 1946, sondern auch äl-

Plakat zur Ausstellung
»Karl Schmidt-Rottluff.
Aquarelle aus den Jahren 1943-1946«

tere Stellungnahmen, die vermutlich nicht auf dem Postwege beschafft werden mussten: Kommentare aus dem Jahr 1920 von Wilhelm Valentiner sowie aus dem Jahr 1926 von den Kunsthistorikern Will Grohmann und August Hoff, wobei die Namen aller drei Herren mit dem Zusatz »Direktor« versehen waren – ein Attribut, das die Freiberuflerin Schapire nicht für sich in Anspruch nehmen konnte. Zweifellos hätte der Herausgeber, wenn er gewollt hätte, auch unter ihren Artikeln – angefangen von ihrem Aufsatz *Zu Schmidt-Rottluffs Ausstellung bei Commeter* von 1911[23] bis zu ihrem Aufsatz *Karl Schmidt-Rottluff* zur Ausstellung in der Kunsthütte zu Chemnitz von 1929[24] – einen geeigneten Text finden können. Dass er darauf verzichtet hatte, war in ihren Augen antisemitisch motiviert, doch Schmidt-Rottluff wehrte ab: »Über die Behandlung der Juden bist Du freilich gar nicht im Bilde. Man kokettiert eher mit ihnen – selbst in Fällen, wo wirklich das Talent nicht dazu animiert. Sch.-W. hat außerdem immer jüdische Freunde gehabt – eine Animosität kann also nicht vorausgesetzt werden. So sind eben manche Vermutungen falsch.«[25] Überzeugen konnte er sie nicht, und so sollte sie nicht nur einige Jahre später noch einmal beklagen, »in absoluter Naziweise totgeschwiegen«[26] worden zu sein, sondern auch kurz vor ihrem Tod erneut erbittert darauf zurückkommen.[27]

5. Die letzten Jahre

»Vor wenigen Stunden dein heiß ersehnter Brief«

Erst ab 1950 lässt sich nachzeichnen, wie Schapire Brief um Brief den Austausch mit Schmidt-Rottluff fortsetzte, den sie schon in den 31 Jahren von 1908 bis 1939 mit ihm gepflegt hatte. Stets wartete sie mit großer Ungeduld auf seine Post. Zahllose Male antwortete sie, kaum dass sein Brief eingetroffen war, und eröffnete ihr Schreiben mit Formulierungen wie »heute endlich Dein so lange entbehrter Brief«[1] oder »vor wenigen Stunden dein heiß ersehnter Brief«[2] oder »heute endlich Dein Brief. Ich war wie erlöst, da ich sehr in Sorge war«.[3] Manchmal schien sie ihre rasche Reaktion für einen Fehler zu halten und es ihm, der anders als sie häufig nicht postwendend antwortete, gleichtun zu wollen – etwa wenn sie schrieb: »ich […] antwortete, da ich unverbesserlich bin, sofort«.[4] Und so vermeldete sie einmal: »Ich lerne es allmählich bei Dir, meine Briefe zu rationieren. Es hat lange genug gedauert, bis ich so weit bin.«[5] Doch das änderte nichts daran, dass es später erneut hieß: »Gott sei Dank soeben Dein Brief!«[6]

Die Promptheit, mit der Schapire auf Schmidt-Rottluffs Briefe antwortete, ist nur eines von mehreren Anzeichen eines Ungleichgewichts in ihrer Korrespondenz. So scheint sie ihm häufiger geschrieben zu haben als er ihr, jedenfalls sind aus den Jahren 1951, 1952 und 1953, aus denen die Korrespondenz wohl nahezu vollständig vorliegt, mehr Briefe von ihr als von ihm erhalten.[7] Außerdem sind ihre Briefe wesentlich länger und ausführlicher als seine: Ihre engzeilig mit schmaler Schrift dicht an dicht beschriebenen Briefseiten stehen optisch in starkem Kontrast zu den seinen[8], deren Schriftbild aus breiten Buchstaben in großzügig angeordneten Zeilen luftig und überschaubar wirkt und, wie Wietek analysierte, grafologischer Ausdruck seines Wesens ist: »Die kräftige, eindrucksvolle Handschrift Schmidt-Rottluffs erlaubt keinen langen Text, vor allem fragt oder erzählt sie nicht viel, sondern stellt etwas fest, kürzt ein Ergebnis ab oder zieht es zusammen – nicht anders als die Formen seiner Bilder auch.«[9]

Und so ist jenseits des auffälligen quantitativen Unterschieds des Geschriebenen auch eine qualitative Asymmetrie spürbar, womöglich Ab-

10.7.52

Meine Liebe Ro

nun ist die Erholungspause
aber vorüber u. Du bist wieder
in London. Vielen Dank für
Deinen Brief, der heute ankam.
Es freut mich, wenn Du es in
Sussex gut getroffen hattest u. manches
Intressante gesehen hast.

Emy hat wieder einen Apparat
für Rötdes freilich zu klein — auch
muss sie sich erst wieder ein-
arbeiten. Ich schicke Dir trotzdem
von den ersten Aufnahmen mit,
sie sind noch überlichtet u. nicht
gut — allzuviel wirst Du nicht
daraus sehen.

Unsre Adresse ist Sierksdorf
Lübecker Bucht. Dass wir den
ganzen Sommer dableiben, ist nicht
sehr wahrscheinlich.

Für heute nun noch herzlichst
alle Liebe u. — alle Grüsse

Deines K.

Brief Schmidt-Rottluffs an Schapire, 10. Juli 1952
Karl und Emy Schmidt-Rottluff Stiftung

bild der gegensätzlichen Persönlichkeiten der beiden Freunde. So emotional und vielfach überschwänglich Schapire sich äußerte, so sachlich und nüchtern war im Allgemeinen Schmidt-Rottluffs Tonlage. Er, der über sich selbst sagte: »[Z]u den liebenswürdigen Zeitgenossen gehöre ich nicht – das ist fatal – auch pour moi«,[10] wurde von Freunden und Zeitgenossen übereinstimmend als schweigsam[11] und introvertiert[12] geschildert, und eine ihm nahestehende Schülerin sprach sogar von einem »ihm angeborene(n) Schweigen«.[13] Es heißt, er sei »ein Künstler von großer persönlicher Zurückhaltung mit nachdenklichem Charakter« gewesen,[14] ihm wurde neben der »kontemplativen Natur« ein »Mangel an Charme und poetischem Schwung« zugeschrieben und nachgesagt, »unbeirrt und ohne Wandel durch die Zeit« zu gehen.[15]

Schapire dagegen bekannte sich zu einem seit Kindertagen auffallend intensiven Gefühlsleben, das ihre Umgebung »stets – in bester Absicht – […] zu dämpfen« gesucht habe:

> Noch höre ich das so oft gebrauchte Wort ›Rozia (wie ich zu Haus genannt wurde) ist überspannt.‹ Bis mir eines Tages, ich mag wohl 15 oder 16 gewesen sein, die Geduld gerissen ist und ich zur Antwort gab: ›Ihr hält mich nur deshalb für überspannt, weil Ihr nüchtern seid!‹[16]

Ihre starke Bindung an den bewunderten Künstler ist in ihrer Korrespondenz zwischen den Zeilen nur zu sichtbar, selbst wenn sie sich meistens auf Andeutungen beschränkte: »[I]ch glaube, wenn Du ahnen würdest was für eine Freude ein Brief von Dir für mich ist, wie ich ihn herbeisehne – Du würdest trotz allem häufiger schreiben.«[17] Oder als sie einmal ausnahmsweise innerhalb einer Woche zwei Briefe von ihm erhielt: »[S]o reich bin ich wohl seit vielen Jahren nicht gewesen – ich glaube, Du wirst nie ahnen, was mir dies bedeutet.«[18]

Dass Schmidt-Rottluff seltener schrieb und auch weniger von sich preisgab als sie, erzeugte bei Schapire eine Gereiztheit, mit der sie nicht hinter dem Berg hielt. Während sie ihm über jede erdenkliche Resonanz vonseiten Dritter auf sein Werk – ob in ihrem Privatleben oder in Publikationen – Bericht erstattete,[19] musste sie zur Kenntnis nehmen, dass er ihr von seinen Erfolgen, an denen sie doch so gern Anteil nehmen wollte, wenig mitteilte, und so beklagte sie sich:

Dass Du, Nolde und Barlach auf der Biennale in Venedig vertreten
seid, las ich zufällig (nichts als eine knappe Notiz) im Burlington Ma-
gazine. Warum ist alles derart ein Staatsgeheimnis? Wie wird dies bei
der Biennale gehandhabt, kommt die Einladung direkt oder geht es
durch die deutsche Regierung oder wie? Und wieviel Bilder hast Du
dort? Ich musste z.B. auch sr. Zeit durch Reidemeister erfahren, dass
die bei ihm eingestellten Bilder die Bomberei überlebt haben, und dass
Du einen Anteil an einem Hause in Hofheim hast, so dass ja vermutlich immer noch eine Chance vorhanden sein mag hinzugehen, wenn
es einmal in B. nicht mehr klappen sollte. Glaubst Du wirklich, dass
mein Leben so leicht und so reich an guten Nachrichten ist, dass mir
all dies systematisch vorenthalten wird?[20]

Im selben Brief warf sie Schmidt-Rottluff vor, ihr nicht von einem kurz
zuvor erfolgten Besuch in Hamburg erzählt zu haben – jener Stadt, die
über dreißig Jahre lang ihr Lebensmittelpunkt gewesen und aus der sie
1939 geflohen war:

Dass Du Deinen Abstecher nach Hamburg mit keinem Worte er-
wähnst, sieht Dir zwar sehr ähnlich, war aber für mich trotzdem
überraschend. Schließlich habe ich ja doch den weitaus größten Teil
meines Lebens dort gelebt, und so hätte es mich immerhin einiger-
maßen interessiert. Aber Du schreibst ja überhaupt nicht über Dinge,
die mich interessieren oder freuen.[21]

Schmidt-Rottluff entgegnete, er habe ihr selbstverständlich über den Besuch der Hansestadt berichten wollen, sei jedoch aus Zeitgründen noch
nicht dazu gekommen. Er beantwortete ihre Fragen zur Biennale –
»Die Biennale hat dies Jahr wieder über die Bundesregierung eingeladen.
Beauftragt war dann Hanfstaengl. Von mir sind 4 Aquarelle, 1 Ölbild
da.« –, um sich am Ende dann doch zu wehren: »Dass ich Dir systematisch gute Nachrichten vorenthalte, möchte ich allerdings nicht wieder
hören.«[22]

»Damit fallen für mich regelmäßige Einnahmen von £ 45.- im Jahr fort«

Obwohl Schapire befand, in Deutschland – nicht in Großbritannien – ihre »besten Freunde« zu haben, konnte sie sich auch nach vierzehn Jahren im Exil »nicht entschließen [...], auch nur besuchsweise hinzugehen«.[23] Stattdessen schlug sie Wurzeln und bemühte sich mit wachsendem Erfolg, in London einen Kreis von Auftraggebern und Kooperationspartnern aufzubauen und mit ähnlich breit gefächerten kunsthistorischen Tätigkeiten wie zuvor in Hamburg ein Einkommen zu erzielen. Allerdings war sie immer wieder wie schon bei ihrer Zusammenarbeit mit Neurath damit konfrontiert, dass eingeplante Honorare plötzlich wegbrachen.

Bei ihren Jobs handelte es sich teils um einmalige Aufträge, teils um Folgeaufträge oder sogar längerfristig wiederkehrende. Zu Reisebüchern des Penguin Verlags steuerte sie ab 1946 regelmäßig Texte über Regionen bei, die sie zu Recherchezwecken auf Kosten des Verlags bereiste – eine Tätigkeit, die ihr einen monatlichen Scheck einbrachte.[24] Für die von Nikolaus Pevsner herausgegebene Zeitschrift »Architectural Review« schrieb sie in mehreren Sprachen Beiträge, die Leser und Abonnenten in Frankreich, Deutschland und Russland erschließen sollten. Diese Aufgabe war eigentlich auf lange Sicht angelegt, doch 1951 erhielt sie die Mitteilung, der Verlag müsse die Zeitschrift wegen gestiegener Betriebskosten aufgeben: »[W]irklich ein schwerer Schlag [...]. Damit fällt für mich eine sehr interessante Arbeit und regelmäßige Einnahmen von etwa £ 45.- im Jahr fort und es ist mir ganz klar, dass ich für beides unter den gegenwärtigen Verhältnissen keinen Ersatz finden werde.«[25]

Wiederholt wurde sie von einer Freimaurerloge eingeladen, Vorträge zu halten: über englische Kunst[26] und über englische Kathedralen – für sie »eine große Freude und ein großer Erfolg«[27] und ein Beispiel dafür, dass sie ihrem Gastland mit kunsthistorischem Interesse begegnete. Ab 1950 verfasste die Sprachbegabte, die elf Jahre zuvor als 65-Jährige ohne nennenswerte Englischkenntnisse ins Exil gegangen war, für die neu gegründete englischsprachige Kunstzeitschrift »Eidos. A Journal of Painting, Sculpture and Design« Rezensionen (von ihr

»Buchreferate« genannt[28]) vor allem deutschsprachiger Literatur über expressionistische Künstler und Kunst.[29] Die Schapire-Forscherin Burcu Dogramaci weist darauf hin, dass Schapire bewusst eine kulturelle Mittlerfunktion zwischen den ehemaligen Kriegsgegnern Großbritannien und Deutschland übernahm und es als ihre Aufgabe betrachtete, »als Bindeglied für Kunst in beiden Ländern zu wirken ...«[30], etwa als sie mit ihrem Artikel zu Paul Ortwin Raves *Kunstdiktatur im Dritten Reich* (Hamburg 1949) den britischen Leserinnen und Lesern eine Publikation über die Beschlagnahmeaktion »Entartete Kunst« nahebrachte, die sonst vermutlich wegen der Sprachbarriere nicht wahrgenommen worden wäre.[31] Auch über ihr Lebensthema – die Kunst der Brücke und Schmidt-Rottluffs – wollte sie in »Eidos« berichten, doch ihre Hoffnung, die Zeitschrift werde dafür lange genug existieren,[32] erfüllte sich nicht, denn schon nach der dritten Ausgabe wurde sie eingestellt.[33]

Sie übersetzte die Einleitung zum Katalog einer großen Henry-Moore-Ausstellung in Hamburg und Düsseldorf aus dem Englischen ins Deutsche[34] und begann ihre Tätigkeit für die Kunstzeitschrift »The Connoisseur«. Die verlangte ihr allerdings einige Kompromissbereitschaft ab, doch sie trug es mit Humor, wie einem Brief an Schmidt-Rottluff über ein Gespräch mit dem Redakteur zu entnehmen ist: »ein sehr amüsantes Erlebnis. [...] In meiner Unschuld schlug ich ihm einen reich bebilderten Aufsatz über die neue Ersatzsammlung des Kronprinzen Palais vor, aber das war für diesen konservativen Herrn zu starker Tobak! Er befürchtete, die Hälfte seiner Abonnenten würde abspringen!!«[35]

Im November 1952 konnte sie dem Freund die erfreuliche Mitteilung machen, dass sie mit der in München erscheinenden »Illustrierten Wochenschrift« »Die Weltkunst« »nun in richtigen Kontakt zu kommen« scheine,[36] und tatsächlich wurde sie deren Londoner Korrespondentin. Ein Honorar hatte sie offenbar im Vorfeld nicht ausgehandelt: »Ob sie anständig bezahlen, weiß ich noch nicht, da der Transfer aus Dld Ewigkeiten dauert.«[37] Doch die Zusammenarbeit begann vielversprechend, da sie mit der Redaktion mehrere Ausstellungsrezensionen im Voraus verabredet hatte und fest mit Einkünften rechnen konnte. Attraktive Zusatznutzen kamen hinzu: Sie erhielt eine Pressekarte[38], außerdem konnte sie sich interessante Bücher zum Rezensieren senden lassen.[39] Der Beginn der Tätigkeit für »Die Weltkunst«, Indiz der ständigen Ausweitung und Verstetigung ihrer kunsthistorischen Tätigkeiten im Exil, belegt eindrucksvoll, dass sie es trotz ihres fortgeschrittenen Alters schaffte, in London Fuß zu fassen und sich erneut Anerkennung und einen guten Ruf zu erarbeiten.

In den vierzehn bis zu ihrem Tod verbleibenden Monaten war sie mit zahlreichen teils kurzen, teils ausführlichen Texten – vor allem Rezensionen Londoner Ausstellungen – in »Die Weltkunst« vertreten, manchmal zweimal oder sogar dreimal in einer Ausgabe. Ihre Artikel spiegeln die ganze Bandbreite ihrer kunsthistorischen Interessen und Kenntnisse wider: Sie handeln von den Mosaiken von Ravenna, der ostasiatischen Abteilung im Victoria and Albert Museum, den großen Holländern von 1450 bis 1750, von Théodore Géricault, Henri Matisse, Ernst Barlach, Henry Moore, Michelangelo, Auguste Rodin, Pierre-Auguste Renoir, von mexikanischer und französischer Kunst.[40] Die inhaltliche Vorgabe, die man ihr machte, überging sie souverän: »Es hat mich sehr amüsiert, dass ich gebeten wurde, ›möglichst wenig Grundsätzliches‹ zu schreiben, das geht vermutlich über den Horizont der Leser!«[41] Sie hielt sich nicht daran, sondern verband etwa ihre Rezension einer italienischen Publikation über die Brücke[42], wie sie selbst sagte, mit einer »scharfen Wendung gegen Deutschland«[43]:

Es wäre sehr zu wünschen, dass dieses Buch in Deutschland übersetzt und verbreitet würde. Im Ausland scheint man früher als in Deutschland erfasst zu haben, dass die ›Brücke‹ die weitaus bedeutendste künstlerische Vereinigung des 20. Jahrhunderts war. Noch hat es in Deutschland eine wirklich großzügig zusammenfassende Ausstellung der ›Brücke‹ nicht gegeben, aber in der Kunsthalle Bern war es im August 1948 der Fall. […] In Deutschland ist man den lebenden Mitgliedern der ›Brücke‹ diese Genugtuung bis jetzt schuldig geblieben.[44]

Ähnlich »grundsätzlich« wurde sie, wenn sie deutsche Kulturpolitik als defizitär kritisierte und – wie so oft – eine Lanze für die zeitgenössische Kunst brach:

In England ist auch in Kreisen, die es besser wissen sollten, die Ansicht verbreitet: Dürer und Holbein waren große deutsche Maler, aber nachher folgt ein großes Nichts. […] Liegt dies nur an der ›splendid

isolation› des Inselreiches oder trägt nicht auch Deutschland in starkem Maße Schuld an dieser Unkenntnis? Man weiß, wie sehr man
in Frankreich seit Generationen und in England seit dem letzten Weltkrieg erkannt hat, dass gute Ausstellungen alter und neuer Kunst für
ihr Land und ihre Kultur im Ausland werben, und wie kläglich
Deutschland seit jeher in dieser Beziehung versagt hat.[45]

Sie schloss den Text mit der Hoffnung, dass sich ein Mäzen finden möge,
der »für eine würdige und angemessene Vertretung zeitgenössischer
deutscher Kunst in der Tate Gallery sorgen wird«.[46]

»Es ist Zeit, dass so etwas hier gezeigt wird, nicht nur Unwesentliches von Picasso«

Nie wurde Schapire müde, für Schmidt-Rottluffs Kunst zu werben und ihre Kontakte zu führenden Persönlichkeiten der britischen Kunstszene für seine Bekanntmachung zu nutzen:

> So unbekannt wie Du glaubst bist Du nicht einmal dem Narren Rothenstein,[47] geschweige denn in eingeweihten vernünftigen Kreisen wie Hendy (Direktor der National Gallery), Philip James (der Leiter des Arts Council, der heute alle großen Ausst. in England arrangiert), Wheen, Direktor der Library im V & A Museum. Bei alledem habe ich freilich meine Hand mit im Spiel.[48]

Ihr Bemühen, einige von Schmidt-Rottluffs Werken als Zeichen ihrer Dankbarkeit für die in Großbritannien gefundene Gastfreundschaft namhaften Museen zu schenken, stieß allerdings auf wenig Gegenliebe. Das British Museum und das Victoria and Albert Museum zeigten sich desinteressiert an grafischen Arbeiten auf Papier und an gemalten Postkarten, die später einmal sehr wertvoll sein sollten. Allein die Tate Gallery erklärte sich 1946 bereit, nach Schapires Tod drei Werke Schmidt-Rottluffs anzunehmen: das Aquarell *Vareler Hafen* (1909) und die beiden Ölgemälde *Bildnis Dr. Rosa Schapire* (1919) und *Stilleben im Studio* (1932). Doch als die Stifterin dem Haus diese Werke schon 1950 übergeben wollte, bestand die Tate auf einem erneuten Auswahlverfahren, das zu einer nervenaufreibenden Dauerkrise mit dem Leiter des Museums, John Rothenstein, führte,[49] der – so Schapire – noch nie ein Original von Schmidt-Rottluff gesehen hatte und ihrer Ansicht nach »ein Esel« war.[50] Sie überließ dem Vorstand der Tate einige Bilder zur Auswahl, verbunden mit der ausdrücklichen Bitte, »die nicht gewählten Bilder so schnell wie irgend möglich zurückzuschicken, da sie sich vermutlich nicht klar darüber wären, welches Opfer es für mich wäre, auch nur drei Tage vor kahlen Wänden zu sitzen«.[51]

Nachdem die Tate ihr eine zermürbende Zeit des Wartens zugemutet hatte – »eine bodenlose Ungezogenheit« –[52], erfuhr sie schließlich, die Auswahlkommission akzeptiere »with much pleasure, the gift of the

Woman with the bag«. Als man sie bat, sie möge sich selbst um die Rücksendung der letzten zur Ansicht überlassenen Bilder kümmern, war sie erneut empört: »Nun, ich habe von dieser Bande genug, die anzunehmen scheinen, dass sie mir eine Gnade erweisen, wenn sie solch ein Geschenk annehmen. Das werden sie wohl auch noch mal von mir deutlich gesagt bekommen.«[53] Schmidt-Rottluff gratulierte ihr zu ihrem Erfolg, doch sie wehrte ab:

[W]enn man diesen Ausdruck in diesem Falle überhaupt gebrauchen darf, so ist es Dein Erfolg nicht der meine, um meinetwillen habe ich diese ganze Aktion wahrhaftig nicht unternommen. Ich habe ja trotzalledem Rothenstein, der ebenso dumm wie eingebildet ist, noch überschätzt, und wenn ich geahnt hätte, wie die Geschichte laufen wird, so hätte ich vermutlich meine Hände davon gelassen.[54]

Wenige Wochen später war dann aber doch die Freude groß, als sie vermelden konnte: »[D]as Bild hängt in der T. G.! Bereits seit einigen Tagen. Es war auch eine Notiz in der Times über die Neuerwerbungen und Stiftungen. [...] Mich überkam ein richtiges Triumphgefühl.«[55] Es versteht sich von selbst, dass sie dem Künstler genau Bericht erstattete, welche Wirkung die *Frau mit Handtasche* nun entfaltete:

Also das Bild hängt in der Mitte der Wand und beherrscht den ganzen Raum. Natürlich ist die Hängung des ganzen Raumes – es sind die Neuerwerbungen und Stiftungen von 1950 – vorläufig provisorisch [...]. Die Neuerwerbungen und Stiftungen sind diesmal keineswegs überwältigend, und wenn die Leute nicht so hanebüchen dumm wären, hätten sie die drei ihnen angebotenen Bilder mit Begeisterung annehmen sollen.[56]

Sie erklärte, sein Bild sei »das weitaus wesentlichste«, und von Bedeutung seien noch eine Plastik von Giacometti und eine schöne Zeichnung von Moore.[57]

Im selben Brief konnte sie ihm mitteilen, dass Delbanco beabsichtigte, in seinem Kunstsalon einige Werke der Fauves[58] bis etwa 1912 und zeitgleiche Parallelerscheinungen aus Deutschland auszustellen, darunter einige Frühwerke Schmidt-Rottluffs aus ihrer Sammlung. Sie

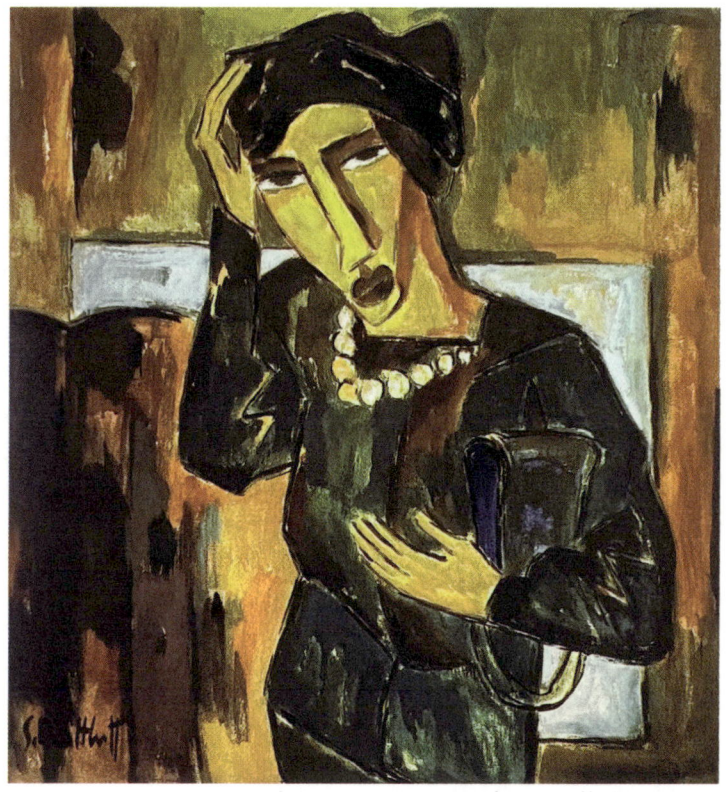

Karl Schmidt-Rottluff: Frau mit Handtasche, 1915.
Öl auf Leinwand, 95,2 × 87,3 cm.
Tate Modern, London, ehemals Sammlung Schapire

entschuldigte sich, dass sie in diesem Fall seine vorherige Einwilligung nicht hatte einholen können, da sie Delbanco, dem sie sich in besonderer Weise verpflichtet fühlte, nie eine Absage hätte geben können. Zwar versicherte Schmidt-Rottluff ihr, dass sie natürlich ihre Bilder ausstellen könne, wo sie wolle,[59] doch sie blieb bei ihrer Haltung: »Ich kann mir nicht vorstellen, dass ich je ein Bild von Dir zu Ausstellungszwecken hergeben werde, ohne Dich zu fragen, die Bilder sind in viel tieferem Grade Dein als mein Besitz, ich bin glücklich genug, mich ihrer erfreuen zu dürfen, aber Du hast sie geschaffen, und darauf kommt es an.«[60]

Als Schmidt-Rottluff ihr den Katalog seiner Ausstellung von 1951 in der Kunsthalle Mannheim[61] schickte, stand ihr ganzer Tag »in seinem Zeichen«, und sie fasste gleich den Plan, Philip James dafür zu interessieren: »Es ist Zeit, dass so etwas hier gezeigt wird, nicht nur Unwesentliches von Picasso (* oder deutsche Kunst in Heises Auffassung!!).«[62] Und tatsächlich verging nicht einmal ein Monat, bis sie dem einflussreichen Leiter des British Arts Council den Ausstellungskatalog präsentierte und vorschlug, eine Schmidt-Rottluff-Ausstellung zu machen »mit sehr viel mehr Graphik aus meinem Besitz und anderen Dingen, Plastik, Aquarellen und Bildern, event. auch Schmuck und den wenigen geretteten Kästen«. Als James anstelle einer Schmidt-Rottluff-Einzelausstellung eine große Ausstellung mehrerer deutscher Künstler ausrichten wollte, bot sie an, dabei mitzuarbeiten – was ihr Gesprächspartner laut ihren Worten »enthusiastisch« begrüßte. Und so fasste sie als Ergebnis ihres Werbens zusammen: »Wenn also fürs erste nichts Greifbares herausgekommen ist, so halte ich diese Unterredung für sehr wichtig.«[63]

»Es gibt keinen besseren und direkteren Weg zu mir als über Deine Kunst«

Während nun einmal Schmidt-Rottluff in Berlin und Schapire in London lebte und eine persönliche Begegnung wegen ihrer beider Reiseunwilligkeit ausgeschlossen war, gelang es ihr immer wieder, einen geistigen Raum zu kreieren, in dem der Freund quasi-präsent war. Der Schlüssel zur Erschaffung dieses Raums bestand darin, anderen Menschen Grafiken, Gemälde und Objekte aus ihrer nach London geretteten Schmidt-Rottluff-Sammlung zu zeigen – ein Vorgang, der Schapires Nähe oder Distanz zu ihren Gesprächspartnern beeinflusste. Wie freundschaftlich sie sich ihnen verbunden fühlte, folgte vielfach aus deren Reaktion auf die präsentierten Werke.

Ein besonders berührendes Einvernehmen entstand mit dem deutschen Kunsthistoriker Leopold Ettlinger, der 1938 wegen antisemitischer Verfolgung Deutschland verlassen hatte und seit 1948 am Londoner Warburg Institute als Kurator der Fotografie-Abteilung tätig war.[64] Zwar hatte Schapire ihre »große Eroberung« bei einem Mitarbeiter des Warburg Institute »am allerwenigsten erwartet«, doch »da sich herausstellte, dass er sehr für deutschen Expressionismus und besonders für Dich interessiert sei«, lud sie ihn und seine Frau – ebenfalls Kunsthistorikerin – zu sich ein: »Mit dem Ergebnis, dass sie um 4 Uhr kamen und um 11 Uhr gingen.«[65] Als sie die beiden einige Monate später ein weiteres Mal empfing und ihnen erneut eine Auswahl aus Schmidt-Rottluffs Werken zeigte, stellte sich eine Atmosphäre ein, in der der Künstler greifbar nah zu sein schien:

Es waren wirklich schöne Stunden, wie ich sie in dem Maße in London kaum erlebt habe, denn ich habe im wahren Sinne des Wortes das Bibelwort erlebt: ›Wo zwei oder drei zusammen sind in meinem Namen, da bin ich mitten unter ihnen‹. Ich glaube, wenn Du in eigner Person plötzlich ins Zimmer gekommen wärest, so hätte ich mich Dir nicht näher fühlen können. Und dies sind die Erlebnisse, die allein zählen und für die man tief dankbar ist. […] Ettlingers sind wohl die Menschen, die ich in London kenne, die Deine Kunst am stärksten nachempfinden. Wir sind sehr gute Freunde geworden.[66]

Leopold Ettlinger,
1940er Jahre

Ähnlich intensive Momente verdankte sie den mehrfachen Besuchen des neuen Assistenten der Tate Gallery, Ronald Alley,[67] »Karls größter englischer Bewunderer«. Nachdem er das Gemälde *Frau mit Handtasche*, das sie der Tate geschenkt hatte, in einem Brief an sie besonders gerühmt hatte, führte sie ihn systematisch in Schmidt-Rottluffs Werk ein,[68] denn »es ist Zeit, dass wenigstens der junge kunsthistorische Nachwuchs begreift, was außerhalb Englands vorgeht«.[69] Auch mit ihm dehnten sich die Zusammenkünfte bis in den Abend aus, und eine zusätzliche Dimension des geteilten Kunsterlebnisses wurde fühlbar: Das gemeinsame Eintauchen in Schmidt-Rottluffs Arbeiten ließ nicht nur den physisch abwesenden Künstler wie anwesend wirken, sondern erwies sich zugleich als Zauberformel zur Begegnung mit Schapire:

Es war wirklich sehr schön, er war ganz Begeisterung, Freude, Verständnis, Staunen. Wir verstanden uns auf den ersten Blick, denn es gibt keinen besseren und direkteren Weg zu mir als über Deine Kunst. Ein außerordentlich sympathischer, intelligenter, begabter Mensch, etwa 28 Jahre alt oder jünger. Er wird wiederkommen.[70]

Immer wieder kam es unter dem Eindruck eines Einverständnisses über Schmidt-Rottluffs künstlerische Bedeutung zu herzlichen Kontakten, vielfach mit sehr viel jüngeren Menschen, denen sie die Augen über seine Kunst öffnete. Das traf auf Ronald Alleys Freund zu, den ameri-

kanischen Kunsthistoriker Walton F. Lord: »[E]s war schön und hat
allen Beteiligten viel Freude gemacht. Lord war namentlich von deinen
Holzschnitten <u>hingerissen</u>, er kannte einige ganz wenige Blätter aus
dem Kupferstichkabinett in New York, aber erst bei mir ging ihm Deine Bedeutung auf und die Vielfältigkeit Deiner Begabung.«[71] Und es
galt für »den jungen Meincke (32 Jahre)«, der sie in London besuchte[72]:
»[D]iesen begabten Menschen in Deine Graphik einzuführen […] war
eine ganz große Freude. […] Wir sind uns auch menschlich sehr nahe
gekommen, da spielt der Unterschied der Jahre keine Rolle.«[73]
    Manchmal verband sich die Kunstbetrachtung mit der Erinnerung an
eine gemeinsame Vergangenheit. Als der Neurologe Georg Schaltenbrand, der schon in Hamburg Schapires Vorträge und einen von ihr ge-
leiteten französischen Konversationskreis besucht hatte, sich 1953 aus
beruflichen Gründen in London aufhielt, knüpfte er gemeinsam mit seiner Frau an der alten Freundschaft an, und so konnte Schapire berichten:

> Das Wiedersehen war für alle eine ganz große Freude, und ich muss
> gestehen, dass mir mit niemand die Vergangenheit so lebendig gewor-
> den ist wie mit ihnen. […] Sie waren von Deinem neuen Selbstbild-
> nis <u>sehr</u> beeindruckt, ich habe ihnen auch die Photos der Steine ge-
> zeigt, wir haben auch Deine Postkarten und eine Reihe von Deinen
> Holzschnitten (meist von 1923) betrachtet. Dies Stück wiedergeleb-
> ter Vergangenheit hat mir wirklich wohlgetan und es kam mir auch
> zum Bewusstsein, dass ich hier allerhand entbehre. […] Es sind bei-
> des ungewöhnlich angenehme Menschen.[74]

Dass der kunstverständige Besucher während der NS-Diktatur medizi-
nische Versuche an Menschen mit geistigen Behinderungen durchge-
führt hatte, konnte Schapire möglicherweise nicht ahnen.[75]
    Verhalten – und vielleicht verhaltener, als Schapire gehofft hatte –
äußerte sich der Bildhauer Henry Moore, auf dessen Besuch und »darauf, wie er auf Deine Arbeiten reagieren wird«, sie sehr gespannt gewesen war:[76] »Die Bilder schienen ihm gut zu gefallen, wenn er auch
nicht gerade viel dazu gesagt hat. Er war sehr überrascht, dass Karl auch
Plastik gemacht hat, was er natürlich nicht wusste.«[77] An Schapires
Wertschätzung für den weltberühmten Künstler, der auf sie »einen <u>sehr</u>
guten Eindruck (macht)«,[78] änderte das nichts. Wenig ergiebig verlief

Kurt Hiller,
um 1960

dagegen der Austausch mit dem Berliner Schriftsteller und Publizisten Kurt Hiller, der nach Verhaftungen und Misshandlungen in deutschen Gefängnissen und Konzentrationslagern vor antisemitischer Verfolgung zunächst 1934 nach Prag und 1938 von dort ins englische Exil geflohen war. Angeregt durch Schmidt-Rottluff[79] lud sie ihn zu sich ein, doch die Begegnung gestaltete sich ernüchternd:

> Ja, Kurt Hiller ist schon ein merkwürdiger Mensch. Er kam um 1/2 4 und ging 4 Stunden später; in den 60ern, sieht aus wie ein wohlgenährter Spießer, interessant und intelligent wenn es auf seine Dinge zu sprechen kommt, vollkommen blind und vernagelt soweit es sich um visuelle Kunst handelt, wahrscheinlich überhaupt kein Sinn für Kunst.[80]

Erwies sich ein Besucher als gar zu unverständig, bekam er Schapires Unmut zu spüren. So geschah es dem aus Deutschland emigrierten

> Kunsthistoriker, Dr. Scharff,[81] ein widerwärtiger Kerl [...]. Er sagte solch haarsträubenden Unsinn über Deine Bilder, entdeckte Beziehungen zur ganzen Welt z.B. auch zu Macke (!!!), bis mir zuletzt die Geduld riss und ich sehr höflich fragte, ob er nicht lieber versuchen wollte, Deine Bilder <u>anzusehen</u> anstatt Zusammenhänge zu konstruieren? Ross und Reiter sah man niemals wieder – aber das war ja auch die Absicht![82]

»Wenn ich nur einer ordentlichen Portion Veronal habhaft werden könnte«

Man könnte glauben, dass die vitale und rührige Schapire, der es an Zuwendung und Resonanz auf ihre Initiativen nicht fehlte, Freude am Leben empfand, zumal ja ihre Umtriebigkeit nicht allein der ökonomischen Notwendigkeit, sondern auch ihrem Selbstverständnis als schöpferisch tätige Frau entsprang. Doch ihre Aktivität und Produktivität standen in dauerndem Spannungsverhältnis zu ihrem Todeswunsch. So erklärte sie Schmidt-Rottluff zwar:

> Niemand hält mich für 75, und keine der langlebigen Engländerinnen kann auch nur im entferntesten soviel bieten wie ich. Verglichen mit ihnen erscheine ich mir stets als ›junges Mädchen‹. Jedenfalls Temperament und Energie und im Grunde auch Leistungsfähigkeit (bei allerdings viel größerem Kräfteverbrauch) sind unverändert.[83]

Aber im selben Brief schrieb sie auch: »Nun ich hoffe, für mich ist recht bald Schluss – je schneller je lieber!«[84]

Schon in Hitler-Deutschland hatte sie empfunden, dass ihr Lebenswille, bedingt durch »all das Schwere, das wie Berge« auf ihr lastete, »auf einem Nullpunkt angekommen« war. Ein Jahr nach der Machtergreifung der Nationalsozialisten hatte sie während einer Sizilienreise die Erfahrung gemacht, dass ihre Lebensfreude wieder erwachte, als »die Tage […] angefüllt von herrlichsten Erlebnissen bis zum Rand« nur so verflogen, sodass sie ihrer Freundin Agnes Holthusen euphorisch geschrieben hatte: »Ja, es ist eine Lust zu leben.«[85] Eine solche Formulierung taucht in der Nachkriegskorrespondenz nicht einmal andeutungsweise auf. Sondern bei aller Anteilnahme am Leben Schmidt-Rottluffs und ihrem eigenen ausgeprägten Mitteilungsbedürfnis zieht sich ihre »Todessehnsucht« wie ein roter Faden durch ihre Briefe. Schon in ihrem zweiten erhaltenen Nachkriegsbrief an den Freund, geschrieben Anfang 1950, sprach sie davon:

> [I]ch erwarte den Tod mit großer Gelassenheit ja Freude. Darum hat es mich sehr beeindruckt, als Thomas Morus von Heinrich VIII […]

ins Gefängnis geworfen wurde und sein Anwalt zu ihm kam, um ihn
zum Widerruf zu bewegen, da mit dem König nicht zu spaßen sei,
[und] Morus zur Antwort [gab] ›Is that all?‹ Der Unterschied zwischen ihnen beiden bestehe nur darin, dass er heute zu sterben habe
und der Anwalt morgen. Das ist eine Antwort nach meinem Herzen,
die ich nie vergessen werde, und ich <u>weiß</u>, dass, wenn ich nicht in
12'ter Stunde nach England gekommen wäre, sondern zu den 6 Millionen Juden gehört hätte, die Hitler in Europa vergast hat, ich dem
Tode genau so gelassen gegenüber gestanden hätte. Ich habe <u>mein</u>
Leben gelebt, es war reich, schwer und sehr einsam – aber es war <u>mein</u>
Leben und mit 75 Jahren selbst wenn man noch so leistungsfähig ist,
wie ich, ist es wirklich Zeit aus dem Leben zu gehen.[86]

Das ganze Jahr über sprach sie immer wieder von ihrem Lebensüberdruss,[87] selbst einen Glückwunsch zum Hochzeitstag von Karl und Emy
Schmidt-Rottluff nahm sie zum Anlass, ihr Ende zu beschwören: »Hoffentlich bringt Ihr es noch zur goldnen Hochzeitsfeier, ich persönlich
habe diesen 50jährigen Ehrgeiz keineswegs und wünsche mir einen möglichst schnellen Schluss.«[88] Dieser Wunsch scheint sich unter anderem
daraus gespeist zu haben, dass Augenärzte Anfang 1950 bei ihr einen
kompliziert zu behandelnden Star diagnostizierten. Für sie, die aus visu-
eller Wahrnehmung starke seelische Erlebnisse und geistige Erkenntnis gewann, bedeutete die Reduzierung ihrer Sehfähigkeit eine herbe Ein-
buße an Lebensqualität. In ihren wichtigsten beruflichen Tätigkeiten
– dem Betrachten, Lesen und Schreiben – war sie spürbar eingeschränkt,
sodass in der Folge auch heikle Einkommensverluste drohten. Und sie
fürchtete sich vor dem angeratenen Eingriff. »Ich hoffe, dass ich sterben
werde, ehe die Geschichte für die Operation reif ist.«[89] Möglicherweise
war es typisch für die starke, unabhängige Schapire, dass sie mit ihren
bedrückenden Ängsten allein fertig werden wollte: »Ich möchte Dich
und Emy dringend bitten, nicht darüber zu sprechen. Ich habe es hier
auch niemand gesagt […] und die teilnehmenden Fragen aller Menschen wie es nun ist, ist mehr als ich vertragen kann.«[90]
    Im Jahr 1951 spitzten die Probleme sich zu, und immer häufiger be-
kundete sie nun ihre Sehnsucht nach dem Tod.[91] Da hieß es, sie würde
»am liebsten Schluss machen«[92], wäre froh, wenn sie »nicht mehr mit-
zuspielen brauchte und ins große Nichts eingehen könnte«[93], hoffte,

Karl Schmidt-Rottluff:
Doppelbildnis. Der Künstler und seine Frau, 1921.
Aquarell über Bleistift, 60,4 × 43 cm.
Sprengel Museum Hannover, ehemals Sammlung Schapire[94]

»dass es nicht mehr allzu lange dauern wird«, und wünschte, »nicht einen Tag länger zu leben als ich arbeiten kann«[95], denn »mitten aus seiner Arbeit zu sterben, das hat Sinn«.[96] Ihre Lage war verzweifelt, da zu ihrer Augenkrankheit ein weiteres existenzielles Problem hinzukam: Sie war Spielball der wechselnden Pläne und Interessen ihrer Vermieter, die ihr eine Odyssee von einem Zimmer zum nächsten aufzwangen. Als sie im Frühling aus ihrer Wohnung in 20 Barkston Gardens ausziehen musste – nach 74 Princes Square und 21 Leinster Square ihre dritte Unterkunft seit 1939 –, verließ sie den belebten Distrikt Earls Court, Bezirk Kensington, und zog in den äußersten Nordwesten der Stadt, nach 5 Kingsbridge Road[97] im Distrikt Ladbroke Grove. Immerhin wurde die Unbequemlichkeit des weiten, umständlichen Weges zum Victoria and Albert Museum durch ungewohnte Vorteile aufgewogen:

> Meine Landlady ist eine sehr angenehme Frau, gütig und nicht nur darauf bedacht to make money. Es ist ein wahrer Segen, dass ich die Küche zu meiner Verfügung habe und sich das ganze Leben nicht in einem Raum abspielt, und der kleine Garten ist Gold wert. Im ganzen glaube ich durchaus die Treppe heraufgefallen zu sein. [...] Zum ersten Mal seit Hamburg, dass ich das Gefühl habe, ein bescheidenes kleines Zuhause gefunden zu haben.[98]

Fast anderthalb Jahre nach der Star-Diagnose kam es endlich zu der dringend nötigen Operation. Man teilte ihr mit, sie müsse »mit einem Aufenthalt von 2–3 Wochen im Krankenhaus rechnen«,[99] und in der Tat handelte es sich bei dem Eingriff im Mai 1951 um eine schwierige Operation, »nach der man 8–10 Tage stramm und unbeweglich auf dem Rücken, zuerst sogar mit Verband auf beiden Augen liegen« musste.[100] Der Klinikaufenthalt strengte sie auch psychisch an: »Im Krankenhaus hätte ich mich trotz aller Pflege nie erholen können, denn dieses Zusammenleben in einem ganz großen nur durch Vorhänge abgetrennten Raum geht über meine Kraft und meine Nerven. Essen und Schlafen habe ich mir seit der Operation völlig abgewöhnt, sehe aber trotzdem ausgeruht aus.«[101] Zu allem Überfluss führte der Eingriff nicht zum gewünschten Ergebnis, sodass sie nach der Entlassung aus dem Krankenhaus entmutigt klagte: »[L]eider ist von Sehen auf dem linken bisher allein operierten Auge <u>nichts</u> zu merken, da ein dicker Schleier darüber liegt. Es wird also eine Nachoperation [...] in einigen Wochen nötig sein.«[102]

Trotzdem hatte sie auch Glück im Unglück, denn in den nahezu zwölf Jahren, die sie inzwischen im englischen Exil lebte, hatte sie sich ein dichtes Netzwerk von sozialen Kontakten aufgebaut, das sich in der Krise als tragfähig und zuverlässig erwies: »Meine Freunde hier waren rührend und haben mich unsagbar verwöhnt. Niemand in der ganzen

Abtlg bekam auch nur halb so viel Blumen, Früchte u.s.w. und ablenkende Besuche, wie ich. Es hat mir sehr wohlgetan.«[103] Wieder zu Hause in ihrem Zimmer in der Kingsbridge Road, kümmerten auch ihre Vermieter sich um sie: »Meine Wirtsleute sind rührend, nehmen mir alles ab und meine Freunde verwöhnen mich nach wie vor.« Obwohl ihre Sehfähigkeit eingeschränkt war, ging sie in die Bibliothek, um zu arbeiten, »weil ich […] weiß, dass dies mein einziger Weg ist, gesund zu werden. […] das rechte Auge hat eben doppelte Arbeit zu leisten. […] ich lebe sehr behutsam. Ganz meiner Art entsprechend!!! Aber was muss man nicht alles im Leben lernen!«[104] Das Warten und Hoffen auf Nachoperationen sollte sie von nun an bis an ihr Lebensende begleiten.

Gerade mal neun Tage nach der Entlassung aus dem Krankenhaus eröffneten ihr ihre Vermieter, die sich eben noch so fürsorglich gezeigt hatten, dass sie aus ihrem Zimmer wieder ausziehen müsse – und das, nachdem sie es nur wenige Monate bewohnt hatte! Durch die überraschende Kündigung fühlte sie sich »reingelegt«[105], und so wünschte sie sich »nichts so intensiv – nicht einmal wieder richtig sehen zu können – wie das Ende«, erst recht angesichts von »Umzugsfreuden in nicht gar zu großer Ferne […], wo ich noch keineswegs imstande bin, mich auf die Wohnungssuche zu begeben«.[106] Der Zufall wollte, dass sie durch die Vermittlung von Freunden rasch ein neues Zimmer fand, und sofort griff sie zu. Dass die Nachoperation sich verzögerte, versetzte sie währenddessen in ständige Anspannung: »wenn du wüsstest, in welchem Nervenzustand ich nun schon seit Wochen lebe, immer zwischen Furcht und Hoffnung ob ich wieder werde sehen können. Es ist oft an der Grenze des Erträglichen!«[107]

Im Juli 1951[108] zog sie vom Distrikt Ladbroke Grove in das vertraute Viertel Earls Court zurück, sie wohnte nun in 19 Bolton Gardens, ihrer fünften Adresse seit 1939. Hier war sie alleinige Mieterin bei vier Schwestern, »die klug genug waren, Berlin gleich 1933 zu verlassen. […] Sie haben alle irgendetwas mit bildender Kunst zu tun. Kleiderentwürfe, Bilderrestaurierungen und die jüngste besucht noch eine Kunstschule.«[109] Schapire war zufrieden, denn ihr Weg zur Victoria and Albert Museum Bibliothek, ihrer bevorzugten Arbeitsstätte, war kurz. Sie freute sich über die günstigen Verbindungen mit Bus und Bahn, die sie in der Kingsbridge Road hatte entbehren müssen,

und das Zimmer war – wichtig für sie – »nach Süden gelegen, mit
vorzüglichen Bilderwänden«.[110]
Drei Wochen nach dem Umzug unterzog sie sich der Nachoperation des linken Auges,[111] und endlich schien Licht am Ende des Tunnels
auf, denn die Ärzte stellten ihr dauerhafte Besserung in Aussicht: »das
weitaus beste und herrlichste Geschenk, das ich bekommen konnte, ist
die <u>Gewissheit</u>, die ich seit Montag habe, dass mit der Starbrille <u>alles</u> in
Ordnung kommen wird. Ich habe es nicht geglaubt und bin durch eine
furchtbare Zeit gegangen […]. Mir sind Bergeslasten von den Schultern
gefallen.«[112] Ein glücklicher Moment, der die Wende zum Besseren zu
bringen versprach, doch schon bald stellte diese Erwartung sich als illu-
sorisch heraus, denn die »Starbrille« war schlecht angepasst, sie hatte »zu
starke Gläser […], ich werde sofort, wenn ich sie aufsetze, schwind-
lig«.[113] Die nicht endenden Schwierigkeiten wurden zu einer »Quälerei sondergleichen«, die dauerhafte Einschränkung ihrer Sehfähigkeit,
die daraus folgende Behinderung im Alltag und ihre ungewohnte Hilfs-
bedürftigkeit stürzten sie in einen Zustand tiefer Niedergeschlagenheit
und Hoffnungslosigkeit. Zu der Idee, dem eigenen Leben ein Ende zu
setzen, war es nur ein kleiner Schritt.

Es ist wirklich, diese ganze seit Monaten währende Quälerei das
Schlimmste, das ich je durchgemacht habe. Was bedeuten Schmerzen,
auch die allerschlimmsten gegenüber dem nicht sehen können! Ich
denke oft, wenn ich nur einer ordentlichen Portion Veronal habhaft
werden könnte und diese ganze Qual wäre vorbei! Aber so gut geht
es einem nicht und diese Hilfe würde niemand bieten. Man selbst
vermutlich auch nicht. Aber es ist zum Verzweifeln und ich wünsche mir oft, wenn nicht Schluss so doch wenigstens möglichst bald
Operation des zweiten Auges, damit dies furchtbare Nichtsehen mit
einem Auge ein Ende habe. Auf der Straße am Abend bin ich ganz
aufgeschmissen. Ich vermeide soviel wie möglich am Abend auszugehen – und die Tage werden immer kürzer.[114]

Dennoch nahm sie wahr, wenn sie »die Freundlichkeit von Unbekannten auf der Straße in Anspruch nehmen« musste, dass »die Menschen
hier allerdings von einer Hilfsbereitschaft sind, wie ich sie nirgends in
Europa erlebt oder beobachtet habe«.[115]

Doch kurze Zeit später hieß es erneut: »Ich kann bald nicht mehr, auch wenn ich mich immer wieder zusammenreiße. Warum dieser ganze Jammer einem Menschen passiert, der ganz auf sich gestellt ist und nicht nur seit Jahren bereit ist zu sterben, sondern sich direkt nach dem Tode sehnt, ist mir bei dieser großartigen Weltordnung wirklich unfassbar.«[116] Sie, die autarke, eigenständige Persönlichkeit, die stets ihren eigenen Weg gegangen war, haderte mit ihrem Alleinsein: »Ich weiß nicht, ob eine Religion vor dem Alten Testament das Patriarchen Alter verherrlicht und als wünschenswert hingestellt hat. Das ist es nun ganz sicher nicht, und am allerwenigsten bei einem so einsamen und auf sich und nur auf sich gestellten Menschen wie ich es bin.«[117] Nicht nur ihr fortgeschrittenes Alter, sondern auch die Entwurzelung aus ihrem eigenen Land und das erzwungene Exil verstärkten ihre Bitterkeit: »Ach Karl, was soll eine Frau von 77 Jahren, die in der Emigration lebt, wohl noch vom Leben erwarten?? Tod ist die <u>einzige</u> Lösung für viele Schwierigkeiten und so sollte Dich meine Todessehnsucht wirklich nicht betrüben.«[118]

Wider Erwarten war sie rund drei Monate nach ihrem Einzug bei den Schwestern damit konfrontiert, dass auch ihre neue Unterkunft lediglich eine Übergangslösung war:

Zur Abwechslung wieder einmal Zimmertausch. Die jungen Mädchen […] können diese teure Wohnung nicht halten und werden an Weihnachten räumen! Das wurde mir vor 2 Tagen eröffnet! […] Ich habe, da ich doch raus <u>muss</u>, die Absicht, dies so schnell als möglich zu tun, […]. Alles so überflüssige Dinge, die soviel Zeit, Kraft und Geld schlucken. Es ist wahrhaftig auch für meine soviel gerühmte Elastizität ein bisschen zuviel.[119]

Und so erklärte sie: »Sterben halte ich keineswegs für Unfug – im Gegenteil, aber der Unfug des Altwerdens ist sehr groß! Und ich möchte wirklich wissen, warum ich das zu erleiden habe, wo ich eine solche Todesbereitschaft ja Sehnsucht habe?«[120]

»Ich glaube, Du bist immer von der Angst besessen, nichts Persönliches zu schreiben«

In Schapires Krisenjahr 1951 kam es zu einem Zwist zwischen ihr und Schmidt-Rottluff, als er erwähnte, er sei wieder einmal in Hamburg gewesen. Daraufhin bemerkte sie mit bitterem Unterton, er und seine Frau seien dorthin »ja in den letzten Jahren häufiger gekommen als s. Zt. da ich noch dort gelebt habe – so ist das Leben!!«[121] Schmidt-Rottluffs Replik, er habe leider vergessen, dass er, um über Hamburg fahren zu können, ihre Erlaubnis hätte einholen müssen,[122] beantwortete sie unter Hinweis auf ihre schlechte Verfassung: »mein lieber Karl, warum so ironisch bezüglich meiner Verwunderung über Euren Hamburger Besuch? Ob Du es wohl wärest, wenn du wüsstest, in welchem Nervenzustand ich nun schon seit Wochen lebe, immer zwischen Furcht und Hoffnung ob ich wieder werde sehen können.«[123]

Die Spannungen verschärften sich, als Schapire, wegen einer Grippe ans Haus gefesselt, unter »Depressionen wie wohl nie« litt und »andauernd« die Bilanz ihres Lebens zog.[124] Sie beklagte, Schmidt-Rottluff schreibe zu selten oder aber zu nichtssagend:

[V]ielen Dank für Deine Karte vom 7., die vor einigen Tagen kam. Ein bisschen wenig nach der langen Pause, aber man muss ja wohl zufrieden sein. […] In meiner Lage, wo man nicht einmal im Bett bleiben kann, weil es niemand gibt, der einem auch nur ein Glas Wasser gäbe, ist Kranksein doppelt ärgerlich und überflüssig.[125]

Sie machte keinen Hehl daraus, worin in ihren Augen das Defizit seiner Briefe bestand: »Wenn Deine allzu kurzen Briefe Wetterberichte bringen, die ja längst erledigt sind, bis sie hier ankommen, ärgere ich mich eigentlich immer. Ich glaube, Du bist immer von der Angst besessen, um Gottes Willen nichts Persönliches zu schreiben.«[126] Schmidt-Rottluff erwiderte, er sei über ihren Brief

wirklich erfreut – endlich wieder mal ein Brief mit Beschwerden und Forderungen. Ich werde also keine Wetterberichte mehr schikken. Es ist merkwürdig, wer von uns beiden vom anderen fordert –

ich glaube nicht, dass Du viel Forderungen von mir erfahren hast
[...]. Und was das Persönliche angeht – das ist jedermanns Eigen-
tum u. was er davon mitteilt, ist seine Sache – was heißt denn sonst
Persönlichkeit?[127]

Daraufhin rechtfertigte sich Schapire mit ihrer Direktheit: »wenigstens
habe ich meine sogenannten ›Beschwerden und Forderungen‹ stets bei
Dir angebracht und mich nicht bei Dritten mündlich oder schriftlich
über Dich beklagt.«[128]

Der Schlagabtausch über Schmidt-Rottluffs »Wetterberichte« wurde
von einer nicht minder scharf ausgetragenen Kontroverse über die kriegsbedingten Leidensgeschichten der beiden Freunde begleitet. Als Schmidt-
Rottluff frustriert berichtete, der Käufer eines seiner Bilder bezahle den
Betrag in zwölf monatlichen Raten, sodass »nicht allzu viel Vorteil
davon« bleibe,[129] rechnete die sonst so mitfühlende Schapire ihm vor:

Wenn Du durch so knappe Jahre gegangen wärest wie ich, die mit
ganzen 10 Mark hier angekommen ist, alles übrige war von den Nazi
geraubt worden, und mit 65 Jahren mit 10 Mark in der Tasche in
einem fremden Lande eine neue Existenz aufbauen – nun ein Kinderspiel ist es wahrhaftig nicht (natürlich hatten meine Freunde für mich
garantiert, anders hätte England, da der Krieg noch nicht begonnen
hatte, diese Schar von Bettlern, die wir waren, ja gar nicht hereinge-
lassen), so würdest Du sicherlich über die Ratenzahlung Deines
Bildes, auch wenn sie sich auf ein Jahr erstreckt, anders denken.[130]

Doch Schmidt-Rottluff wies den Gedanken zurück, es gebe unter den
schmerzlichen Erfahrungen, die ihnen beiden durch Diktatur und Krieg
aufgezwungen worden waren, eine Rangordnung, und er relativierte ihre
Exilerfahrung durch den Hinweis auf die Opfer des Holocaust: »immer
wieder auf die Tube zu drücken, was man an Unbill erfahren hat – ja
glaubst Du eigentlich, ich war die Zeit über in Watte verpackt u. habe
sie unterm Glassturz verbringen können – habe ich deswegen Forderungen gestellt? Bei wem bringen die Vergasten, Umgebrachten, Hin-
geschlachteten ihre Forderungen an?«[131]

So krisenhaft sich die Dynamik um enttäuschte Erwartungen im Ver-
lauf einiger Wochen auch hochschraubte, so unbeirrt kehrten beide zu

einem nicht nur sachlichen, sondern auch herzlichen Ton zurück. Zu ihrem 77. Geburtstag im September 1951 schenkte Schmidt-Rottluff ihr ein Selbstbildnis, von dem er ihr Monate zuvor bereits ein Foto gesandt hatte, das »trotz der ungenügenden Wiedergabe von ganz starker Wirkung« auf Schapire gewesen war und sie zu einem überschwänglichen Urteil veranlasst hatte: »Wohl eines der größten Alters-Selbstbildnisse eines Künstlers, die je entstanden sind.«[132] Als das Original bei ihr eintraf, war sie zutiefst bewegt:

> Wie soll ich Dir dafür danken? Es ist ganz groß und erschütternd. Wieviel musst Du gelitten haben, um zu dieser Lösung zu kommen und wie sehr hat sich der Ausdruck Deines Gesichtes verändert, vertieft, seitdem wir uns gesehen haben. Besonders die Augen, sie beherrschen das ganze Blatt. Da ich hier das Original vor mir habe, beeindruckt es mich natürlich noch mehr als die Photographie des gemalten Selbstbildes. Etwa eine Stunde nachdem ich es bekommen hatte, kam eine reizende junge Studentin, die Tochter meiner ungarischen Freunde. Aber ich habe das Blatt bewusst vor ihr versteckt, denn noch steht es mir viel zu nahe als dass ich es einem anderen Menschen zeigen könnte. [...] Auch in der Farbe ganz neue Dinge. Dunkel aber nicht schwer, sondern fast durchsichtig. Ein Ernst, eine fast grimmige Entschlossenheit. Wenn Selbstbildnisse der Größten durch die Jahrhunderte an mir vorüberziehen – ich kenne nichts, das sich an erschütternder Größe und Innerlichkeit damit vergleichen ließe. Und dass ich es besitzen darf erscheint mir noch ganz unwahrscheinlich. Du hättest mir nichts schenken können, das mir innerlich mehr bedeutet hätte. Ob ich Dich wohl noch einmal in Wirklichkeit sehen werde, ehe ich sterbe? Wahrscheinlich ist es Wahnsinn, dass ich mich nicht entschließen kann nach Deutschland zu fahren. Ich danke Dir aus tief bewegtem Herzen. Ich glaube, du kannst nicht einmal ahnen, was mir dieses Blatt bedeutet und was es alles in mir aufgewühlt hat und dabei ist es als Kunstwerk, als Ausdruck deiner Persönlichkeit so endgültig. Alt werden hat nur einen Sinn, wenn man sich so erfüllt und zu solchen Lösungen kommt. Es kostet Herzblut – aber es ist den Preis wert. Heute nichts mehr – nur Dank von Herzen. Immer Deine Ro.[133]

»Mir liefen die Tränen übers Gesicht – Tränen des Glücks«

Ausnahmsweise ging das fremdbestimmte Hin und Her ihrer Wohnsituation, das durch die Kündigung vonseiten der Berliner Schwestern
im Oktober 1951 erneut gedroht hatte, einmal zu ihren Gunsten aus –
wenn auch nur vorübergehend. Unverhofft konnte sie erst einmal in
ihrem Zimmer in Bolton Gardens bleiben: »Jedenfalls bis Ostern und
(ich) bin wie erlöst, dass es wenigstens eine Ruhepause in dieser vergeb-
lichen Wohnungsjagd gibt.«[134] Tatsächlich sollte sie ungewohnt lange
bei den Frauen wohnen, insgesamt ein Jahr und acht Monate vom
Sommer 1951 bis Ostern 1953.[135] Das verschaffte ihr Zeit, sich wirklich einmal niederzulassen und einzurichten, und so umgab sie sich wie
schon früher in Hamburg und in allen wechselnden Londoner Unter-
künften auch in diesem Zimmer mit Schmidt-Rottluffs Werken:

Dein Selbstbildnis hängt seit einiger Zeit! Das Zimmer hat sehr gute
Proportionen und ist mäßig groß. An der Wand, wo die Eingangstür
ist, steht die Schlafcouch und darüber hängen die beiden Frauen im
Grünen von 1914, an der linken Wand ist der Kamin, darauf stehen
die Kästen von 1909, der Cigarettenkasten (leider die beiden einzigen
Kästen, die gerettet sind), der betende Mann, der große rote Kopf
und das kleine Steinrelief. Über dem Kamin hängt das Stilleben mit
Negerplastik im Atelier, rechts und links davon 2 Aquarelle im Wechselrahmen (Breitformat), die Fensterwand wird von den sehr großen
und hohen Fenstern beherrscht, links steht mein Bücherschrank, in
der rechten Ecke der Schreibtisch; an der rechten Wand hängt die
Plastik [unleserlich] Macke, über einem halbhohen Schränkchen, auf
dem der Kopf von 1914 steht, hängt das Selbstbildnis und als letztes
an der gleichen Wand der ekstatische Kopf aus den 20er Jahren. Wenn
ich es so aufzähle, musst Du den Eindruck haben, dass es sehr voll
ist, aber das ist keineswegs der Fall, alles hängt <u>ausgezeichnet</u> in gu-
tem Licht und kommt zu seinem Recht. Dort wo Dein Selbstbildnis
hängt (auch dies ein Wechselrahmen), hing früher ein Spiegel, den ich
in den kleinen Abstell- und Ankleideraum verbannt habe. Das Zimmer hat dadurch sehr gewonnen. Der hockende Mann (die Plastik),
die beiden braunen Akte von 1912, das Bild nach mir und einige fest-

gerahmte Aquarelle hängen bei meinen ungarischen Freunden, da ich leider keinen Platz habe. […] Vor dem Fenster steht jetzt, wo ich meine Blumentöpfe nicht mehr auf der äußeren Fensterbank lassen konnte, ein schmaler Tisch mit den Pflanzen. Ich habe es bis zu sechsen gebracht, und es sieht sehr nett aus. Und dann der schöne Ausblick in den jetzt herbstlichen Garten. Nun weißt Du, wie es bei mir aussieht – in der Osterbeckstraße hatte ich freilich mehr Platz und da war auch Dein schönes Zimmer, das die Nazi auf dem Gewissen haben wie so vieles andere auch. Aber ich habe gelernt, der Vergangenheit nicht nachzutrauern. Wo käme man sonst hin? Ich muss es ja auch lernen, mit einem schlechten Herzen und halber Sehkraft zu leben – das ist viel schwerer und geht auch! […] Decke und Wände sind ganz hell in warmem Weiß gestrichen. Es gibt noch einige kleine Bücherkisten in Ecken und einen sehr anständigen ruhigen Teppich.[136]

Wenigstens in die Wohnsituation kehrte also Ruhe ein, doch die Sorgen wegen der Augen blieben bestehen, da auch eine neue Brille nicht die erhoffte Entspannung brachte: »Leider wieder ein Missgriff, war die erste zu stark so ist diese zu schwach, also wieder unbrauchbar. […] dieses Elend […] dauert nun schon 7 Monate«,[137] und ein Ende war nicht absehbar. Als ihre Augen sich glücklicherweise doch an die Lesebrille gewöhnten, war sie zwar »nicht mehr so verzweifelt wie vor Wochen«, doch sie litt unter dem Londoner Jahrhundert-Smog von 1952, der die ohnehin extremen Smogs jener Jahre noch übertraf, bei denen Tausende an Asphyxie (Atemstillstand) oder Bronchialasthma gestorben waren:[138] Sie hatte »nicht den geringsten Wunsch, es noch so lange auf Erden auszuhalten. […] Nebel und der scharfe Wind sind unerträglich. Und meine Keucherei im vollsten Gang und sehr angreifend.«[139] Wenige Monate später vermochte sie »mit Worten nicht zu sagen, in welchem Maße ich mir wünsche Schluss, Schluss, endlich Schluss«.[140]

Vergeblich hoffte sie darauf, ihr steter Einsatz für Schmidt-Rottluffs Kunst würde ihn zu einem erfreuten oder anerkennenden Kommentar bewegen. Doch seine Reaktionen waren so verhalten, dass sie sich schließlich beklagte: »Wenn ich schreibe, dass ich neue Menschen für Deine Arbeit interessiert und gewonnen habe, so gehst Du nie mit einem Wort darauf ein. Macht es Dir denn gar keine Freude? Dann hat

Karl Schmidt-Rottluff:
Sitzender Mann, 1917.
Holz, rot und graublau lasiert,
62 × 17 × 19 cm.
Stedelijk Museum Amsterdam,
ehemals Sammlung Schapire

es ja auch keinen Sinn, dass ich es Dir schreibe«.[141] Nun endlich bekannte sich der Freund zu der besonderen Bedeutung, die Schapire für
ihn hatte:

Du fragtest, ob ich mich gar nicht freue, wenn Du junge Menschen
mit meiner Arbeit bekannt machst – natürlich freue ich mich, obwohl ich immer wieder an mir beobachten muss, dass mir mit den
Jahren die Möglichkeit zu freudigen Erregungen abhanden kommt.
Vielleicht habe ich den Zustand, mich nicht mehr zu erregen, zu
sehr angestrebt – obwohl ich gestehe, dann u. wann aus der Rolle zu
fallen. […] ich weiß, dass außer Dir niemand sich heute noch hin-
einvertieft, meine Arbeit zu deuten u. dass niemand die Fähigkeit
hat, eine tiefe Erkenntnis anderen zu vermitteln. Dass ich dieses

Glück an Dir erleben konnte, hat mich bestimmt mit geformt, u.
man muss sich sicher glücklich preisen, dass man das einmal erleben
durfte – man kann auf ein 2tes Mal nicht mehr hoffen.[142]

Das, so scheint es, war die Seelennahrung, die Schapire dringend
brauchte und doch so dauerhaft entbehren musste. Überwältigt von
den Gefühlen, die sich ihrer bemächtigten, antwortete sie:

Vor wenigen Stunden kam dein Brief. Wie soll ich Dir dafür danken? Mir liefen die Tränen übers Gesicht – Tränen des Glücks. Dass
Du, der so scheu und verschlossen und so karg mit guten Worten
bist, mir schreiben konntest, was Dir mein Gefühl für Deine Kunst
bedeutet – nie nie werde ich Dir dies vergessen. Es ist ein tiefes Glück
und das Gefühl, dass ich nicht ganz vergebens gelebt habe. Sicher steht
man dem Leben mit 78 Jahren anders gegenüber als mit 18 oder mit
48 und trotzdem, wenn mich ein Stück Verzweiflung am Leben packt
– so kann eine Blume, das Lächeln eines Kindes die Dinge wieder in
eine richtigere Perspektive rücken. Mir ist in den letzten Jahren von
Frauen, die auch nicht mehr jung sind sondern an oder über 50, oft
gesagt worden, welcher Trost es für sie sei zu sehen, wie ich trotz
Alters jung bin und das Leben meistere – und ich denke dann, Kinder
wenn Ihr nur wüsstet, wie genug ich von Allem habe und wie gern
ich sterben möchte. Aber ich weiß auch, dass Du das Größte warst,
das das Leben mir geschenkt hat und dass ich an Dir ganz anders als
an jedem Kunstwerk der Vergangenheit erleben konnte und erlebt
habe, was Schöpferkraft ist. Das Größte, das es auf der Welt gibt, und
sein Quell ist Liebe. ›Die Liebe aber ist das Grösste‹ – wie es schon
in der Bibel heißt.[143]

»Der erste Wiedergutmachungsversuch, den ich erlebe«

In ihren beiden letzten Lebensjahren sprach Schapire im Vergleich zu den vorangegangenen deutlich seltener von ihrer »Todessehnsucht«.[144] Das mag durch ihre Zuversicht befördert worden sein, »dass das Gespenst des Umzugs für die nächsten 6 Jahre nicht mehr droht«.[145] Eine trügerische Hoffnung zwar, doch immerhin war 1952 das einzige der vier Korrespondenzjahre, in dem sie nicht umziehen musste.

Zu einer Stabilisierung ihres Befindens trug vielleicht auch die unerwartete Erkenntnis bei, dass es in Deutschland Menschen gab, die an ihrem Schicksal Anteil nahmen. Jedenfalls erhielt sie Ende 1952 aus heiterem Himmel eine Mitteilung aus Stuttgart, dass ihr »aus dem Künstlerfonds des Süddeutschen Rundfunks eine Ehrengabe von 600 DM zugesprochen worden« sei und dass der Betrag in den nächsten Tagen überwiesen werde.[146] Verwundert erklärte sie Schmidt-Rottluff:

Selbstverständlich geschah die ganze Sache völlig ohne mein Dazutun oder Wissen, durch Freunde von Freunden. Ich wusste nicht einmal, dass ein solcher Schriftstellerfonds existiert, für Menschen, denen die Nazi so herrlich mitgespielt haben wie mir und die im Alter ohne einen Pfennig sind. Eine große Organisation Thomas Mann und Menschen mit ähnlichen Namen stehen an der Spitze. Jedenfalls ist dies der erste Wiedergutmachungsversuch, den ich erlebe – wenn die Regierung sich endlich entschlossen hätte, die längst versprochenen Schadenersatzansprüche für alles was uns genommen wurde, auszuzahlen, so wäre etwas mehr dabei rausgekommen und es wäre mir sehr viel lieber gewesen. Aber man muss sich wohl auch darüber freuen.[147]

Der 1951 gegründete Künstlerfonds des Süddeutschen Rundfunks (SDR), maßgeblich vorangetrieben vom damaligen Verwaltungsdirektor Friedrich Müller, der auch den Brief an Schapire unterzeichnete, dürfte angesichts der Anzahl der unterstützten Personen, der langen Laufzeit und der großen Summe der eingesetzten Mittel eins der größten nichtstaatlich organisierten Wiedergutmachungsvorhaben in Deutschland gewesen sein. Der Fonds ließ Schauspielern, Musikern, Sängern, Komponisten und Autoren, die zwischen 1933 und 1945 aus »rassischen« oder

Frau Rosa Schapire
19 Bolton Gardens, Flat A
L o n d o n SW 5

                                    MÜ/P.   19.12.1952

        Sehr geehrte Frau Schapire!

            Ich kann Ihnen die erfreuliche Mitteilung
        machen, daß Ihnen aus dem Künstlerfonds des Süd-
        deutschen Rundfunks eine Ehrengabe von 600,- DM
        zugesprochen worden ist. Der Betrag wird Ihnen
        in den nächsten Tagen überwiesen.

            Mit freundlichen Weihnachtsgrüßen,

                            Ihr

                    SÜDDEUTSCHER RUNDFUNK

                    (Friedrich Müller)

Friedrich Müller (Süddeutscher Rundfunk) an Rosa Schapire,
19. Dezember 1952[148]

politischen Gründen aus Deutschland hatten fliehen müssen und im Exil
unter Armut litten, finanzielle Hilfen – sogenannte Ehrengaben – zu-
kommen.[149] Neben dem persönlichen Interesse der Initiatoren an den
in Vergessenheit geratenen Künstlern begünstigten besondere Zeitum-
stände das Zustandekommen des Fonds: So konnte die Kontroverse um
die Einführung von Rundfunkwerbung bei einigen öffentlich-rechtlichen
Sendern dadurch entschärft werden, dass die Einnahmen teilweise für
kulturelle Zwecke verwendet wurden. Hinzu kam, dass Rundfunkmit-
arbeiter, die nach 1933 von den Nationalsozialisten entlassen worden
waren, keine Adressaten für ihre Wiedergutmachungsansprüche hatten,
denn die »Reichs-Rundfunk-Gesellschaft« der Weimarer Republik war
nach dem Zweiten Weltkrieg liquidiert worden, und die öffentlich-rechtlichen Rundfunkanstalten der Bundesrepublik hatten nicht deren Rechts-
nachfolge angetreten. Es galt nun die Regelung, dass die Wiedergutma-
chung sich auf freiwillige Einzelmaßnahmen beschränken sollte, was nach
Einschätzung des Musikwissenschaftlers Matthias Pasdzierny vermutlich in einigen Fällen die Gelegenheit bot, »sich pauschalen Entschädi-
gungsleistungen zu entziehen«, in anderen Fällen aber durch den Künstlerfonds eingelöst wurde.[150]
　　Bis in die frühen 1980er Jahre wurden mehrere tausend Anträge bearbeitet und rund 750 Exilierte unterstützt, vor allem Musiker und –
als größte Gruppe – Schriftsteller, darunter so prominente wie Alfred
Döblin, Autor des 1929 erschienenen Romans *Berlin Alexanderplatz*,
die spätere Literaturnobelpreisträgerin Nelly Sachs und der österreichische Dichter Erich Fried.[151] Die Initiatoren des Projektes legten
Wert darauf, im Gegensatz zur staatlich verordneten Entschädigung
auf langwierige Verfahren und engmaschige Auswahlkriterien zu verzichten.[152] Daher konnte der Vergabeausschuss, dem – vielleicht um
dem Vorwurf der Emigrantenvetternwirtschaft zu entgehen – keine
Rückkehrer angehörten, unbürokratisch und zügig von Fall zu Fall
entscheiden. Zwar war ein Bezug zum Bundesland Baden-Württem-
berg durch Herkunft oder frühere Tätigkeit erwünscht, doch diese
Regelung wurde sehr großzügig ausgelegt. In Schapires Fall gab vermutlich den Ausschlag, dass sie ab 1903 als Gasthörerin an der Universität Heidelberg studiert hatte und dort von Henry Thode promoviert worden war. Jedenfalls wurde dieser Umstand ausdrücklich
erwähnt, als der ersten Zuwendung ein gutes Jahr später eine zweite

Zahlung in Höhe von 600 DM folgen sollte[153] und der Antrag laut dem
Tätigkeitsbericht des SDR vom 10. März 1954 mit einer Schilderung
ihrer persönlichen Verhältnisse wie folgt begründet wurde:

> 80 Jahre alt, Österreicherin. 1902 nach Deutschland. 1914 hier die
> Staatsbürgerschaft. Promovierte in Heidelberg in Kunstgeschichte,
> Archäologie, deutsche Literatur magna cum laude. Bis 1933 Dozen-
> tin an der Volkshochschule Hamburg, zahlreiche Kurse an dortiger
> Universität. Zahlreiche kunsthistorische Publikationen, weit über
> deutsche Grenzen hinaus bekannt. Vor allem durch großes Werk
> über Schmidt-Rottluff und Übersetzungen aus dem Französischen,
> Italienischen und Polnischen, z.B. 5 Bände Balzac, 2 Bände Zola.
> Emigrierte nach England. Mehrere Jahre für großen Kunstverlag
> mit Forschungsarbeiten beschäftigt. Heute wenig Verdienst durch
> Mitarbeit an Kunstzeitschriften und Tageszeitungen. Wirbt durch
> Ausstellungen deutscher Künstler für moderne deutsche Kunst. Vor
> wenigen Monaten Star-Operation, lässt Hoffnung, dass sehr redu-
> zierte Sehkraft erhalten bleibt. Kein Vermögen.[154]

Weder der Bekanntheitsgrad noch das Alter des Künstlers waren für die
Vergabe der »Ehrengabe« entscheidend, allerdings wurden teilweise nach
1908 geborene Menschen ausgeschlossen, da man der Meinung war, sie
seien jung genug, um sich im Exilland eine neue Existenz aufzubauen.[155]
Pro Jahr standen 48.000 DM zur Verfügung, die als einmalige »Ehrengaben« in Höhe von 300, 500 oder – wie in Schapires Fall – 600 DM
und vereinzelt in Höhe von 900 oder 1.000 DM ausgezahlt wurden.[156]
Im Allgemeinen wurden die Hilfeleistungen von Vertrauensleuten des
Vergabeausschusses beantragt, die unauffällig Kontakt zu potenziellen
Empfängern herstellten oder in Emigrantenzeitungen auf die »Ehrengaben« einer »süddeutschen Stelle« hinwiesen, stets ohne den SDR zu
nennen.[157] Im Jahr 1952, in dem erstmals »Ehrengaben« vergeben wurden, kamen in London neben Schapire einige andere schreibende Exi-
lanten in den Genuss, möglicherweise vermittelt durch den Journalisten
Rudolf Pechel, Mitglied des SDR-Rundfunkrates, der als Chefredak-
teur der »Deutschen Rundschau« das NS-Regime kritisiert und drei Jahre Haft in verschiedenen Konzentrationslagern überlebt hatte, die Zeitschrift seit 1946 erneut herausgab und in der Exilschriftsteller-Szene gut

vernetzt war. Im Laufe der Jahre wurde in den wichtigsten Exilländern ein Stab von Vertrauensleuten aufgebaut, die den Künstlerfonds diskret in den Emigrantenkreisen bekannt machten und nach infrage kommenden Persönlichkeiten Ausschau hielten.[158]

Schapire bedankte sich brieflich für die überraschende Zuwendung aus Deutschland:

Sehr geehrter Herr Müller, Ihr Brief vom 19. ds. war mir eine ebenso große Überraschung wie Freude. Haben Sie herzlichen Dank für Ihre Absicht, mir eine Ehrengabe von 600 DM zugehen zu lassen. Da ich 78 Jahre alt bin, Herz und Augen keineswegs intakt sind und [ich] ganz auf meine Arbeit angewiesen bin, so ist dieser Betrag allerdings sehr willkommen. Es interessiert Sie vielleicht, dass ich auch in meiner neuen Heimat meinen alten Idealen treu geblieben bin und die gleiche Einsatzbereitschaft für deutschen Expressionismus habe wie 19… [unleserlich]. Vor wenigen Tagen habe ich eine ›one man show‹ von Schmidt-Rottluffs Graphik aus meinem Besitz (die erste in diesem Lande) mit dem Direktor der Gallery in Leicester verabredet. Diesem weißen Raben unter englischen Museums-Direktoren, der nicht glaubt, dass deutsche Kunst mit Dürer und Holbein endgültig und für alle Zeiten zu Ende ist! Ich werde die Ausstellung mit einem Vortrag eröffnen.

Mit aufrichtigem Dank und den besten Wünschen für ein friedliches neues Jahr

Rosa Schapire

Dr. phil.[159]

Zur Auszahlung der zweiten »Ehrengabe« kam es nicht mehr, da Schapire inzwischen verstorben war.

Mü/R.

London S.W.5. 24/12.52.
19 Bolton Gardens
Flat A.

Sehr geehrter Herr Müller,

Ihr Brief vom 19. ds. war
mir eine ebenso grosse Ueber-
raschung wie Freude. Haben
Sie herzlichsten Dank für Ihr
Abteilt mir eine Ehrengabe
von 600 DM. zugehen zu lassen.
Da ich 78 Jahre alt bin, Herz und
Augen keineswegs intakt sind
und ganz auf meine Arbeit
angewiesen bin, so ist dieser
Betrag allerdings sehr willkommen.

Es interessiert Sie vielleicht,
dass ich auch in meiner neuen
Heimat meiner alten Ideale
treu geblieben bin und die gleiche
Einsatzbereitschaft für deutsch-
en Expressionismus habe wie
19.? Vor wenigen Tagen habe ich
eine „one man show" von
Schmidt-Rottluffs Graphik
aus meinem Besitz (die erste in
diesem Lande) mit dem Direktor der Gallery in Leicester verabredet. Diesem weissen Raben
unter englischen Museums-
Direktoren, der nicht glaubt, dass
deutsche Kunst mit Dürer und

Brief Rosa Schapires an Friedrich Müller, 24. Dezember 1952[160]

»... dass es unter den englischen Galeristen einen weißen Raben gibt«

In ihrem Dankesbrief an den SDR sprach Schapire etwas an, was neben der Ehrung aus Deutschland zusätzlich dazu beigetragen haben mag, dass ihre »Todessehnsucht« im Jahr 1953 anscheinend weniger ausgeprägt war als in den Jahren zuvor: die überraschende und beglückende Neuigkeit, die sie kurz zuvor auch Schmidt-Rottluff überbracht hatte, dass es nämlich »unter den englischen Galeristen einen weißen Raben gibt, der die Absicht hat, in seiner Galerie eine Slg. deutscher Expressionisten zu gründen und sie als solche auszubauen. Dies ist Mr. Tomory, der Leiter der Galerie in Leicester.«[161]

Es ist klar, dass Schapire durch diese Nachricht wie elektrisiert war, und ebenso klar, dass sie sofort Kontakt zu ihm aufnahm. Sie lud ihn zu sich ein, um ihm ihre Sammlung zu zeigen,[162] und tatsächlich verlief der Besuch sehr vielversprechend:

[G]estern war also Mr. Tomory von der Galerie in Leicester bei mir. Er macht einen guten, stillen, bescheidenen Eindruck, keineswegs glänzend, aber ›glänzenden‹ Engländern bin ich bisher überhaupt nicht begegnet. Aber er hat ein sehr sicheres Gefühl für Kunst und weiß genau, was er will. [...] Seine Reaktion auf Deine Kunst war ausgezeichnet. Er durfte sich 10 Deiner Postkarten aussuchen, muss freilich bis zu meinem Tode darauf warten. [...] Viel wesentlicher ist aber (der Plan ging von ihm aus und wurde von mir lebhaft aufgegriffen), dass er in seinem Museum, wo 2 Räume für Ausstellungen vorgesehen sind, eine ›one man show‹ von Dir veranstalten will. Für etwa 60 große graphische Blätter ist Raum, ich würde sie leihen und zur Eröffnung einen Vortrag über Dich in Leicester halten. Ich finde, wir können mit dem Erfolg zufrieden sein. [...] Hier ist jedenfalls ganz anderes und echtes Interesse vorhanden als bei dem elenden Narren Rothenstein.[163]

Die gute Nachricht lockte sogar den sonst so zurückhaltenden Schmidt-Rottluff aus der Reserve, der auf Schapires Einsatz für die Bekanntmachung seiner Kunst in England und ihre treuen Berichte über Reaktionen auf seine Werke – etwa die wiederholte Nennung seines Namens in Rezensionen von Delbancos Fauves-Ausstellung[164] – meist mit keinem Wort einging. Dass sie sich bei ihm darüber beklagt hatte, war wohl auf fruchtbaren Boden gefallen, denn auf die Neuigkeit von der geplanten »one-man-show« im Leicester Museum and Art Gallery reagierte Schmidt-Rottluff mit einem Superlativ: »Zu Deinem Erfolg bei Mr. Tomory gratuliere ich herzlichst – es freut mich ganz außerordentlich, dass Deine andauernden Bemühungen endlich zu diesem Ergebnis geführt haben.«[165]

Die 78-jährige Schapire kniete sich voller Tatendrang in die Vorbereitung der Ausstellung. Einen Monat nach Peter Tomorys Besuch plante sie mit ihm die konkreten Einzelheiten, und sie regte an, neben den grafischen Werken aus ihrer Sammlung einige der von Schmidt-Rottluff bearbeiteten Natursteine aus den Jahren 1951/52, die sie selbst bisher nur von Fotos kannte, in Vitrinen auszustellen; denn es sei wichtig, »auch neue Arbeiten von einem jetzt Schaffenden, hier völlig unbekannten Künstler zu zeigen. […] Man könnte dann ja auch meine Plastik mit ausstellen, die ihn [Tomory] sehr beeindruckt hat.« Sie war froh, dass die Ausstellung im September stattfinden sollte, denn im Winter wäre sie mit ihrer »sehr reduzierten Kraft dieser ganzen Sache nicht gewachsen«. Ihr geschwächter Zustand hinderte sie nicht, schon über diesen Termin hinauszudenken und Tomory vorzuschlagen, die Ausstellung anschließend in einigen anderen Städten Englands zu zeigen, denn schließlich seien »die Museen in der Provinz fortschrittlicher als in London dank dem Obernarren Rothenstein […]. Und es wäre für den Arts Council sehr gesund zu sehen, dass es auch ohne ihn gehe.«[166]

Sie stellte fest, dass ihre »Energie […] trotz Alters und Todessehnsucht immer noch ganz erheblich« war, und verstand eben dies als den zentralen Inhalt und Antrieb ihres Daseins: »Was hätte das Leben auch sonst für einen Sinn für mich?«[167] Schmidt-Rottluff attestierte ihr, sie sei »ohne Zweifel von bewundernswerter Aktivität«, und er ließ sich trotz »umständlichster Versandformalitäten« darauf ein, die Steine nach Leicester zu schicken: »Ich habe Dich zwar im Verdacht, dass hauptsächlich Du die Steine sehen möchtest – u. eigentlich nur aus diesem Grunde hätte ich Anlass, sie zu schicken, trotzdem mir das zunächst etwas ungemütlich ist. […] ich werde mich bemühen, Dir den

Peter Tomory,
um 1960

Spaß nicht zu verderben.«[168] Doch Schapire bestand darauf, dass es in
erster Linie sachliche Beweggründe seien, die sie veranlassten, die Steine
ausstellen zu wollen: »Ich halte es nicht für richtig, wenn ein Künstler
seine erste one man show in einem fremden Lande hat, dass für seine
Arbeiten die Grenze 1927 ist, wenn man im Jahre 1953 lebt.«[169]

Mitten in die aufwendige Vorbereitung der Ausstellung platzte die
Nachricht, dass sie ihr Zimmer bei den vier jungen Berlinerinnen, aus
dem sie ursprünglich schon vor Weihnachten 1952 hatte ausziehen
sollen, nun endgültig zu Ostern 1953 verlassen müsse. Wieder einmal
entschieden andere über ihr Bleiben oder Gehen. »Es ist zum wütend
werden – aber damit ist es nicht getan. Auch nicht mit der Einsicht,
dass ich nie wieder solch einen wunderbaren Garten haben werde. [...]
Es ist eben ein Kreuz, wenn man nicht sein eigenes Heim hat.«[170] Die
Zimmerkündigung kam äußerst ungelegen, denn Schapires Gesund-
heitszustand war schlecht, sie war zerstreut, aus ihrer Sicht ein »Beweis,
wie kaputt meine Nerven z. Zt. sind«. Damit nicht genug – sie musste
erneut zur Untersuchung in die Augenklinik, da nun auch das rechte
Auge »für die Operation reif« war.[171] Zwischen Arztkonsultationen
und Ausstellungsvorbereitung organisierte sie ihren Umzug aus dem

Zimmer, in dem sie 20 Monate gelebt hatte – die längste Zeitspanne in
ihren letzten vier Lebensjahren. So dringend sie vor allem Ruhe gebraucht hätte – »Alle Reserven sind im Augenblick verbraucht«[172] –,
so wenig konnte sie es sich erlauben auszuspannen. Am 21. März 1953
zog sie in die nördlicher gelegene 74 Hornton Street, und sie war sehr
abgekämpft: »Ich hoffe, dies ist nun der letzte Umzug und möglichst
bald Schluss für immer.«[173]

Inzwischen machte die Vorbereitung der Ausstellung Fortschritte:
Tomory bestätigte den Empfang der Steine, die Schmidt-Rottluff aus
Berlin nach Leicester hatte senden lassen[174], und schickte einen Mitarbeiter nach London, der die Grafiken aus Schapires Sammlung einpacken und zur Galerie bringen sollte.[175] Bei der Auswahl musste sie
zwar allerlei organisatorische Hürden überwinden, aber die Beschäftigung mit den lange nicht gesehenen Arbeiten wurde zu einem bewegen-
den Erlebnis – fast wie zu einer Wiederbegegnung mit dem Künstler:

Das Heraussuchen der 40 Blätter, um ein charakteristisches Bild
Deiner Entwicklung in einem Land zu geben, in dem ich auf völlige
Unkenntnis Deiner und deutscher Kunst der Gegenwart rechnen
muss, war nicht ganz einfach […] Sie wurde dadurch erschwert,
dass einige wesentliche Blätter und Jahrgänge mir unzugänglich waren, da bei dem knappen Raum, unter dem ich in all den Jahren in
England leide, vielleicht etwa 300 Blätter bei mir sind und eine
ganze Kiste bei meinen ungarischen Freunden (vernagelt) steht. Die
war z. Zt. nicht erreichbar, da […] die Kiste so schwer ist, dass sie
ohne Umzugsmänner nicht von ihrem Platz transportiert werden,
aber auch auf dem Platz, auf dem sie steht, nicht geöffnet werden
kann und die Zeit plötzlich drängte. […] Es war eine große Arbeit
aber auch eine große Freude, und ich habe so viel und so intensiv an
Dich gedacht, dass ich oft dachte, Du müsstest es fühlen trotz aller
Trennung durch Zeit und Raum. Die Ausstellung wird wunderbar
sein, und es ist sehr schade, dass Du sie nicht sehen kannst.[176]

Die seit Monaten erwartete Nachoperation fand schließlich statt, wenn
auch mit fragwürdigem Erfolg, denn die Patientin konnte »wieder soviel (oder so wenig) sehen wie nach der Operation«.[177] Immerhin erfüllte sich ihre Befürchtung nicht, der Eingriff könnte sie daran hindern,

bei der Eröffnung der Ausstellung am 7. September den Einführungs-
vortrag zu halten,[178] und so ließ sie Schmidt-Rottluff kurz vorher wissen: »Es wird gedruckte Einladungen zu einer ›Private View‹ geben, die
englischer Sitte gemäß abends 7.30 vor geladenem Publikum stattfinden
wird. Ich werde dafür sorgen, dass Du einige Exemplare des gedruck-
ten Kataloges bekommst.«[179] Es näherte sich der große Tag, an dem sie
die Genugtuung erleben sollte, das Werk des verehrten Künstlers endlich in angemessenem Rahmen präsentiert zu sehen. Wo hatte sie nicht
überall für ihn geworben, gegen welche Vorbehalte hatte sie nicht an-
gekämpft, wem hatte sie nicht Kataloge seiner Ausstellungen vorgelegt
und Exponate aus ihrer Sammlung gezeigt …! Jetzt, nach vierzehn Jahren des Exils in England, in denen sie nie müde geworden war, sich für
seine Kunst einzusetzen, und in denen sie sich gegen manche Krän-
kung und Missachtung hatte behaupten müssen, war es so weit: Die
Kunst Schmidt-Rottluffs wurde in einer Einzelausstellung einem Land
bekannt gemacht, in dem man ihn und den deutschen Expressionismus
bisher kaum wahrgenommen hatte. Damit schloss sich für die Sammlerin und leidenschaftliche Förderin ein Kreis, der 45 Jahre zuvor bei
ihrer ersten Begegnung mit ihm seinen Anfang genommen hatte.

Schon zwei Tage vor der Eröffnung[180] fuhr sie nach Leicester, da sie
im Auftrag von Penguin über die Grafschaft Leicestershire gearbeitet
hatte und nun die dortige Bibliothek besuchen wollte.[181] Tatsächlich
erfüllte die Ausstellung voll und ganz ihre Erwartungen, und so
schickte sie an ihrem 79. Geburtstag einen überschwänglichen Bericht
an Schmidt-Rottluff:

Wie hätte ich Euch gewünscht, Deine Ausstellung zu sehen! Sie ist
überwältigend. Sämtliche Graphik gerahmt unter Glas hängt vorzüg-
lich und wirkt großartig. Die Steine eingelassen in 3 Tafeln mit far-
bigem Hintergrund. Tomory hatte Angst, ihre Wirkung würde in
Glasvitrinen leiden und natürlich auch Angst, sie könnten ohne
Schutz verschwinden, daher diese Lösung, gegen die mancherlei zu
sagen ist, aber die doch gut ist. Am stärksten erscheinen mir die
großen Akte und die beiden kleinen Köpfe, die nicht als Relief sondern als Vollfiguren behandelt sind. Michelangelos Wort, dass jede
Figur im Stein beschlossen ist und es sich nur darum handelt, sie ›zu
erlösen‹, wurde mir sehr lebendig.[182]

Nicht nur, dass die Präsentation der Werke die Kunsthistorikerin in Schapire überzeugte und faszinierte – die Ausstellung war für sie auch in sozialer Hinsicht ertragreich. Zunächst fand sie in dem fast 50 Jahre jüngeren Galeristen, den sie während ihres zehntägigen Aufenthaltes[183] täglich sah, einen neuen Freund: »Tomory ist in seinem Enthusiasmus für Kunst und besonders deutschen Expressionismus ein Prachtkerl und ich habe mich lange mit niemand so gut verstanden und so befreundet wie mit ihm.« Sie fand, dass er seine Sammlung, so klein und bescheiden sie auch war, ausgezeichnet arrangierte, und da ihm nur ein sehr begrenzter Ankaufetat zur Verfügung stand, plante sie, Schmidt-Rottluffs *Hockenden Mann* schon jetzt zu stiften.[184]

Hinzu kam, dass auch sie selbst bei der Eröffnung ein positives Echo fand und ihr Netzwerk aus Kunstinteressierten wieder einmal erweiterte: »Mein Vortrag hat <u>sehr</u> gut gewirkt. Ein ganz kleines Auditorium, aber ein sehr empfängliches. Die besten darunter waren fünf Menschen, die aus Nottingham […] im Auto gekommen waren und die mich auch in London besuchen werden.«[185]

Am wichtigsten aber dürfte ihr ein ungewöhnlich offener und warmherziger Brief Schmidt-Rottluffs gewesen sein, geschrieben am Tag vor der Ausstellungseröffnung, der jene Resonanz enthielt, die sie sich so oft vergeblich von ihm gewünscht hatte:

[O]b die Besichtigung der Steine Dir wirklich soviel wert war, wage ich nicht anzunehmen. Ich werde mit dem Alter öfter recht misstrauisch meiner Arbeit gegenüber – sicher war ich das auch in jüngeren Jahren – aber da hatte man noch die Hoffnung, man würde vieles noch einmal besser machen können – eine Hoffnung, die einem im Alter versagt ist. Du fehlst mir öfter recht sehr – es gibt niemanden mehr, dessen Urteil mir wertvoll sein könnte – bei Dir war ich gewiss, dass Du Deine wahre Meinung sagtest – von wem könnte ich das heute erwarten? Höfliche Worte – oder ganz schmutzige und nicht das was ich hören mag – und so muss ich mit meinen Zweifeln allein fertig werden – und wenn ich's sonst nicht gewusst hatte, so musste ich jetzt erkennen, was ich an Deiner Anteilnahme gehabt habe u. in diesem Sinne möchte ich Dir einmal meinen Dank ausdrücken dürfen.[186]

11. 9. 53.

Ob Du wohl ahnst, Du mein lieber „alter" Karl, was mir Dein Brief bedeutet? Du bist so hart und ver- halten und nun kommt solch ein Brief! Es ist gar nicht auszudenken, wenn die Post mir den vorent- halten hätte!! Dass ich Dir zuweilen fehle und dass Du es sogar schreibst — es hat mich überwältigt. Aber Du darfst mir glauben: nichts hat in meinem Leben so viel bedeutet, hat so an mir ge- formt wie Du und Deine Kunst. In meinem Vortrag sagte ich: ich sei mit den Schwierigkeiten die in die Kunst eines Menschen einzu- führen, den sie wohl kaum auch nur dem Namen nach kennen, wohl bewusst. Nicht sie seien darum zu tadeln sondern die deutsche Regier- ung, die nach zwei Welt- kriegen noch nicht begriffen hätte, dass die Weltreiche mit Kanonen zu erobern seien nur Künstler, das wisse Frank- reich schon sehr lange, und England seit 49. (Henry Moore.) Aber all die Bedenken seien abgefallen, als ich in die kunst kam. Als ich Dein

Brief Schapires an Schmidt-Rottluff,
11. September 1953, Karl und Emy Schmidt-Rottluff Stiftung

Es scheint, dass Schmidt-Rottluffs Worte bei Schapire einen Nerv trafen. Jedenfalls lässt ihr Antwortbrief erkennen, wie sehr sie, die dem Künstler stets freigiebig und ungeschützt maximale Bestätigung zollte, ihrerseits nach seiner Anerkennung hungerte. Denn sie nahm seine so rar, so ausnahmsweise geäußerte Wertschätzung, kaum dass sie ausgesprochen war, zum Anlass, sich erneut zu der alles überragenden Bedeutung zu bekennen, die er und seine Kunst in ihrem Leben hatten:

Ob Du wohl ahnst, Du mein lieber ›alter‹ Karl, was mir Dein Brief bedeutet? Du bist so karg und so verhalten und nun kommt solch ein Brief! Es ist gar nicht auszudenken, wenn die Post mir den vorenthalten hätte! Dass ich Dir zuweilen fehle und dass Du es sogar schreibst – es hat mich überwältigt. Aber du darfst mir glauben nichts hat in meinem Leben soviel bedeutet, hat so an mir geformt wie Du und Deine Kunst. In meinem Vortrag sagte ich: ich sei mir der Schwierigkeiten sie in die Kunst eines Menschen einzuführen, den sie wohl kaum auch nur dem Namen nach kennen, wohl bewusst. Nicht sei mir darum zu tadeln, sondern die deutsche Regierung, die nach zwei Weltkriegen noch nicht begriffen hätte, dass die Welt nicht mit Kanonen zu erobern sei, die Sendboten seien nur Künstler, das wisse Frankreich schon sehr lange, und England seit 49. (Henry Moore) Aber all die Bedenken seien abgefallen, als ich in die Ausst. kam. Als ich deine Arbeiten 1908 zum ersten Mal gesehen hätte, da hätte ich das erlebt, was man im religiösen Sinne ›Offenbarung‹ nennt. Alle Dinge bekommen einen neuen Sinn, ihren eigentlichen, Schleier zerreißen und man sieht hinter sie. […] Und wenn man erlebt hätte, dass Kunst aus religiösen Sphären stammt, dass sie voller Mystik und Offenbarung sei, wenn sie groß ist, dann erscheine einem abstrakte Kunst mit ihren Linien und Punkten wie törichtes Kinderspiel. – Und Du darfst mir glauben, das hat gewirkt, denn die Menschen haben gefühlt, dass es erlebte Wahrheiten sind.[187]

Zurück in London, wollte sie sich von den Strapazen erholen. Erfreut berichtete sie Schmidt-Rottluff, dass der »Manchester Guardian« einen positiven Bericht über die Ausstellung in Leicester gebracht habe. Sie beschaffte den Artikel, sandte ihn nach Berlin und lud den Autor, den Kunsthistoriker Albert Charles Sewter, Professor an der Universität

A GERMAN SCULPTOR

Schmidt-Rottluff's Carvings
at Leicester

LEICESTER, WEDNESDAY.

Karl Schmidt-Rottluff, the sole surviving member of that group of German expressionist artists who in 1905 founded the influential group known as "Die Brücke," is having his first one-man show in England at the Leicester Museum and Art Gallery. The show consists of a well-selected chronological series of woodcuts, etchings, and lithographs dating from 1906 to 1927, all of them lent from the collection of Dr Rosa Schapire, and a score of small, carved, chalk or limestone pebbles. These apparently represent a post-war development of Schmidt-Rottluff's work, and they are both more primitive and more calm in effect than most of his earlier creations. Vaguely reminiscent both of Gauguin's sculpture and of early Mexican carvings, they none the less have a distinctive character and an appealing simplicity and vitality. Their small size—the biggest is only eighteen centimetres long—should not be allowed to hide the fact of their exceptional quality. They strike one like something brought back either from the remote antiquity of some ancient civilisation or from the deepest and most elemental layers of human consciousness. They are a sort of universal fetish, a votive object of the cult of man.

It is fitting that Leicester should act as host to this exhibition and endeavour to make the public more adequately aware of German expressionist art, for Leicester, almost alone among British provincial galleries, owns characteristic examples by Franz Marc, Emil Nolde, Lyonel Feininger, and Max Pechstein. It is a pity that the complications of import regulations have made it impossible for any items from the present show to remain here.   A. C. S.

Manchester Guardian vom 24. September 1953,
Karl und Emy Schmidt-Rottluff Stiftung

DER *Ausschnitt* Berlin-Lichterfelde · Frauenstr. 5
BÜRO FÜR ZEITUNGSAUSSCHNITTE

Ein Ausschnitt aus

DER TAGESSPIEGEL

UNABHÄNGIGE BERLINER MORGENZEITUNG

Erscheinungsdatum : **8.10.53**   Nr.:

BERLIN-TEMPELHOF, MARIENDORFER DAMM 1/3 · TELEPHON 75 02 41

Schmidt-Rottluff-Ausstellung in Leicester. Die seit 1939 in England lebende deutsche Kunsthistorikerin Rose Schapire hat Bilder und Graphiken Schmidt-Rottluffs aus ihrem eigenen Besitz und Leihgaben von neueren Werken des Künstlers in Leicester zu einer Ausstellung zusammengestellt. Obwohl von kleinem Umfange, ist die Ausstellung von hoher Qualität und findet lebhaften Widerhall.

Der Tagesspiegel (Berlin) vom 8. Oktober 1953,
Karl und Emy Schmidt-Rottluff Stiftung

von Manchester, zu sich ein, denn: »Man muss das Interesse bei Engländern fördern.«[188] Auch in Deutschland gab es ein lebhaftes Echo, wie Schmidt-Rottluff feststellte: »Die Ausst. in Leicester scheint übrigens etliche deutsche Gemüter beträchtlich aufgeregt zu haben – es scheint durch viele Zeitungen gegangen zu sein.«[189] Das Projekt war also ein Erfolg: Schapires Einsatz hatte sich gelohnt, sie hatte Schmidt-Rottluff zu erstem Ruhm in Großbritannien verholfen und auch sein Ansehen in Deutschland erneut gefördert.

»Nur sich nicht überleben – dies ist das schlimmste«

Der Kraftakt, den sie sich zugemutet hatte, blieb nicht ohne Folgen. Sie war erschöpft, und alles strengte sie maßlos an.[190] Erneut waren es die Augenprobleme, die sie umtrieben. Die Ärzte weigerten sich mit Rücksicht auf ihr Alter, nun auch das rechte Auge zu operieren,[191] sodass die Hoffnung auf eine langfristige Besserung ihrer Sehfähigkeit endgültig zerstob. Wie so oft in diesen Jahren kam auch diesmal ein Unglück nicht allein: Wenig später erfuhr sie, dass ihre unfreiwillige Wohnungs-Odyssee noch keineswegs zu Ende war und dass sie erneut auf Zimmersuche gehen musste.[192] Und so bestand ihre Unterkunft in Hornton Street – die sechste – gerade mal für die Dauer von acht Monaten, denn ab dem 28. November 1953 lautete ihre Adresse 31 Nevern Place,[193] dies ein Umstand, der auch Schmidt-Rottluff »wirklich erschüttert – das ist schon mehr als ein Kreuz nach Golgatha zu tragen«.[194]

Immerhin kehrte sie damit in den Distrikt Earls Court zurück, in dem sie schon zweimal gelebt hatte und der ihr vertraut war, und so konnte sie auch der neuen Wohnsituation etwas Positives abgewinnen: »Der Umzug ging gut von statten und nun […] bin ich richtig froh, dass Hornton Street hinter mir liegt. Ich bin in jeder Beziehung die Treppe raufgefallen, das Zimmer ist schöner, alles hängt ausgezeichnet, Lage und Verbindung zur V & A Library, die ich als meine zweite Heimat betrachte, so günstig wie noch nie.«[195] Zwar hatte sie es »reichlich satt, auf einen Raum angewiesen zu sein und Badezimmer und Toilette mit soviel Menschen teilen zu müssen u.s.w.«,[196] doch sie genoss es, dass ihr – ein unfassbarer Luxus – heißes Badewasser in unbegrenzter Menge zur Verfügung stand, und sie machte sich neue Hoffnung: »Ich beginne zu glauben, dass dies mein letzter Umzug ist!!!!!«[197]

In der Tat blieben ihr nur noch knapp zwei Monate zu leben. Sie ging wie gewohnt ihrer Arbeit nach und hielt stets Augen und Ohren offen, ob irgendwo in der Kunstszene Schmidt-Rottluff erwähnt wurde. Sie sandte ihm eine Ausgabe der Zeitschrift »Studio«, auf deren Titelseite eines seiner Aquarelle zu sehen war, und berichtete ihm, dass zwei seiner Plastiken aus ihrer Sammlung in E. H. Ramsdens neuem »Buch über europäische Plastik der Gegenwart«[198] abgebildet waren. Sie machte sich die Mühe, in der Bibliothek einen Abschnitt daraus abzuschreiben,

um ihn dem Freund zu schicken, handelte es sich doch bei dieser Publikation – wie sie mit Stolz und zu Recht bemerkte – um den »Beweis, dass es auch hier zu tagen beginnt. Dazu hat die Emigrantenin-
vasion nicht wenig beigetragen.«[199] Schmidt-Rottluff bestärkte sie in
dieser Überzeugung:

> Dass übrigens in dem Buch über neue Plastik […] soviel von meinen
> kleinen Plastiken gesagt worden ist, war mir natürlich auch eine rechte
> Überraschung. Ich führe das allerdings auf Deine lange Wirksam-
> keit in England zurück und das ist etwas, worüber ich mich sehr zu
> freuen vermag. Körner, die ausgestreut werden in der Ungewissheit,
> ob je etwas davon aufgeht und schließlich doch irgendwo.[200]

Im Dezember wurde sie von Schmidt-Rottluff mit einem Paket voller
Köstlichkeiten aus Deutschland verwöhnt, und sie war »sehr gerührt
[…]. Es ist ja mit den schönen Nürnberger Lebkuchen und dem Mar-
zipan ein richtiges Weihnachtspaket!« Wieder einmal richtete sie sich
in einer neuen Unterkunft ein, sie besorgte sich – erneut ein Weihnachtsgeschenk von Elsa Delbanco – »bei einem Althändler einen Tisch und
in Proportionen dazu gehörigen Stuhl«. Sie war immer zuversichtlicher,
dass ihr neues Zimmer »wirklich ein Dauerheim wird«, denn:

> Meine Wirtsleute haben den selben Wunsch, es ist eben ein Unter-
> schied, ob man bei gebildeten Menschen wohnt oder nicht. Ich hatte
> sie gestern Abend bei mir zum Tee, namentlich er ist für Deine Bil-
> der glühend interessiert und hat prachtvoll auf alles reagiert. Er sagte
> auch von sich aus, das Zimmer hätte ja durch die Bilder einen völlig
> anderen Charakter bekommen. Wir werden mit solchen Betrachtun-
> gen fortfahren.[201]

Zweimal traf sie sich mit Hanna Bekker vom Rath, der sie durch ihre
Liebe zu Schmidt-Rottluffs Kunst verbunden war. Die wohlhabende
Malerin und Kunstsammlerin war seit 1930/31 eng mit dem Künstler
befreundet und neben Schapire eine seiner wichtigsten Förderinnen.
Während der NS-Diktatur hatte sie in ihrer Berliner Atelierwohnung
in der Regensburger Straße und in ihrem »Blauen Haus« in Hofheim
(Taunus) heimlich Ausstellungen mit Werken von Schmidt-Rottluff und

Hanna Bekker vom Rath
vor Karl Schmidt-Rottluffs
Gemälde Nächtlicher Mittelmeer-
hafen (1930, Öl auf Leinwand,
97 × 112 cm) Museum Wiesbaden,
um 1954, Foto: Tita Binz[202]

Haus mit Schmidt-Rottluffs
Atelieretage in Hofheim,
um 1959,
Foto: privat

anderen verfemten Künstlern veranstaltet, außerdem hatte sie ihr Atelier in dem abgeschieden gelegenen Domizil mit verfolgten Künstlerinnen und Künstlern geteilt, die hier einen verborgenen Schutzraum zum
Arbeiten fanden, neben Schmidt-Rottluff und Erich Heckel zahlreiche
weitere.[203] Auch Schapire war dort früher zu Gast gewesen. Nach dem
Krieg hatte Bekker vom Rath in ihrem Garten ein Haus mit einer sepa-
raten Etage für Schmidt-Rottluff eingerichtet, in der er und seine Frau
bis 1974 jedes Jahr mehrere Wochen verbrachten.[204]
    Mit dem Ziel, deutsche bildende Künstler im Ausland bekannt zu
machen, unternahm die Mäzenin in den 1950er Jahren Ausstellungs-
reisen auf den nord- und südamerikanischen, den afrikanischen und
den asiatischen Kontinent.[205] Auf dem Rückflug von ihrer ersten Aus-
stellungsreise nach Südamerika, auf der sie neben Schmidt-Rottluff
und anderen Expressionisten auch Künstler der jüngeren Generation
präsentiert hatte, legte sie einen Zwischenstopp in London ein. Schapire, die schon in der Hamburger Osterbeckstraße von ihr Besuch bekommen hatte,[206] empfing sie in ihrem Zimmer in 31 Nevern Place

und war gespannt, aus erster Hand eine Schilderung des Lebens von Karl und Emy Schmidt-Rottluff zu erhalten:

> Das Wiedersehen nach beinahe 20 Jahren hat uns beiden sehr viel Freude gemacht, sie ist ja doch eine sehr famose lebendige Frau und hat ihr Leben gut neu aufgebaut. Endlich jemand, der mir von Euch zu erzählen wusste, Eure Wohnungsverhältnisse hatte ich mir doch etwas besser vorgestellt – ist gar keine Möglichkeit vorhanden, wo in Deutschland soviel gebaut wird, eine bessere, geräumigere und abgeschlossene Wohnung zu finden?[207]

In ihrem letzten Brief vor Weihnachten dankte sie Schmidt-Rottluff für ein Paket, das Bekker vom Rath »mit rührender Sorgfalt« in seinem Auftrag zusammengestellt hatte, »aber Du verwöhnst mich viel zu sehr und mein Einspruch ist vergebens«. Es scheint, dass viele Menschen Schapires Gesellschaft schätzten, vielleicht schon fast zu viele, jedenfalls war dieses Schreiben mit etwa vierzehn maschinengetippten Zeilen ungewöhnlich kurz: »heute nur dies, meine Korrespondenz ist uferlos [...] ich habe soviel Einladungen, dass ich nur darauf bedacht bin, was ich davon absagen kann, denn es geht buchstäblich über meine Kraft.«[208]
Um die Jahreswende wollte ein weiterer alter Freund aus Deutschland sie besuchen, leider unangemeldet, sodass sie ihn zu ihrem großen Bedauern verpasste: der Altphilologe Bruno Snell, vor ihrer Emigration geistiger Mittelpunkt der wöchentlichen Treffen gleichgesinnter Künstler und Kunstfreunde in ihrer Wohnung in der Hamburger Osterbeckstraße.[209] Auf der Durchreise in die USA tauchte er bei ihr auf,

> unter Hinterlassung eines so fabelhaften Obstkorbes, wie ich ihn selbst in den Tagen meines Hamburger Glanzes so großartig nicht bekommen habe. [...] Von all meinen deutschen Freunden hat sich niemand in der Nazizeit so fabelhaft benommen wie Snells, und er war als bekannter Demokrat, nicht Mitglied der Partei und Universitätsprofessor ja gerade gefährdet genug. Ich werde ihnen dies nie vergessen.[210]

Wenige Tage darauf berichtete sie, die Ärzte hätten ihr »zehn Tage Hausarrest« verordnet, denn es gehe ihr

Bruno Snell (o. J.)

wirklich wieder einmal hundeelend. Die Augen bedürfen dringend einer Nachoperation […] Und das Herz ist so rebellisch […]. Aber ich habe diese ganze Sache in einer Weise satt, für die ich keine Worte mehr habe und wünsche mir nur eines, Schluss, ein vernünftiges gesundes Leben werde ich ja doch nicht mehr führen können.[211]

Trotzdem bat sie Schmidt-Rottluff, ihr den Katalog zu einer Sonderausstellung »Deutsche Bilder aus Polen« zu schicken, über die sie in »Die Weltkunst« vom 1. Januar 1954 die Notiz gefunden hatte, dass die polnische Regierung plane, dem »deutschen Volk« über hundert Gemälde deutscher Meister als Geschenk zu übergeben.[212] Darüber wollte sie in »The Connoisseur« berichten.[213] In derselben »Die Weltkunst«, die auf den Tag genau einen Monat vor ihrem Tod erschien, tauchte ihr eigener Name dreimal auf: unter den Rezensionen einer 1953 erschienenen Publikation über die Canterbury Cathedral und einer Ausstellung russischer Emigranten aus Paris sowie unter einer Notiz über »Bazarbilder aus Calcutta«, im letzten Fall unterzeichnet mit dem Kürzel »R. Sch.«.[214]

Bis zu ihrem nächsten Brief – dem vorletzten – verstrich die ungewöhnlich lange Zeitspanne von zehn Tagen. Da es ihr nach wie vor nicht gut ging, wurde ihr »Hausarrest« um weitere acht Tage verlängert. Doch immerhin konnte sie berichten, dass sie Bruno Snell nun doch noch gesehen hatte – »das war für uns beide eine große Freude«.[215]

Noch einmal erinnerte sie sich daran, dass sie im Herbst 1946 in der Städtischen Kunstsammlung zu Chemnitz bei Schmidt-Rottluffs erster Einzelausstellung nach dem Krieg »totgeschwiegen« worden sei: »Ich möchte wirklich wissen, wer dafür verantwortlich ist, Schreiber-Weigand oder der Narr Otto Jäger, der noch die Stirn hatte, mich in London aufzusuchen – aber in London bin ich ja stubenrein!«[216] In einer früheren brieflichen Kontroverse hatte Schmidt-Rottluff sie nicht von der Überzeugung abbringen können, dass sie aus antisemitischen Motiven übergangen worden sei, und ihre Erbitterung war nie vergangen.[217] Eine Woche vor ihrem Tod schrieb sie ein letztes Mal an Karl und Emy Schmidt-Rottluff. Zwar hatte sie immer noch »Stubenarrest«, doch sie hoffte, am nächsten Tag daraus entlassen zu werden. »Jedenfalls hat sich die Behandlung gut bewährt, die geschwollenen Beine sind wieder in Ordnung und mein Herz hat sich sehr beruhigt.« Im Unterschied zu manchen ihrer Schreiben aus dem Krisenjahr 1951, in dem ihre Augenprobleme und die Wohnsituation eskalierten, war dieser Brief außerordentlich klar formuliert. Nach drei Wochen ärztlich verordneter Ruhe, die sie stabilisiert hatten, schmiedete sie Pläne für ein neues Projekt und korrespondierte mit Institutionen in Deutschland:

Mit Schloss Celle, der Verwaltungsstelle eines Teils der Berliner Museen stehe ich bereits in reger Verbindung. Sie haben bereits seit 1946 21 Ausstellungen veranstaltet, aber das ist ja auch Westzone, außerdem ist ein früherer Bekannter aus Hamburg, Dr. Brauer, dort tätig […]. Für mich kommt im Augenblick in der Hauptsache das Museum in Pillnitz in Frage, das Bilder des 18., 19. und 20. Jdts. aus Dresden birgt, die den Russen vermutlich nicht gut und interessant genug waren. Von dort habe ich noch keine Antwort, aber ich weiß nicht, ob es von dort aus auch Luftpost für den Verkehr mit England gibt. Es wäre sehr schade, wenn der ganze Plan infolge mangelnder Unterstützung aus Deutschland scheitern würde. Jedenfalls wäre ich Euch für alle Pressenotizen, deren Ihr habhaft werden könnt, dankbar.[218]

Am 1. Februar 1954, einem rauen, stürmischen Tag, nahm Schapire trotz besorgter Warnungen ihres Arztes den weiten Weg zur Tate Gallery auf sich.[219] Sie wollte dort Ronald Alley sprechen, den jungen Kurator, mit dem sie seit 1952 durch die Bewunderung für Schmidt-

Rottluffs Kunst und die gemeinsame Versenkung in dessen Werke freundschaftlich verbunden war. Doch der erhielt statt ihres Besuchs einen Anruf vom Empfang in der Eingangshalle: »Hier ist eine Besucherin für Sie, ich glaube, sie ist tot.«[220] Schapire hatte einen Schwächeanfall erlitten und war zusammengebrochen. Man brachte sie zum Westminster Hospital, das damals nur wenige Hundert Meter von der Tate entfernt lag. Auf dem Weg dorthin hörte ihr »rebellisches« Herz zu schlagen auf. Genau das, was sie immer und immer wieder herbeigesehnt hatte, war ihr vergönnt: »Mitten aus seiner Arbeit herausgerissen werden, ohne sich in Krankheit und Alter zu überleben – nichts wünsche ich mir so sehr wie solch ein Ende, und ich hoffe, das Schicksal wird soviel Gnade haben, mich nicht einen Tag länger leben zu lassen als ich arbeiten kann.«[221]

Erneut erwies sich Gustav Delbanco als treuer Freund. Er suchte das Hospital auf, um von der Verstorbenen Abschied zu nehmen, und da er fand, dass »der Kopf so schön« aussah, beauftragte er einen Bildhauer, eine Totenmaske von ihr zu nehmen. Nachdem er zunächst Schmidt-Rottluff und den Anwalt Dr. Stumme benachrichtigt hatte, bat er Willem Grimm, in Deutschland die anderen Freunde zu informieren. Auch um die Trauerfeier kümmerte er sich, denn

da es doch eine Reihe von Menschen gibt, die in diesem Augenblick des fixierten Abschieds da sein möchten, werden wir uns im Krematorium versammeln und Pevsner, der früher Professor für Kunstgeschichte war und für dessen Cicerone durch die Architektur Englands Rosa in den letzten Jahren arbeitete, wird einige Worte sprechen.[222]

Am 8. Februar wurde Schapires Leichnam in dem überkonfessionellen Golders Green Crematorium verbrannt, ihre Asche im dortigen Garden of Remembrance verstreut.[223]

6. Nachrufe

In seiner Todesbotschaft an Willem Grimm ging Delbanco auf Schapires Lebensüberdruss ein:

Als ich die Nachricht erhielt, war ich fast froh, dass sie so schmerzlos aus dem Leben, dem sie so gerne den Rücken kehren wollte, genommen wurde. [...] Rosa war ja in der Tat eine erstaunliche Person, denn selten trifft man solche Willenskraft, solch nie versiegenden Enthusiasmus, solche Aufrichtigkeit, wie sie sie hatte. Am rarsten war vielleicht ihr unerschütterlicher Glaube an S.-R., der doch wirklich über 50 Jahre hielt; wie beneidenswert, einen Gott auf dieser Erde zu haben. [...] Sie wäre dies Jahr im September 80 Jahre alt geworden. Dabei hatte sie vor ein oder zwei Jahren eine Staroperation durchgemacht, ihre Augen waren sehr schlecht, und sie hatte sehr mit ihrem Herzen zu tun. Aber mit eisernem Willen hielt sie durch, ging selbst in der Dunkelheit aus, arbeitete den ganzen Tag in der Bibliothek.[1]

Bei Schmidt-Rottluff dürfte Delbancos Nachricht ungefähr eine Woche nach Schapires letztem Brief eingetroffen sein, in dem sie noch von neuen Plänen gesprochen hatte. Er antwortete Delbanco:

Der Umstand, dass der Tod sie im Museum erreicht hat, ist geradezu ein symbolischer Abschluss ihres Lebens – sie war so sehr mit der Kunst verwachsen. Es ist eine Gnade, wenn sie nicht erst hat leiden müssen – denn immer wieder stand in ihren Briefen, wie sehr sie das Ende herbeiwünsche und wie schwer es die letzte Zeit für sie gewesen sei, den täglichen Arbeitspflichten nachzukommen und das bei einem fast nicht mehr zu begreifenden Interesse für alles Geschehen auf künstlerischem Gebiet. Was es für mich bedeutet sie nicht mehr am Leben zu wissen, brauche ich Ihnen nicht zu sagen, man erlebt nicht ein 2tes Mal, dass ein Mensch eine so intensive Anteilnahme an einer Entwicklung nimmt – das war der besondere Glücksumstand in meinem Leben, der mich gewiss oft bedrückt hat aus dem kritischen Zweifel heraus, ob meine Arbeit wohl einer solchen Anteilnahme gerecht werden kann. [...] Rosa hat mir öfter berichtet, wie

sich Ihre Mutter um sie gekümmert und ihr hilfreich zur Seite gestanden hat [...]. Ich möchte Ihnen allen herzlichst dafür danken.[2]

Einen (unveröffentlicht gebliebenen) Nachruf verfasste Agnes Holthusen, nahe Freundin der Verstorbenen:

Rosa Schapires bewegtes Gesicht war der Spiegel ihrer inneren Haltung: geistige Leidenschaft und warme Humanität. Trotz aller Bitterkeit ihrer Erfahrung sagte sie Ja zum Leben im umfassendsten Sinn
und ebenso zur Kunst. Kunstgeschichte bedeutete für sie wie für Mal-
raux ›die Geschichte dessen, was photographierbar ist‹. Ihre charak-
tervolle, unerschrockene Vitalität ließ sie vorherbestimmt erscheinen
als Werberin für den jungen deutschen Expressionismus, insonder-
heit für die ›Brücke‹ und Karl Schmidt-Rottluff. In der Emigration
wurde sie dann zur Mittlerin deutscher Kunst im allgemeinen und im
besonderen durch ihre Mitarbeit an den Zeitschriften Architectural
Review, Eidos, Connoisseur und die Weltkunst. Das Gastland dankt
ihr hingebungsvolle Mitarbeit an dem Handbuch ›The Buildings of
England‹ (Penguin-Verl.) Ihre letzte große Liebe galt Albert Schweit-
zer. Denn wie dieser hatte sie es sich zur Maxime gemacht: ›Der Einzelne vermag außerordentlich viel, vorausgesetzt, dass er guten Willens
ist und die Bereitschaft hat, sich wirklich einzusetzen.‹ (Aus einem
Brief von 1950).[3]

In »Die Weltkunst« erschien zwei Wochen nach ihrem Tod unter der
Überschrift »Dr. Rosa Schapire †« ein Nachruf, der einen Überblick
über die wichtigsten Lebensstationen der geschätzten Wissenschaftle-
rin gab und auf ihre besonderen Verdienste einging:

Unsere Londoner Mitarbeiterin, Frau Dr. Rosa Schapire, ist am 1. Februar im 80. Lebensjahr in London verstorben. Die ›Weltkunst‹ ist
durch diesen Verlust besonders betroffen. Frau Dr. Schapire hat uns
seit Jahren über die englischen Kunstereignisse sowohl journalis-
tisch wie kunsthistorisch in immer stichhaltiger und interessanter
Weise berichtet. Dazu befähigte sie vor allem ihre in einem langen
Leben erworbene große Sachkenntnis und ihre Leidenschaft für die
Kunst, die sich vor allem auch in einem ständigen Mitgehen mit den

neuesten Bewegungen im künstlerischen Leben Ausdruck gab. Es ist
unvergessen, was Frau Dr. Schapire für den deutschen Expressionismus in einer Zeit publizistisch gewirkt und erreicht hat, als noch niemand an die Zukunft einer heute schon klassisch gewordenen Kunst
glauben wollte. [...] Bis in die letzten Lebenstage hinein war Frau
Dr. Schapire lebhaft bei der Arbeit und produktiv, wie es wenigen
Menschen in so hohem Alter gegeben ist. Mit unseren Lesern beklagen wi[r] schmerzlich den Verlust eines feinen Menschen und hoch-
begabten Kunstkenners und -kritikers.[4]

Ihr früherer Auftraggeber Nikolaus Pevsner, der ihre Mitarbeit in seinem Langzeit-Projekt *The Buildings of England* und in seiner Zeitschrift »Architectural Review« zu schätzen gewusst hatte, hob in seinem Nachruf in der »Kunstchronik« hervor, dass »(e)ine lange und
warme Freundschaft [...] sie seit seinen frühesten schöpferischen Jahren mit dem zehn Jahre jüngeren Karl Schmidt-Rottluff (verband), dessen graphisches Werk sie katalogisierte (1924)«.[5]
   Auch in ihrer alten Heimat wurde sie gewürdigt. Im »Hamburger
Abendblatt« schilderte ihre frühere Englischlehrerin Barbara Herrmann,
mit deren Hilfe sie sich auf die Emigration vorbereitet hatte, die im-
pulsive, lernbegierige Kunstliebhaberin:

Zuerst hatten wir eine kleine Auseinandersetzung. Frau Schapire
konnte eigentlich überhaupt noch kein Englisch, wollte aber sofort
Linklaters ›Don Juan in Amerika‹ lesen. [...] Sie war voller Wärme
und hatte eine ungeheure Vitalität. [...] Ihre Intelligenz war messerscharf. Dumme Leute hasste sie, aber wenn es einem schlecht ging,
half sie. [...] Sie hat mich entscheidend beeinflußt [...]. Weil sie so
groß war in allem, über den Dingen stehend – und doch so eine
zierliche Person in ihrem schwarzen Spitzenkleid und dem kurzen
silbernen Haar.[6]

Der Wochenzeitung »Die Zeit« mit Sitz in Hamburg war ihr Tod lediglich eine kurze Notiz (mit falscher Altersangabe) wert:

Rosa Schapire, die bedeutende Kunsthistorikerin, ist dieser Tage, drei-
undachtzigjährig, in London gestorben. Sie war eine temperament-

Donnerstag, 4. Februar 1954 - Nr. 29

Ein guter Mensch — und mutig

Begegnung mit Rosa Schapire/Von BARBARA HERRMANN

In der L o n d o n e r Tate Galery ist, wie schon kurz gemeldet, die Kunsthistorikerin Dr. Rosa S c h a p i r e, einst Dozentin an der Hamburger Volkshochschule, einem Schlaganfall erlegen. Diese Erinnerung an die verdiente Wegbereiterin des Malers Schmidt-Rottluff wird manchen älteren Leser interessieren.

Damals war ich zwanzig Jahre alt. Rosa Schapire wohnte in der Nähe des Hofwegs. Einer der Herren, die bei mir Englischunterricht nahmen, ein Arzt, hatte mich gebeten, zu ihr zu gehen und sie zu unterrichten. „Honorar wird sie Ihnen kaum bezahlen können, aber Sie werden einiges lernen!"

Ich lernte viel. Sie führte mich in ein Zimmer, das mich zunächst mit Bestürzung erfüllte. Ich sehe mich noch fassungslos vor einer Art Büfett stehen; grelle, gelbe Blitze zuckten aus dem Oberteil schräg in den Fußboden hinein, aus lila-dunkelgrünem Gewölk kommend. Ich stand auf einem Teppich, dessen Grundton grau war; nur war von dem Grund nicht viel zu sehen, denn auch auf ihm raste es wild durcheinander in lila, grünen, gelben und mauvefarbenen Linien. (Frau Dr. Schapire hat ihn mir später zum Abschied geschenkt, und ich legte ihn in unseren Luftschutzkeller.)

An den Wänden hingen Bilder von Schmidt-Rottluff. Einen Teil kannte ich schon aus Abbildungen, aber so unentrinnbar nahe war ich ihnen noch nie gewesen. Ich lernte sie während des halben Jahres, da ich Rosa Schapire unterrichtete, kennen, wenn auch nicht verstehen.

Zuerst hatten wir eine kleine Auseinandersetzung. Frau Schapire konnte eigentlich überhaupt noch kein Englisch, wollte aber sofort Linklaters „Don Juan in Amerika" lesen. Ich führte sie zu Bernard Shaw, den wir gemeinsam lasen; sie immer schön hinter mir her, mit Vokabelnlernen usw. Wir machten große Fortschritte miteinander. Sie mit dem Englischen, ich mit Schmidt-Rottluff.

Sie war voller Wärme und hatte eine ungeheure Vitalität. Sie sprach mit der gleichen Inbrunst von einem kranken Nachbarkind wie von einem Kunstwerk. Ihr Arbeitszimmer war voll von Kakteen, und sie erzählte mir Herkunft und Eigenheiten einer jeden.

Einmal besuchte sie mich, als ich krank war, und brachte mir japanische Holzschnitte mit. Ich habe nicht einen mehr. Verbrannt, gestohlen, verschenkt. Ja, und dann mußten wir Abschied nehmen. Vergessen werde ich sie nie. Sie war ein guter Mensch und sehr, sehr mutig. Ihre Intelligenz war messerscharf. Dumme Leute haßte sie, aber wenn es einem schlecht ging, half sie.

Mitten im Kriege hatte ich noch oft Gelegenheit, mich dankbar an sie zu erinnern. Sie hatte mir ihre Nähmaschine vererbt, und ich nähte darauf die Kleider meines ersten Kindes. Sie hat mich entscheidend beeinflußt; vielleicht gerade darum, weil ich ihre Bilder nicht verstand. Weil sie so groß war in allem, über den Dingen stehend — und doch so eine zierliche kleine Person in ihrem schwarzen Spitzenkleid und dem kurzen silbernen Haar.

»Ein guter Mensch – und mutig. Begegnung mit Rosa Schapire«, Hamburger Abendblatt Nr. 29/1954 vom 4. Februar 1954

KULTUR

Dr. Rosa Schapire, die ehemalige Kunsthistorikerin und Dozentin an der Hamburger Volkshochschule, ist 79 jährig in der Londoner Tate Gallery einem Schlaganfall erlegen. Dr. Schapire, die von 1914 an als Kunsthistorikerin in Hamburg tätig war, ist besonders durch ihr Buch über Schmidt-Rottluff bekannt geworden und hat außerdem zahlreiche französische und italienische Schriftsteller ins Deutsche übersetzt.

Notiz aus Die Welt vom
3. Februar 1954

volle Vorkämpferin des deutschen Expressionismus und setzte sich insbesondere werbend für die Künstler der ›Brücke‹ ein. Auch in der Emigration blieb sie dieser Vorliebe treu und betätigte sich als Mitarbeiterin der Zeitschriften ›Architectural Review‹, ›Eidos‹, ›Connoisseur‹ und ›Weltkunst‹. An der Entstehung des Handbuches ›The Buildings of England‹ war Rosa Schapire hervorragend beteiligt. Karl Schmidt-Rottluff hat ihre Züge und ihr Wesen in einem lebensvollen Porträt von 1915 festgehalten (unser Bild).[7]

Noch kürzer war die Meldung in der Tageszeitung »Die Welt«, die die Verstorbene immerhin zutreffend als 79-jährig bezeichnete und ihr »Buch über Schmidt-Rottluff« besonders hervorhob.[8]

7. Verbleib der Kunstsammlung

Was mit Schapires Kunstsammlung zu geschehen hatte, wussten ihre Nachlassverwalter Gustav Delbanco und Nikolaus Pevsner zunächst nicht, wie Delbanco an Willem Grimm schrieb:

> Da Rosa keine endgültigen Direktiven hinterließ, müssen wir uns wahrscheinlich einen Plan ausdenken, der ihren Absichten am ehesten entspricht. Deutschland ist dabei eigentlich ausgeschlossen, denn sie hat das, was unter Hitler geschah, dem Lande nicht vergessen können, was ihre Sympathie für den Einzelnen selbstverständlich nicht berührte.[1]

Dennoch hatte Schapire es keineswegs dem Zufall überlassen, wie mit Schmidt-Rottluffs mehr als 600 ins Exil geretteten grafischen Arbeiten umzugehen war, vielmehr hatte sie in kluger Voraussicht Listen von handverlesenen Museen erstellt, namentlich auch deutschen, die den Expressionismus seit seinen Anfängen und in der Zeit der Verfemung unterstützt hatten und nach dem Krieg die in alle Winde verstreuten Werke der Künstler wieder aufspürten und ausstellten. Dass diese Häuser Schenkungen aus der Sammlung erhielten, war auch dem Engagement ihrer Nachkriegsdirektoren oder Persönlichkeiten aus deren Umfeld zu verdanken, die bald nach 1945 Kontakt zu Schapire aufgenommen und sie in London besucht hatten,[2] darunter Wolfgang J. Müller, der am Wiederaufbau der Kieler Kunsthalle beteiligt war, Carl Georg Heise, Leiter der Hamburger Kunsthalle, der dort die Werke Schmidt-Rottluffs zusammentrug, Leopold Reidemeister, Bruder von Otto Neuraths dritter Frau Marie Neurath, dem Schapire Grafik und Postkarten Schmidt-Rottluffs für das von ihm seinerzeit geleitete Wallraf-Richartz-Museum in Köln geschenkt hatte, und nicht zuletzt Walter Passarge,[3] Leiter der Städtischen Kunsthalle Mannheim, über dessen Vorwort zum Katalog einer Schmidt-Rottluff-Ausstellung aus dem Jahr 1951 sie geurteilt hatte: »Die Einleitung von Passarge, die Deinem Menschentum gerecht wird, gehört zum Besten, das über Dich geschrieben wurde.«[4]

Delbanco und Pevsner bezogen Schapires Neffen Paul Martin Neurath, den Sohn ihrer Schwester Anna, in ihre Überlegungen zum Ver-

Paul Martin Neurath, o. J.

bleib der Sammlung mit ein. Er, der als Halbwaise aufgewachsen war, hatte Schapire nahe gestanden. Obwohl sie in Hamburg infolge antisemitischer Ausgrenzung in ökonomischer Bedrängnis gewesen war, hatte sie den Studenten, der sich in Wien mit Gelegenheitsjobs über Wasser hielt oder arbeitslos war, mit 20 Schilling im Monat unterstützt,[5] doch wie aus einem Brief des jungen Mannes an seine Patin hervorgeht, hatte sie es dabei nicht bewenden lassen:

> Zu Ihrer grossen Verblüffung muss ich Ihnen übrigens mitteilen, dass zur Erleichterung meines Lebens in den letzten zwei Monaten bereits zwei Pakete mit je 8 kg Lebensmittel von meiner Tante aus Moskau eingelangt sind. Tante Rose in Hamburg hat ihre Schwestern in Moskau, die ich nicht kenne, in Bewegung gesetzt. Schöne Dinge: Speck, Selchfleisch, Reis, Gries, Zucker, Graupen … und immer auch etwas Zuckerln. Und haben schon ein drittes Paket angekündigt.[6]

Anders als sein Vater Otto Neurath, der bereits 1934 aus Österreich floh, war Paul Martin zunächst in Wien geblieben. Er war dort 1937 in Rechtswissenschaften promoviert worden und hatte sich im Kampf gegen die Nationalsozialisten engagiert. Unmittelbar nach dem Einmarsch deutscher Truppen in Österreich am 11. März 1938 war er in der ersten

Verhaftungswelle als »politischer Jude« verhaftet, zunächst ins KZ Dachau und später ins KZ Buchenwald überstellt worden.[7] Unter anderem mithilfe von Malte Jacobsson, Professor für Philosophie in Göteborg, der schon seinem früheren akademischen Lehrer Ernst Cassirer zu einer Professur in der Stadt verholfen hatte,[8] hatte auch er 1939 nach Schweden entkommen können.[9] Einige Monate nach der Besetzung Dänemarks und Norwegens durch deutsche Truppen war ihm 1941 die Flucht in die USA gelungen, wo er nach einem Soziologie- und Statistik-Studium bei dem Begründer der modernen empirischen Sozialforschung, Paul F. Lazarsfeld, ein zweites Mal promoviert hatte und Professor für Soziologie und Statistik geworden war.[10] Er war mit Schapire in Verbindung geblieben, hatte mit ihr korrespondiert[11] und sie noch kurz vor ihrem 79. Geburtstag in London auf der Durchreise zu einer Wiener Gastprofessur besucht, wie einem Brief Schapires an Schmidt-Rottluff zu entnehmen ist: »Das Wiedersehen war in jeder Beziehung sehr erfreulich.«[12]

Andere Angehörige Schapires waren Delbanco und Pevsner nicht bekannt, und bis heute sind die Angaben über das Schicksal der Familie Schapire im nationalsozialistisch besetzten Europa widersprüchlich und lückenhaft. Nach dem Krieg schrieb Rosa Schapire an Agnes Holthusen, ihre »ganze Familie in Polen« sei »von den Nazi in Konzentrationslager verschleppt und ermordet worden«.[13] Auf Schapires Briefe an diese Freundin berief sich Wietek, wenn er schrieb:

Rosas Mutter wurde noch in Brody begraben, eine ihrer Schwestern starb sehr jung auf einem Landbesitz in Galizien, der Vater ruhte in Hamburg, eine zweite Schwester in Wien,[14] die älteste in Moskau. Eine andere Schwester, die ihren Lebensabend in einem von Mitgliedern der Schapirischen Familie gegründeten Altersheim in Leipzig verbrachte, erlitt den Tod als ein Opfer des Naziterrors in Theresienstadt.[15]

Auch das Team um den Wiener Paul Martin Neurath-Forscher Anton Amann erklärt, aus Schapires Nachrichten an Holthusen gehe hervor, »dass ihre Eltern und zwei ihrer Schwestern eines natürlichen Todes starben, ihre ältere Schwester Gertrud dagegen in Theresienstadt umkam«.[16] Auf Letztere könnte sich auch ein Brief Schmidt-Rottluffs be-

Eingangshalle des Leicester Museum and Art Gallery, 1955.
Links: Karl Schmidt-Rottluff, Landschaft, 1938, Aquarell,
aus dem Nachlass Schapire[17]

ziehen, in dem es heißt: »heute Dein Brief vom 20.10. [...] Es tat uns
herzlich leid, dass Du über Deine Schwester eine so traurige Nachricht
hattest. Es ist grausig, was an Furchtbarem in diesen Jahren geschehen
ist.«[18] Der fragliche Brief Schapires ist nicht erhalten.

Die beiden Nachlassverwalter entschieden sich in Absprache mit Paul
Martin Neurath, die Sammlung in Konvolute unterschiedlicher Größe
zu teilen und namhaften Museen als Schenkung anzubieten, um auf diese Weise die expressionistische Kunst an möglichst vielen Orten bekannt
zu machen. Ein kleines Konvolut von Arbeiten Schmidt-Rottluffs, darunter Schmuckstücke und die beiden Holzkästen, behielt zunächst das
Ehepaar Neurath, bis Margarete Neurath, Witwe Paul Martin Neuraths,
es nach dessen Tod im Jahr 2001 als »Stiftung von Prof. Dr. Paul und
Grete Neurath« an das Lentos Kunstmuseum Linz übergab.[19] Heute
befinden sich Teile der Sammlung in Berlin, Bielefeld, Halle, Hamburg,
Hannover, Köln, Mannheim, Oldenburg, Schleswig, Stuttgart und
Wuppertal. Weitere Werke befinden sich in Dänemark (Kopenhagen),

England (London, Leicester), Israel (Tel Aviv), Neuseeland (Auckland), Niederlande (Amsterdam, Den Haag) und den USA (Chicago, Los Angeles).[20] Schmidt-Rottluffs Schapire-Gemälde *Bildnis R. S.* von 1915[21] wurde 2019 von der Karl und Emy Schmidt-Rottluff Stiftung und der Ernst von Siemens Kunststiftung erworben; es befindet sich in deren Eigentum und als Dauerleihgabe im Brücke-Museum.[22]

8. Rezeption nach 1954

Dem Kunsthistoriker Gerhard Wietek kommt das Verdienst zu, Leben und Werk Rosa Schapires wiederentdeckt, erstmals erforscht und durch seine Publikationen bekannt gemacht zu haben. Die von ihm zusammengestellte Bibliografie enthielt über 240 Veröffentlichungen Schapires aus den Jahren 1897 bis 1932 und 1947 bis 1954, die sie als wissenschaftliche Autorin, als Übersetzerin und Herausgeberin sichtbar machten.[1] Auch sein ausführlicher biografischer Aufsatz »Dr. phil. Rosa Schapire« von 1964, der seiner ersten kurzen Würdigung in *Maler der Brücke. Farbige Kartengrüße an Rosa Schapire* (Band Nr. 678 der Insel-Bücherei) folgte, war das Ergebnis detektivischer Nachforschungen, von Schmidt-Rottluff hoch gelobt: »Hier ist Ihnen eine ganz große Sache gelungen – wie es möglich war, aus den vielen kleinen Steinchen, die mühsam gesucht werden mussten, wieder das Bild eines ganzen Lebens aufzubauen, hat meine ganze Bewunderung gefordert – von aller persönlichen Erschütterung abgesehen.«[2]

Es scheint, dass Wieteks Publikationen in Hamburg einen Widerhall gefunden und vielleicht sogar dazu beigetragen haben, dass man sich in der Hansestadt allmählich der Bedeutung Schapires bewusst wurde. Jedenfalls folgte die Stadt in den späten 1980er Jahren einem (unauffindbaren) »seit langem vorliegenden Benennungsvorschlag« und benannte mit Senatsbeschluss vom 6. November 1989 im Stadtteil Neuallermöhe eine neu entstandene »Verkehrsfläche« in Rosa-Schapire-Weg. Ein Jahr zuvor hatte bereits das Bezirksamt Bergedorf eine entsprechende Empfehlung an die Bezirksversammlung ausgesprochen und knapp begründet:

Frau Schapire war eine jüdische Kunsthistorikerin, die bis zu ihrer Emigration nach England im Jahre 1939 in Hamburg gelebt und gewirkt hat. Das Staatsarchiv hat den Vorschlag bereits positiv beurteilt, da nach Anita Rée und Alma del Banco, die Zeitgenossinnen von Rosa Schapire waren, bereits Straßen benannt wurden.[3]

Rosa-Schapire-Weg
in Hamburg

Wer Initiator der Benennung war, ließ sich nicht ermitteln.[4]

Wieteks Arbeiten bildeten das Fundament, von dem aus nachfolgende Schapire-Forscherinnen und -Forscher die Suche nach weiteren Erkenntnissen vorantrieben.[5] Einen großen Sprung nach vorn machte die wissenschaftliche Aufarbeitung mit der Ausstellung *Rosa. Eigenartig grün. Die Sammlerin Rosa Schapire und die Expressionisten*, die 2009 im Hamburger Museum für Kunst und Gewerbe unter der Direktorin Sabine Schulze von der Kunsthistorikerin Leonie Beiersdorf kuratiert und von dem Architekten Holger Wallat gestaltet wurde. Zu sehen waren Gemälde aus Schapires Sammlung, Dokumente, die die schikanösen Ausreiseumstände der Verfolgten belegen, Fotografien von ihr und ihrem Umfeld, bemalte Postkarten und Grafiken der Brücke-Künstler, Schapire-Porträts diverser Maler und nicht zuletzt lebensgroße Schwarz-Weiß-Fotos des Schmidt-Rottluff-Zimmers in Schapires Hamburger Wohnung, dreidimensional angeordnet, sodass der Betrachter nahezu den Eindruck hatte, in den Raum eintreten zu können. Der gleichnamige reich bebilderte Katalog zur Ausstellung versammelt zwölf Texte von elf Autorinnen und Autoren über Schapires Werdegang, ihre Persönlichkeit, ihre privaten und beruflichen Beziehungen sowie ihr folgenreiches Wirken als Förderin und Sammlerin expressionistischer Kunst in Deutschland und im englischen Exil. Enthalten sind außerdem ausgewählte Aufsätze Schapires und ein Verzeichnis aller ihrer belegten Publikationen.

In der Doppelbiografie *Rosa und Anna Schapire – Sozialwissenschaft, Kunstgeschichte und Feminismus um 1900* arbeiteten die Herausgeber Burcu Dogramaci und Günther Sandner mit ihrem Team die intellektuellen Profile und wissenschaftlichen Werdegänge der beiden Schwestern vor dem Hintergrund

Rosa. Eigenartig grün.
Die Sammlerin Rosa Schapire und die Expressionisten
28.08. – 15.11.09

Flyer zur Ausstellung »Rosa. Eigenartig grün. Die Sammlerin Rosa Schapire und die Expressionisten« im Hamburger Museum für Kunst und Gewerbe, 28. August bis 15. November 2009

ihrer familiären Herkunft einzeln und paarweise heraus, untermauert durch bis dahin unbekannte Archivmaterialien. Sie verknüpften die Biografien der einander eng verbundenen Frauen, die vor der Jahrhundertwende gemeinsam für Frauen- und Arbeiterinnenrechte kämpften, und gingen auf Anna Schapires dichterische und literaturwissenschaftliche Arbeit sowie auf Rosa Schapires Einsatz für die Brücke und insbesondere für Schmidt-Rottluff auch im englischen Exil ein.

Die Kunsthistorikerinnen Aya Soika und Meike Hoffmann, die 2019 in Berlin auf der Galerie des Kunsthauses Dahlem gemeinsam mit Lisa Marei Schmidt, Direktorin des benachbarten Brücke-Museums, die Ausstellung *Flucht in die Bilder? Die Künstler der Brücke im Nationalsozialismus* kuratierten, würdigten Rosa Schapire mit einer gesonderten Museumswand und zeigten Schmidt-Rottluffs in roten und grünen Farben leuchtendes *Bildnis S.* von 1911.[6]

Drei Werke Schapires wurden posthum erneut publiziert: 1987 kam ihr Werkverzeichnis der Druckgrafiken Schmidt-Rottluffs, erstmals erschienen 1923, als fotomechanischer Nachdruck neu heraus.[7] Ihr Aufsatz *Die Frau in der bildenden Kunst* von 1927 war 1999 in einer etwas gekürzten Fassung Teil einer Textsammlung über Künstlerinnen aus der Zeit von 1855 bis 1945, herausgegeben und kommentiert von der Kunsthistorikerin Carola Muysers.[8] 2004 veröffentlichte der Verlag Hellmut Saucke die gut 50 Seiten umfassende Einleitung zu Schapires 1910 erschienener Publikation *Hans Speckters Briefe aus Italien* unter dem Titel *Hans Speckter – ein Hamburger Maler 1848-1888* in einem illustrierten Band.[9]

Dafür, dass Leben und Wirken der Pionierin dauerhaft im Gedächtnis bleiben, sorgen heute die Freunde der Kunsthalle e.V. in Hamburg, die mit über 18.000 Mitgliedern zu den wichtigsten Museums-Freundeskreisen im deutschsprachigen Raum gehören. Seit 2016 vergeben sie jährlich den mit 20.000 Euro dotierten Rosa-Schapire-Kunstpreis, eine der bedeutendsten Auszeichnungen für Gegenwartskünstlerinnen und -künstler in Deutschland. Nach dem Willen des Kunsthallendirektors Gustav Pauli setzt sich der Freundeskreis seit seiner Gründung im Jahr 1923 für die Kunstvermittlung ein und unterstützt die Hamburger Kunsthalle beim Erwerb von Kunstwerken und der Finanzierung von Ausstellungen. Die Vorreiterrolle Schapires würdigend, versteht der Freundeskreis seinen Preis als »eine Hommage ans Anderssein«:

Mit dem Rosa-Schapire-Kunstpreis möchten die Freunde der Hamburger Kunsthalle für einen klaren und unbeirrten Blick auf die Kunst eintreten. Geehrt werden soll eine Künstlerpersönlichkeit, deren Werk geeignet ist, ein traditionsreiches und richtungweisendes Museum wie die Hamburger Kunsthalle zu bereichern und lebendig zu halten.[10]

Auch das unkonventionelle Auswahlverfahren geschieht in Anlehnung an Schapires eigenständiges Kunstverständnis, da anders als üblich nicht etwa eine mehrköpfige Jury den Preisträger auswählt. Vielmehr übernimmt eine einzelne Jurorin oder ein einzelner Juror diese Aufgabe, jeweils eingeladen von der Direktorin oder dem Direktor der Hamburger Kunsthalle: »Denn der Rosa-Schapire-Kunstpreis will nicht das Ergebnis einer Mehrheitsentscheidung sein, sondern ein mutiges Statement.«[11] Die betreffende Persönlichkeit soll sich am unerschrockenen Geist Schapires orientieren und sich fragen: »Wen würde Rosa wählen? Wen würde sie fördern, auszeichnen, herausheben aus der großen Zahl großartiger Künstler?«[12]

Preisträgerin des Jahres 2020[13] war die 1984 geborene amerikanische Künstlerin Kathleen Ryan, bekannt für ihre »schimmeligen« Fruchtskulpturen aus Edelsteinen:

Über und über mit Perlen, Edelsteinen und Halbedelsteinen besetzt, spiegeln sie die absurde Schönheit des Schimmels im Widerspruch zwischen Ekel und Anziehung. […] ›Bad Fruits‹ nennt sie ihre Objekte, die sich wie Kommentare zu Ressourcenausbeutung und Naturzerstörung lesen lassen, aber auch als Überdruss am Überfluss, Ausdruck einer buchstäblichen ›Dekadenz‹, die sich aus dem lateinischen Wort für ›Verfall‹ ableitet.[14]

Der Juror Jasper Sharp, zur Zeit der Auswahl Kurator am Kunsthistorischen Museum Wien, begründete seine Wahl damit, dass Kathleen Ryans Werk ungeheuer vielseitig sei, zahlreiche Anknüpfungspunkte biete und dem Betrachter nichts vorschreibe: »Sie spielt mit dem altmeisterlichen Stillleben der Kunstgeschichte, sie ist aber dennoch entschieden zeitgenössisch, in ihrer Materialwahl und in ihrer harschen Konsumkritik.«[15] Bewusst wählte er eine Künstlerpersönlichkeit aus, »für die dieser Preis eine wirkliche Veränderung bedeutet, deren Kar-

Kathleen Ryan, Pleasures Known, 2019[16]

riere er einen entscheidenden Schwung verleiht, der er wirklich hilft –
und die ihn nicht erwartet«.[17]

Nachdem der Rosa-Schapire-Kunstpreis im Jahr 2021 pandemiebedingt nicht vergeben wurde, soll er im Herbst 2022 der libanesisch-
amerikanischen Künstlerin Simone Fattal verliehen werden. Fattal
wurde von der zur Jurorin bestimmten Direktorin des Museums für
Moderne Kunst (MMK) in Frankfurt am Main, Susanne Pfeffer, vor-
geschlagen.[18]

Erklärung zu den Rechten an Rosa Schapires Briefen

Bei der langwierigen Suche nach lebenden Nachfahren Rosa Schapires und Rechteinhabern ihrer Briefe gab mir Margit Fischer, Vorstandsvorsitzende des Österreichischen Frauenrats und Ehefrau des früheren österreichischen Bundespräsidenten Prof. Dr. Heinz Fischer, die entscheidende Auskunft: Sie verhalf mir zum Kontakt zu Ingrid Dellin, Nichte von Margarete Neurath, ihrerseits Witwe von Paul Martin Neurath, Sohn von Rosa Schapires Schwester Anna, also Rosas Neffen. Ingrid Dellin konnte mir angesichts ihres engen Kontaktes zum Ehepaar Paul Martin und Margarete Neurath versichern, dass es keine Nachfahren gibt, die die Rechte an Rosa Schapires Briefen besitzen.

Susanne Wittek

Anmerkungen

1 Die Zeilen stammen aus dem Gedicht »An die Entfernte« von Nikolaus Lenau. Es lautet: »Diese Rose pflück ich hier,/In der fremden Ferne;/Liebes Mädchen, dir, ach dir/Brächt ich sie so gerne!/Doch bis ich zu dir mag ziehn/Viele weite Meilen,/Ist die Rose längst dahin,/Denn die Rosen eilen./Nie soll weiter sich ins Land/Lieb von Liebe wagen,/als sich blühend in der Hand/lässt die Rose tragen;/Oder als die Nachtigall/Halme bringt zum Neste,/Oder als ihr süßer Schall/wandert mit dem Weste./Rosen fliehen nicht allein/Und die Lenzgesänge,/Auch dein Wangenrosenschein,/Deine süßen Klänge./O, dass ich, ein Tor, ein Tor,/Meinen Himmel räumte!/Dass ich einen Blick verlor, Einen Hauch versäumte!/Rosen wecken Sehnsucht hier,/Dort die Nachtigallen,/Mädchen, und ich möchte dir/In die Arme fallen!« Nikolaus Lenau: Sämtliche Werke und Briefe in zwei Bänden. Erster Band, Gedichte und Versepen, hrsg. von Walter Dietze, Frankfurt a.M. 1971, S. 279f.

Vorbemerkungen

1 Schapire an Karl Schmidt-Rottluff, 22. April 1953. Dieser und alle weiteren hier zitierten Briefe Schapires an Karl (und Emy) Schmidt-Rottluff und Schmidt-Rottluffs an Schapire werden im Brücke-Museum, Karl und Emy Schmidt-Rottluff Stiftung in Berlin verwahrt.

2 Gerhard Wietek: Maler der Brücke. Farbige Kartengrüße an Rosa Schapire, Wiesbaden 1958.

3 Gerhard Wietek: »Dr. phil. Rosa Schapire«, in: Jahrbuch der Hamburger Kunstsammlungen, Bd. 9, Hamburg 1964, S. 115-152.

4 Sabine Schulze (Hrsg.): »Rosa. Eigenartig grün. Rosa Schapire und die Expressionisten«, Ostfildern 2009.

5 Susanne Wittek: Funkelnde Augen, kantige Wangen – Rosa Schapire, Streiterin für die Freiheit der Kunst, in: dies.: Absprung über Niemandsland. Hamburger Exil-Biografien im 20. Jahrhundert, Bremen 2014, S. 160-173.

6 Ein Konvolut früher Nachkriegsbriefe von Schapire an Schmidt-Rottluff ist in der Sammlung Hermann Gerlinger vorhanden. Es handelt sich um bisher unveröffentlichte handgeschriebene und inhaltsreiche Briefe hauptsächlich aus den Jahren 1945 und 1946 (Brief von Hermann Gerlinger an die Autorin am 31. August 2020). Sie konnten für die hier vorliegende Publikation nicht ausgewertet werden. Die Sammlung Hermann Gerlinger mit ihren fast 900 Arbeiten, die laut einer 2005 geäußerten Einschätzung des Kunsthistorikers Heinz Spielmann – ab 1986 Landesmuseumsdirektor des Landes Schleswig-Holstein und Leiter des Schleswig-Holsteinischen Landesmuseums Schloss Gottorf sowie 2002 Gründungsdirektor des Hamburger Bucerius Kunst Forums – »nach dem Brücke-Museum die gegenwärtig wohl wichtigste geschlossene Repräsentation der Brücke-Künstler darstellen (dürfte)«, soll ab Juni 2022 im Münchner Auktionshaus Ketterer versteigert werden. Vgl. Gerd Presler: Brücke-Sammlung wird versteigert, in: https://www.weltkunst. de/auktionen/2022/01/bruecke-sammlung-gerlinger-ketterer-expressionismus, 9. Januar 2022 (letzter Zugriff: 21. Januar 2022).

7 Schapire sprach stets von den »Nazi«, nicht von den »Nazis«.
8 Schapire an Agnes Holthusen, GNM, DKA, NL Agnes Holthusen, I,C-10 (1951-
   01-26a).
9 Ebd.
10 Ebd.

1. Eine Frau von morgen, die der »Voll-Entfaltung ihres Ichs« entgegengeht

1 Schapire: Ein Wort zur Frauenemanzipation, in: Sozialistische Monatshefte, Nr. 9,
   September 1897: http://library.fes.de/sozmon/pdf/1897/1897_09.pdf, S. 510-517,
   hier S. 517 (letzter Zugriff: 23. Oktober 2020).
2 Parvati Vasanta: »Aber unsere Ziele haben wir höher gesteckt« – Rosa Schapire
   und der Frauenbund zur Förderung deutscher bildender Kunst, in: Dogramaci,
   Burcu; Sandner, Günther (Hrsg.): Rosa und Anna Schapire – Sozialwissenschaft,
   Kunstgeschichte und Feminismus um 1900, Berlin 2017, S. 161-174, hier S. 169.
3 Schapire: Ein Wort zur Frauenemanzipation, S. 511.
4 Ebd., S. 517.
5 Ebd., S. 516.
6 Copyright: Börries Kuzmany, nach Bearbeitung einer Karte des IEG-Maps-Karten-
   servers am Institut für Europäische Geschichte Mainz.
7 Börries Kuzmany: Das intellektuelle und wirtschaftliche Umfeld der Familie Schapire in Brody, in: Dogramaci, Burcu; Sandner, Günther (Hrsg.): Rosa und Anna
   Schapire – Sozialwissenschaft, Kunstgeschichte und Feminismus um 1900, Berlin
   2017, S. 38-53, hier S. 38.
8 Burcu Dogramaci; Günther Sandner: Rosa und Anna Schapire: eine intellektuelle
   Doppelbiografie, in: dies.: Rosa und Anna Schapire – Sozialwissenschaft, Kunstgeschichte und Feminismus um 1900, Berlin 2017, S. 7-37, hier S. 11.
9 Ebd., S. 9f.
10 Kuzmany, S. 44.
11 Ebd., S. 40 und 45.
12 Ebd., S. 46f.
13 Dogramaci; Sandner: Rosa und Anna Schapire, in: dies., S. 7-37, hier S. 13.
14 Schapire: Johann Ludwig Ernst Morgenstern, Univ. Diss. Heidelberg, Straßburg
   1904, S. 49. Zitiert nach Dogramaci; Sandner, S. 32, Anm. 12.
15 Schapire an Agnes Holthusen, GNM, DKA, NL Agnes Holthusen, I,C-8 (1948-01-
   10a).
16 Leonie Beiersdorf: »Wieder Boden unter den Füßen« – Rosa Schapire in England
   (1939-1954), in: Schulze, S. 250-279, hier S. 272.
17 Ute Planert: Antifeminismus im Kaiserreich: Indikator einer Gesellschaft in Bewegung, in: Archiv für Sozialgeschichte 38, 1998, S. 93-118, hier S. 93, http://library.
   fes.de/jportal/servlets/MCRFileNodeServlet/jportal_derivate_00021201/afs-1998-
   093.pdf (letzter Zugriff: 1. Juni 2021).
18 Ebd., S. 99.
19 Dogramaci; Sandner, S. 14.
20 Vasanta, S. 168.
21 Planert, S. 93.
22 Zitiert nach Planert, S. 93.

23 Ebd., S. 93 und S. 109.
24 Ebd., S. 94.
25 Zitiert nach Planert, S. 96.
26 Dogramaci; Sandner, S. 14 und S. 32, Anm. 19.
27 Birgit Ahrens: »… hat selbst vorausschauend Geschichte gemacht« – Zur Rezeption von Rosa Schapire, in: Schulze, S. 28-53, hier S. 37.
28 Shulamit Behr: Die Künstlergruppe Brücke und die Öffentlichkeit – Von der Überbrückung der Kluft zwischen den Geschlechtern, in: Schulze, S. 54-87, hier S. 65.
29 Fritz Schumacher: Selbstgespräche, Erinnerungen und Betrachtungen, Hamburg 1949, S. 91.
30 Dogramaci; Sandner, S. 15-17.
31 Schapire: Ferdinand Hodler, in: Die Gesellschaft, 4, S. 301-304, München 1901.
32 Dogramaci; Sandner, S. 18. Die Dissertation trug den Titel: Johann Ludwig Ernst Morgenstern. Ein Beitrag zu Frankfurts Kunstgeschichte im XVIII. Jahrhundert.
33 Rosa Schapire: Aus Hamburger Privatgalerien, in: Frankfurter Zeitung vom 8. August 1903, zitiert nach Ulrich Luckhardt: »Hier wird nicht nach Kunst gesucht« – Rosa Schapire und das private Kunstsammeln in Hamburg, in: Schulze, S. 88-103, hier S. 90.
34 Frieda Radel am 19. Dezember 1906 in der »Hamburger Woche« zur Eröffnung des Clubs, zitiert nach Luckhardt, a. a. O., S. 99 f.
35 Schapire: Emil Nolde, in: Hamburg, 13, 1906/07, S. 767-770.
36 Zitiert nach: Gerd Presler: Schöne Grüße an die liebe Ro, in: ART – Das Kunstmagazin, 8/August 1989, Hamburg 1989, S. 54-65, hier S. 58.
37 Schapire: Emil Nolde, in: Schleswig-Holsteinische Rundschau, 2, 21, 1908, S. 625-632.
38 Schulze, S. 41.
39 Presler: Schöne Grüße an die liebe Ro, S. 58.
40 Emil Nolde: Jahre der Kämpfe, Berlin 1934, S. 101 f. Zitiert nach: Maike Bruhns: Kunst in der Krise, Hamburger Kunst im »Dritten Reich«, Hamburg 2001, Bd. 1, S. 274. Bruhns weist darauf hin, dass »die spätere Ausgabe 1976 von Martin Urban erheblich gereinigt, d. h. der Tatbestand geklittert (wurde)«. Vgl. ebd., S. 296, Anm. 31. Birgit Ahrens schreibt, in der Neuauflage mit dem von Nolde bearbeiteten Text (Köln 1967, S. 119 f.) sei diese Passage bezeichnenderweise gestrichen worden. Vgl. Birgit Ahrens: »… hat selbst vorausschauend Geschichte gemacht« – Zur Rezeption von Rosa Schapire, in: Schulze, S. 28-53, hier S. 52, Anm. 47.
41 Schapire an Schmidt-Rottluff, 26. November 1953.
42 Schapire an Schmidt-Rottluff, 26. Oktober 1953.
43 Zitiert nach Ahrens, in: Schulze, S. 28-53, hier S. 42.
44 Gerhard Wietek: Schmidt-Rottluff. Oldenburger Jahre 1907-1912, hrsg. v. der Stiftung Kunst und Kultur der Landessparkasse Oldenburg, Oldenburg 1994, S. 185, Anm. 27, auch S. 32. Presler dagegen schreibt, Schapire und Schmidt-Rottluff hätten einander »am 23. März 1908 ›in einer Teestunde‹ bei Gustav Schiefler« kennengelernt. Vgl. Gerd Presler: Rosa Schapire –»diese einzigartige Frau«, https://presler.de/data/Rosa_Schapire_WK.pdf (letzter Zugriff: 23. Mai 2021).
45 Schapire an Schmidt-Rottluff, 18. Oktober 1953.
46 Schmidt-Rottluff an Schapire, 21. Oktober 1953.
47 Schapire an Schmidt-Rottluff, 18. Oktober 1953.
48 Schapire an Dr. Töwe, GNM, DKA, NL Töwe, Christian, I,C-68 (1947-01-28).

49 Zitiert nach: Gerd Presler: Dr. phil. Rosa Schapire – ein sehr aktives Passiv-Mitglied der Brücke, in: Schulze, S. 104-127, hier S. 105.

50 Olaf Peters: Karl Schmidt-Rottluff – die Sehnsucht nach reinstem Ausdruck, in: Ingrid Mössinger (Hrsg.): Karl Schmidt-Rottluff. Werke in den Kunstsammlungen Chemnitz. Bestandskatalog der Kunstsammlungen Chemnitz anlässlich der Ausstellung »Karl Schmidt-Rottluff. 490 Werke in den Kunstsammlungen Chemnitz« vom 13. Dezember 2015 bis 10. April 2016, Köln 2015, S. 2-8, hier S. 5.

51 Rüdiger Joppien: Zur Ausstellung Entfesselt, in: ders. (Hrsg.): Entfesselt. Expressionismus in Hamburg, Ausstellungskatalog des Museums für Kunst und Gewerbe, Hamburg 2006, S. 9-10, hier S. 9.

52 Annette Baumann: Ein neues Menschenbild in der Malerei, in: Joppien (Hrsg.): Entfesselt. Expressionismus in Hamburg, Ausstellungskatalog des Museums für Kunst und Gewerbe, Hamburg 2006, S. 109-116.

53 Heinz Spielmann: Die Sammlung Hermann Gerlinger und die Maler der »Brücke« auf Schloß Gottorf, in: Heinz Spielmann, Schleswig-Holsteinisches Landesmuseum (Hrsg.): Die Maler der »Brücke«. Sammlung Hermann Gerlinger, Stuttgart 1995, S. 7-12, hier S. 10f.

54 Presler: Die Brücke, Hamburg 2007, S. 11.

55 Leipziger Volkszeitung vom 16. November 1905, zitiert nach: Presler: Schöne Grüße an die liebe Ro, S. 57.

56 Behr, in: Schulze, S. 54-87, hier S. 78.

57 Schulze, S. 21.

58 Presler: Schöne Grüße an die liebe Ro, S. 59f., und Wietek: Maler der Brücke.

59 Wietek: Maler der Brücke, Geleitwort, S. 3f.

60 Wietek: »Dr. phil. Rosa Schapire«, S. 115-152, hier S. 136.

61 Ernst Ludwig Kirchner – Gustav Schiefler: Briefwechsel: 1910-1935/1938, Brief 133, S. 150-152, hier S. 150.

62 Schapire an Schmidt-Rottluff, 1. August 1950.

63 Schapire an Schmidt-Rottluff, 18. Oktober 1953.

64 Presler: Schöne Grüße an die liebe Ro, S. 61.

65 Im Allgemeinen – auch auf S. 114 des Katalogs zur Ausstellung Rosa. Eigenartig grün. Die Sammlerin Rosa Schapire und die Expressionisten – wird das Gemälde als Bildnis Rosa Schapire, 1911, bezeichnet. Laut dem Brücke-Museum lautet jedoch der originale (vom Künstler vergebene) Titel Bildnis S. »Dies ist erst seit 2019 zweifelsfrei bekannt, so dass in früheren Jahren selbst in Publikationen des Brücke-Museums der Name der Dargestellten ausgeschrieben wurde.« (E-Mail von Christiane Remm, wissenschaftliche Mitarbeiterin der Karl und Emy Schmidt-Rottluff Stiftung, an die Autorin am 16. Juli 2021.)

66 Schapire: Zu Schmidt-Rottluffs Ausstellung bei Commeter, in: Der Hamburger, 1, 12, S. 267-268, zitiert nach: Wietek: Schmidt-Rottluff, Oldenburger Jahre, S. 226f.

67 Gunther Thiem (Hrsg.): Karl Schmidt-Rottluff. Retrospektive, Ausstellungskatalog Kunsthalle Bremen; Städtische Galerie im Lehnbachhaus, München, München 1989, S. 233, zitiert nach Presler, in: Schulze, S. 104-127, hier S. 114.

68 Wietek: Schmidt-Rottluff. Oldenburger Jahre 1907-1912, S. 477.

69 Schulze, S. 77.

70 Olaf Peters: Rosa Schapire und Karl Schmidt-Rottluff. Eine Freundschaft im Zeichen Saturns, in: Dogramaci; Sandner, S. 197-210, hier S. 201.

71 Presler, in: Schulze, S. 104-127, hier S. 114.

72 Aya Soika; Meike Hoffmann: Flucht in die Bilder? Die Künstler der Brücke im
   Nationalsozialismus, Berlin 2019. Publikation anlässlich der gleichnamigen Ausstellung im Brücke-Museum/Kunsthaus Dahlem, Berlin, vom 14. April bis 11. August 2019, S. 59, S. 176 und S. 202.
73 Presler, in: Schulze, S. 104-127, hier S. 109f. und S. 123.
74 Schulze, S. 76.
75 Jutta Assel: Der Sonderbund. Auszug aus F.H. Ehmckes Lebenserinnerungen 1,
   1909-1911, in: Neusser Jahrbuch für Kunst, Kulturgeschichte und Heimatkunde
   1985, Neuss 1985, S. 5-25, hier S. 16. In den dort veröffentlichten Lebenserinnerungen von Fritz Helmuth Ehmcke, der 1912 das Gesamtkonzept der Sonderbund-Ausstellung in Köln verantwortete und später Professor an der Hochschule
   der Bildenden Künste München war, heißt es in Bezug auf die Eröffnung der
   Sonderbund-Ausstellung von 1911 (20. Mai bis 2. Juli) in Düsseldorf: »Nachher
   fuhr die ganze Gesellschaft nach Wittlaer hinaus, wo in dem kleinen Dorfwirts-
   haus weiter gefeiert wurde. Es muss bei dieser Gelegenheit gewesen sein, wo ich
   unter anderen damals bekannt werdenden modernen Malern auch Schmidt-Rottluff kennenlernte, der in Begleitung seiner Freundin und Impresaria Rosa Schapire gekommen war, einer intellektuellen Jüdin mit Kneifer und ausgesprochen
   scharfen klugen Gesichtszügen.« Der Sonderbund, dessen geschäftsführendem
   Vorstand der Kunsthistoriker Wilhelm Niemeyer angehörte, bestand von 1909 bis
   1915. Schmidt-Rottluff war 1910 im Düsseldorfer Kunstpalast an der Sonderbund-
   Ausstellung (16. Juli bis 9. Oktober) beteiligt, die neben den Werken der Sonder-
   bündler und des Ehrenmitgliedes Max Liebermann Gemälde und Plastiken der
   jungen deutschen, holländischen, belgischen und französischen Avantgarde zeigte.
   Vgl. Assel, S. 7. Seit dieser Ausstellung waren Niemeyer und Schmidt-Rottluff
   miteinander bekannt. Vgl.: Wietek: Schmidt-Rottluff. Oldenburger Jahre 1907-1912,
   S. 195, 120,1.
76 Barbara Herrmann: »Ein guter Mensch – und mutig. Begegnung mit Rosa Schapire«, Hamburger Abendblatt vom 4. Februar 1954, S. 8, https://www.abendblatt.
   de/archive/1954/pdf/19540204.pdf/ASV_HAB_19540204_HA_008.pdf (letzter Zugriff: 8. Juli 2021).
77 Maike Bruhns: Kunsthistorikerin mit einer Passion für den Expressionismus. Die
   Sammlerin Rosa Schapire, in: Dorothee Wimmer (Hrsg.): Kunstsammlerinnen.
   Von Peggy Guggenheim bis Ingvild Goetz, Berlin 2009, S. 117-127, hier S. 120.
78 Zitiert nach Wietek: »Dr. phil. Rosa Schapire«, S. 130.
79 Wietek: »Dr. phil. Rosa Schapire«, S. 123.
80 So distanzierte sie sich von dem Maler Wolf Hildebrandt, einem engen Freund aus
   der Zeit vor der Emigration, mit dem sie noch 1947 in engem Briefkontakt stand,
   nachdem er ein von ihr gesandtes Paket mit »Kleidchen für die Kinder […] mit
   der Bemerkung (quittierte) ›ich sei besser als viele Christen‹«. Rosa Schapire an
   Agnes Holthusen, GNM, DKA, NL Agnes Holthusen, I,C-9 (1949-04-14).
81 Schmidt-Rottluff an Niemeyer, o.D., vermutlich August/September 1914, zitiert
   nach: Aya Soika: Weltenbruch. Die Künstler der Brücke im Ersten Weltkrieg. Brücke-
   Museum Berlin, 2014, S. 172, Anm. 20.
82 Schmidt-Rottluff an Niemeyer, o.D., vermutlich Frühjahr 1915, zitiert nach: Soika,
   S. 155.
83 Gerd Roth: Bundeskanzleramt. Erneut Verhandlungen über Leihgaben, in: Jüdische Allgemeine vom 8. April 2019, https://www.juedische-allgemeine.de/kultur/

erneut-verhandlungen-ueber-leihgaben/ (letzter Zugriff: 9. Juni 2021). Dort wird
die Auseinandersetzung um die Hängung von Bildern Schmidt-Rottluffs im
Kanzleramt thematisiert, die schließlich dazu führte, dass Bundeskanzlerin Angela Merkel sich dagegen entschied. Siehe Kia Vahland: Merkel alleine im Büro,
in: Süddeutsche Zeitung vom 9. April 2019, https://www.sueddeutsche.de/kultur/
nolde- merkel- schmidt-rottluff-bundeskanzleramt-1.4402530 (letzter Zugriff: 29. Dezember 2021).

84 Edith Oppens: Der Mandrill: Hamburgs zwanziger Jahre, Hamburg 1969, S. 98.

85 Franz Radziwill an Gerhard Wietek, 25. Oktober 1962, zitiert nach: Gerhard
    Wietek: Karl Schmidt-Rottluff. Plastik und Kunsthandwerk. Werkverzeichnis.
    Herausgegeben von der Karl und Emy Schmidt-Rottluff Stiftung, München 2001,
    S. 165.

86 Harry Reuss-Löwenstein: Hamburgs schaffende Frauen. Eine Vorkämpferin für
    junge Kunst, in: Hamburger Anzeiger vom 17. August 1931, Bruhns-Archiv im
    Warburg-Haus.

87 Wolf(gang) Hildebrandt: Das Gewicht der Farbe Rosa, Typoskript, S. 73-86, hier
    S. 74-77, Bruhns-Archiv im Warburg-Haus. Ich danke Dr. Rüdiger Joppien für
    den Hinweis auf Hildebrandts Text.

88 Bruno Snell war seit 1931 Professor für Klassische Philologie an der Hamburgi-
    schen Universität. Als entschiedener Gegner des nationalsozialistischen Regimes
    setzte er sich wiederholt (vergeblich) für Kollegen ein, die wegen ihrer jüdischen
    Herkunft von der Entlassung bedroht waren. Vgl. Angela Bottin unter Mitarbeit
    von Rainer Nicolaysen: Enge Zeit. Spuren Vertriebener und Verfolgter der Ham-
    burger Universität. Hamburg 1991, S. 32, 53 und 101. Maike Bruhns erwähnt einen
    Bericht, wonach Snell dem Maler Kurt Löwengard in den Tagen der November-
    Pogrome 1938 in seiner Wohnung Unterschlupf gewährt habe. Vgl. Bruhns:
    Kunst in der Krise, Bd. 1, S. 481. Snell hatte den Lehrstuhl für Klassische Philolo-
    gie bis 1960 inne und war von 1951 bis 1953 Rektor der Universität Hamburg.

89 Hildebrandt, S. 79.

90 Maike Bruhns: Rosa Schapire: Freie Kunsthistorikerin in Hamburg – Beruf und
    Berufung, in: Schulze, S. 216-249, hier S. 218f.

91 Beiersdorf, in: Schulze, S. 263.

92 Kurt Löwengard an seine Mutter am 27. Mai 1913, zitiert nach: Maike Bruhns:
    Rosa Schapire und der Frauenbund zur Förderung deutscher bildender Kunst, in:
    Henrike Junge-Gent: Avantgarde und Publikum. Zur Rezeption avantgardistischer
    Kunst in Deutschland 1905-1933, Köln u. a. 1992, S. 269-282, hier S. 278, Anm. 5.

93 Maike Bruhns: a. a. O., S. 224.

94 Bruhns, in: Schulze, S. 216-249, hier S. 223f.

95 Aby Warburg an Mary Warburg, 27. September 1907, zitiert nach Leonie Beiers-
    dorf: Mit Überzeugung und spitzer Feder. Zu Rosa Schapires Publikationen, in:
    Dogramaci; Sandner, S. 175-196, hier S. 195, Anm. 23.

96 Mary Warburg an Aby Warburg, 6. August 1921, ebd.

97 Christian Ring: Gustav Paulis Verhältnis zu Max Sauerlandt und Rosa Schapire,
    in: Schulze, S. 128-143.

98 Joppien, in: Schulze, S. 144-185.

99 Presler, in: Schulze, S. 104-127.

100 Vgl. S. 17, dort ihren Aufsatz »Ein Wort zur Frauenemanzipation«.

101 Vasanta, S. 170.

102 Behr, in: Schulze, S. 54-87, hier S. 67.
103 Linde Rohardt: Rosa Schapire. Kunsthistorikerin, in: Künstlerinnen der Avant-
    garde in Hamburg zwischen 1890 und 1933. Bd. 2 des Ausstellungskatalogs der
    Hamburger Kunsthalle, Bremen 2006, S. 36-38, hier S. 37.
104 Ebd., S. 36.
105 Rosa Schapire: Der Frauenbund zur Förderung deutscher bildender Kunst, in:
    Die Literarische Gesellschaft, Bd. 4, 1918, H. 6, S. 204-207, hier S. 205 f.
106 Maike Bruhns: Rosa Schapire und der Frauenbund zur Förderung deutscher bil-
    dender Kunst, in: Junge-Gent, S. 269-282, hier S. 273.
107 Schapire: Der Frauenbund zur Förderung deutscher bildender Kunst, S. 205.
108 Im Katalog zur Ausstellung Rosa. Eigenartig grün. Die Sammlerin Rosa Schapire
    und die Expressionisten (S. 30) wird das Gemälde als Bildnis Rosa Schapire be-
    zeichnet. Laut dem Brücke-Museum lautet jedoch der originale (vom Künstler ver-
    gebene) Titel Bildnis R. S. (E-Mail von Christiane Remm, wissenschaftliche Mit-
    arbeiterin der Karl und Emy Schmidt-Rottluff Stiftung, an die Autorin am 16. Juli
    2021).
109 Schapire: Der Frauenbund zur Förderung deutscher bildender Kunst, S. 206.
110 Bruhns: Rosa Schapire und der Frauenbund zur Förderung deutscher bildender
    Kunst, S. 274.
111 Bruhns: Rosa Schapire und der Frauenbund zur Förderung deutscher bildender
    Kunst, S. 247. Als drittes Bild schenkte der Frauenbund 1921 der Kunsthalle Otto
    Muellers Mädchen im Grünen (1920).
112 Schmidt-Rottluff an Ernst von Beyersdorff, vermutlich am 1. Januar 1915, zitiert
    nach Soika, S. 155.
113 Soika, S. 16-19.
114 Ebd., S. 158-165.
115 Schulze, S. 131.
116 Der Wandel in Schmidt-Rottluffs Haltung zum Ersten Weltkrieg geht aus Briefen
    hervor, die er in jenen Jahren schrieb, dokumentiert in: Aya Soika: Weltenbruch.
    So schrieb er noch am 2. November 1914 – aus Berlin – an den in Frankreich sta-
    tionierten Oldenburger Sammler und Juristen Ernst von Beyersdorff: »Ich glaube,
    dass es das wertvollste Ergebnis dieses furchtbaren Kampfes sein wird, dass das
    Deutschtum Elemente in sich birgt, die unzerstörbar sind u. so hoch, dass sie der
    ganzen Erde schließlich gehören werden.« (Soika, S. 154) Ebenfalls noch vor der
    Einberufung, vermutlich am 1. Januar 1915, äußerte er in einem anderen Brief an
    Beyersdorff: »Selbst wenn uns nur moralisch der Sieg über unsere Feinde bliebe,
    so bricht dann doch die Weltherrschaft deutschen Geistes an – wie es vielleicht
    verborgen schon jetzt war.« (Soika, S. 155) Doch schon im Mai/Juni 1915 befand
    er, nun an der Ostfront, in einem Brief an Niemeyer: »Russisches und Deut-
    sches – das ist beides eins im Kriege und keiner besser – der deutsche Soldat haust
    und handelt nicht besser als der Kosak.« (Soika, S. 159) Und am 4. Juli 1915 hieß
    es in einem Brief an den Maler Curt Herrmann: »Wenn ich mich noch lange in
    Russland herumtreibe läuft mein ganzer Patriotismus und Deutschenstolz Ge-
    fahr, kaputt zu gehen – die russische Landschaft mit ihrer großen slavischen Ver-
    träumtheit gefällt mir zu sehr.« (Soika, S. 159 f.) Wenige Monate später, am 1. Sep-
    tember 1915, schrieb er, beeindruckt von der handwerklichen Kunstfertigkeit der
    russischen Landbevölkerung, an Niemeyer: »Der Bauer in der ganzen Gegend
    ringsum hat nur ein Material zur Verfügung, das Holz. Daraus macht er aller-

dings auch schlechtweg alles, sein gesamtes Hausgerät – meist alles aus einem
Stück […]. Was nicht aus einem Stück zu machen ist – Wagen u. Schlitten – zeigen die geistreichsten Holzverbindungen – ohne Eisennägel […] Und in dies kul-
turvolle Land brachen die Germanen ein wie Barbarenhorden.« (Soika, S. 160)

117 Schmidt-Rottluff an Niemeyer, Mai/Juni 1915, zitiert nach: Soika, S. 159.
118 Schmidt-Rottluff an Niemeyer, 28. Juni 1917, zitiert nach: Soika, S. 166.
119 Theobald von Bethmann Hollweg.
120 Soika, S. 165 f.
121 Ebd., S. 165 f.
122 Ebd., S. 162-164. Der größte Teil dieser Arbeiten ging im Zweiten Weltkrieg
      durch die Bombardierung von Schmidt-Rottluffs Berliner Wohnung verloren.
123 Vgl. Linde Rohardt: Publikationen von Rosa Schapire, in: Schulze, S. 331-339,
      hier S. 332.
124 Bruhns, in: Junge-Gent, S. 273.
125 Ebd., S. 275.
126 Vasanta, S. 170.
127 Reuss-Löwenstein, in: Hamburger Anzeiger vom 17. August 1931, Bruhns-Ar-
      chiv im Warburg-Haus.
128 Ahrens, in: Schulze, S. 28-53, hier S. 47.
129 »Diese aus Galizien stammende Jüdin hatte sich in Hamburg als Kunstgelehrte
      niedergelassen […].« Gustav Schiefler: Eine Hamburgische Kulturgeschichte.
      1890-1920. Beobachtungen eines Zeitgenossen, bearb. von Gerhard Ahrens, Hans
      Wilhelm Eckardt und Renate Hauschild-Thiessen, Hamburg 1985, S. 527; ähnlich
      auch S. 302.
130 Ebd., S. 527f.
131 Ebd., S. 302.
132 Rosa Schapire: Das graphische Werk Edvard Munchs, in: Zeitung für Literatur,
      Kunst und Wissenschaft, Beilage des Hamburgischen Correspondenten, 25, 30,
      8. Dezember 1907, und dies.: Liebermanns graphisches Werk, in: ebd., 7, 31,
      29. März 1908. Vgl. zur eventuellen Rivalität zwischen Schapire und Schiefler:
      Ahrens, S. 42-48.
133 Rosa Schapire: Gustav Schiefler und die Kunst seiner Zeit, in: Der Kreis: Zeit-
      schrift für künstlerische Kultur, 12, 1927, S. 681-683. Das Sonderheft enthielt ne-
      ben Schapires Text Aufsätze zu Ehren Gustav Schieflers von Max Sauerlandt, Fritz
      Schumacher, Gustav Pauli, Carl Mönckeberg, R. Johannes Meyer, Carl Götze
      und Hans W. Fischer.
134 Ebd., S. 681.
135 Schiefler: Eine Hamburgische Kulturgeschichte, S. 125.
136 Schapire: Gustav Schiefler und die Kunst seiner Zeit, S. 682.
137 Ebd., S. 683.
138 Maike Bruhns; Anja Dauschek; Nicole Tiedemann-Bischop (Hrsg.): Tanz des
      Lebens. Die Hamburgische Sezession 1919-1933, Dresden 2019.
139 Joppien, in: Schulze, S. 150.
140 Volker Pirsich: Verlage, Pressen und Zeitschriften des Hamburger Expressionis-
      mus, Frankfurt a.M. 1988, S. 227-240, hier S. 231f.
141 Bruhns, in Schulze, S. 227f.
142 Ebd., S. 224.
143 Wietek: »Dr. phil. Rosa Schapire«, S. 123.

144 Rosa Schapire: Karl Schmidt-Rottluffs graphisches Werk bis 1923, Berlin, Nachdruck: New York 1987.

145 Schiefler an Schmidt-Rottluff, zitiert nach Ahrens, S. 44. Wie intensiv Schiefler
sich mit der Grafik Schmidt-Rottluffs auseinandergesetzt hatte, ist einem seiner
Briefe an den Künstler zu entnehmen: »[I]ch danke Ihnen sehr für die Übersen-
dung Ihrer Lithographien. Wenn ich Ihnen nicht eher geantwortet habe, so hat
das seinen Grund darin, dass ich Ihnen gern mehr über den Eindruck schreiben
wollte, als ich nach dem ersten Schein konnte. Sie werden es begreiflich finden,
dass diese starke Vereinfachung oder Rhythmisierung [...] erst verarbeitet werden
muss. Man muss in diesem Garten erst einmal spazierengehen, ehe man anfängt
sich in ihm heimisch zu fühlen.« Vgl. Wietek: Schmidt-Rottluff. Oldenburger
Jahre 1907-1912, S. 182, 2, 2.

146 Schulze, S. 206.

147 Ebd., S. 40.

148 Wietek: »Dr. phil. Rosa Schapire«, S. 140.

149 Schapire an Sauerlandt, 20. November 1929, Nachlass Sauerlandt, Staats- und
Universitätsbibliothek Hamburg, M3a, zitiert nach: Bruhns, in: Schulze, S. 220f.

150 Vgl. Rohardt, in: Schulze, S. 332f.

151 Vgl. S. 17.

152 Siehe S. 51 und 31.

153 Peters, in: Dogramaci; Sandner, S. 199-204.

154 Siehe S. 53.

155 Schapire: Ernst Ludwig Kirchner, in: Der Kreis, 4, 1927, S. 143-147.

156 Leonie Beiersdorf: »_ dass Leben und Arbeit eines sind«. Gelebte Utopie in
Kirchners Ateliers und Schapires Wohnräumen, in: Ralf Beil; Claudia Dillmann
(Hrsg.): Gesamtkunstwerk Expressionismus. Kunst, Film, Literatur, Theater,
Tanz und Architektur 1905 bis 1925, Katalog zur Ausstellung auf der Mathilden-
höhe Darmstadt vom 24. Oktober 2010 bis 13. Februar 2011, Ostfildern 2010,
S. 68-79, hier S. 73.

157 Ebd.

158 Anlässlich der Ausstellung »Frauenschaffen des 20. Jahrhunderts« in Hamburg
1927.

159 Schulze, S. 35.

160 Ebd., S. 204.

161 Rosa Schapire: Die Frau in der bildenden Kunst, in: Frau und Gegenwart, Nr. 40,
4. Jg., Hamburg 1927, verfasst anlässlich der Ausstellung »Frauenschaffen des
20. Jahrhunderts« mit der »Schule der Frau« im Nordischen Rundfunk und der
Staatlichen Kunstgewerbeschule in Hamburg vom 6. bis 27. Oktober 1927. Wieder abgedruckt in: Carola Muysers (Hrsg.): Die bildende Künstlerin, Wertung
und Wandel in deutschen Quellentexten 1855-1945, Amsterdam/Dresden 1999,
S. 170-174, hier S. 171-173.

162 Rosa Schapire: Paula Modersohn-Becker, in: Der Kreis, 3, 1926, S. 112-115, hier
S. 114.

163 Schulze, S. 75.

164 Traute Hoffmann: Der erste deutsche Zonta-Club. Auf den Spuren außergewöhnlicher Frauen, Hamburg 2006, S. 9ff.

165 Magdalene Schoch promovierte 1920 bei dem Völkerrechtler Albrecht Mendels-
sohn Bartholdy. Ebenfalls bei ihm habilitierte sie sich 1932 an der 1919 gegründe-

ten Hamburgischen Universität, wo sie als Privatdozentin in der Lehre tätig und am Aufbau des Instituts für Auswärtige Politik beteiligt war. Sie engagierte sich in bürgerlich-liberalen und sozialdemokratischen Frauenverbänden. Auf die Aufforderung der Universität, der NSDAP beizutreten, reagierte sie 1937 mit der Kündigung ihrer Stelle. Sie emigrierte in die USA, ohne dort eine berufliche Perspektive zu haben. Dennoch gelang es ihr, in US-amerikanischen Regierungsbehörden als hochrangige Juristin Fuß zu fassen. Vgl. Susanne Wittek: Magdalene Schoch – unbeirrbar konsequent »in den Tagen, in denen Freundschaft allein besteht«, in: dies.: Absprung über Niemandsland, S. 174-187.

166 Johanna Lessmann: Zur Geschichte des Zonta-Clubs Hamburg, in: Traute Hoffmann; Johanna Lessmann: Der erste deutsche Zonta-Club. Auf den Spuren außergewöhnlicher Frauen, Hamburg 2019, S. 11-19, hier S. 11. Eine Satzung des Clubs ist nicht bekannt. Vgl. Lessmann, S. 13.

2. Ausgrenzung und Flucht aus Deutschland

1 Wietek: »Dr. phil. Rosa Schapire«, S. 124.

2 Schapire an Holthusen, GNM, DKA, NL Agnes Holthusen, I,C-8 (1934-04-19a/b).

3 Schapire: Aus dem Prager Ghetto, in: Monatsblätter des Jüdischen Kulturbundes Hamburg, 3, 2,1938, S. 6.

4 Beiersdorf, in: Schulze, S. 272.

5 Wietek: »Dr. phil. Rosa Schapire«, S. 125.

6 Joppien, in: Schulze, S. 169-177.

7 Sabine Schulze: Rosa. Eigenartig grün …, in: dies., S. 8-19, hier S. 16.

8 Ebd.

9 Wietek: »Dr. phil. Rosa Schapire«, S. 124.

10 Sarah Schmidt: Nationalsozialismus 1933-1945, Teil 1: Von der Machtübernahme der Nationalsozialisten bis zum Kriegsbeginn, in: https://geschichtsbuch.hamburg.de/epochen/nationalsozialismus/ (letzter Zugriff: 24. Februar 2021).

11 HHStA, 720-I_Zeitschrift Liskor-Erinnern, S. 24.

12 Die 1906 eingeweihte und 1938 verwüstete Synagoge wurde 1939 auf Antrag des Hamburger Tiefbauamtes »bis auf die Grundmauern« abgerissen. Die Stadt verlangte anschließend unter dem Anschein von Legalität das Grundstück zurück, da im Kaufvertrag von 1902 Abriss und Rückgabe für den Fall vereinbart worden waren, dass Synagoge und Gemeindehaus nicht mehr benötigt würden. Vgl.: Saskia Rohde: Synagogen im Hamburger Raum 1680-1943, in: Arno Herzig (Hrsg.): Die Juden in Hamburg 1590 bis 1990. Wissenschaftliche Beiträge der Universität Hamburg zur Ausstellung »Vierhundert Jahre Juden in Hamburg«, Bd. 2, Hamburg 1991, S. 143-175, hier S. 160.

13 Gaby Zürn: Forcierte Auswanderung und Enteignung 1933 bis 1941: Beispiele Hamburger Juden, in: Herzig, S. 487-498, hier S. 488. Bis zum Verbot der Auswanderung 1941 stieg die Zahl der legalen Auswanderungen aus Hamburg auf 8.000 bis 10.000.

14 60 Prozent der Auswanderer waren zwischen 20 und 45 Jahre alt, und der Anteil der Männer übertraf den der Frauen. Vgl. Zürn, S. 488.

15 Elsbeth Weichmann: Zuflucht – Jahre des Exils, Hamburg 1983, S. 30.

16 Beiersdorf, in: Schulze, S. 252. Beiersdorf lässt offen, von wem das Affidavit stammte. Siehe hierzu auch S. 76.

17 Karen Michels: Transplantierte Kunstwissenschaft: deutschsprachige Kunstgeschichte im amerikanischen Exil, Berlin 1999, S. 28.
18 Ebd., S. 28.
19 Ebd., S. 3.
20 Ebd., S. 29.
21 Hoffmann; Lessmann: Der erste deutsche Zonta-Club, S. 49-56.
22 Schapire an Bing, 30. Mai 1938, zitiert nach: Burcu Dogramaci: Still Fighting for Modern Art. Rosa Schapire in England, in: Dogramaci; Sandner, S. 229-256, hier S. 232.
23 Schapire an Bing, 26. August 1938, Warburg Institute Archive, General Correspondence. Ich danke Dr. Leonie Beiersdorf, die mir diesen Brief zur Verfügung gestellt hat.
24 Fritz Saxl an die K.B.W., 30. März 1927, siehe https://wi-calm.sas.ac.uk/calm-view/Record.aspx?src=CalmView.Catalog&id=WIA+GC%2f19467&pos=9 (letzter Zugriff: 23. Mai 2021).
25 Zitiert nach: Dogramaci, S. 232.
26 Über die besonderen Schwierigkeiten, kurz vor Kriegsbeginn privaten Kunstbesitz ins Ausland auszuführen, und die systematischen Schikanen deutscher Behörden gegenüber Juden siehe: Beiersdorf, in: Schulze, S. 259-262.
27 Beiersdorf, in: Schulze, S. 259.
28 Bruhns, in: Schulze, S. 242f.
29 Beiersdorf, in: Schulze, S. 261.
30 Schapire an Saxl, 22. Januar 1939, Warburg Institute Archive, General Correspondence. Ich danke Dr. Leonie Beiersdorf, die mir diesen Brief zur Verfügung gestellt hat.
31 Beiersdorf, in: Schulze, S. 259f.
32 Ebd., S. 261.
33 Ebd., S. 262.
34 StAHH, Oberfinanzpräsident, 314-15, FVg 5994, Schapire (Rosa).
35 Beiersdorf, in: Schulze, S. 258.
36 Erika von Hornstein: So blau ist der Himmel. Meine Erinnerungen an Karl Schmidt-Rottluff und Carl Hofer, Berlin 1999, S. 46. Ich danke Dr. Rüdiger Joppien für den Hinweis auf von Hornsteins Buch.
37 https://de.wikipedia.org/wiki/Wangoni#/media/Datei:WANGONI_WL.jpg (letzter Zugriff: 14. Juli 2021).
38 Beiersdorf, in: Schulze, S. 261.
39 StAHH, Oberfinanzpräsident, 314-15, FVg 5994, Schapire (Rosa).
40 Ebd.
41 Ebd.
42 Bruhns, in: Schulze, S. 242f.
43 Michels, S. IX.
44 Philip Ziegler: London at War 1939-1945, London 1995, S. 23.

3. Neubeginn im »Phoney War«

1 Bruhns, S. 242f.
2 Hausnummer bei: Elizabeth Crawford: The Women's Suffrage Movement: A Reference Guide 1866-1928, S. 124.
3 Schmidt-Rottluff aus seinem Ferienort Rumbke an Schapire, 4. September 1939.

4 Schmidt-Rottluff an Schapire, 7. Januar 1940; Schmidt-Rottluff an Schapire, ohne Datum, jedoch vor dem 30. März 1940, da von Schapire per Hand das Datum 30. März 1940 vermerkt ist (vermutlich das Eingangsdatum).

5 Schapire an Schmidt-Rottluff, 15. Dezember 1951.

6 Ziegler, S. 75.

7 Manchmal auch »Phony War«, siehe https://www.britannica.com/event/Phony-War (letzter Zugriff: 6. Februar 2021). Dem englischen Begriff entspricht der französische Begriff des »Drôle de guerre«.

8 Ziegler, S. 4. New York hatte damals 6,93 Mio. Einwohner.

9 Dietmar Süß: Tod aus der Luft. Kriegsgesellschaft und Luftkrieg in Deutschland und England, München 2011, S. 28-30.

10 Ebd., S. 51.

11 Ziegler, S. 40.

12 Ebd., S. 51.

13 Ebd., S. 43.

14 Ebd., S. 44.

15 Ebd., S. 43.

16 Süß, S. 163, und Ziegler, S. 67-70.

17 Ziegler, S. 47-48.

18 Süß, S. 83.

19 Ebd., S. 52.

20 Anfang September trugen 71 Prozent der Männer und 76 Prozent der Frauen auf der Westminster Bridge Gasmasken, allerdings mit abnehmender Tendenz, als der erwartete Angriff ausblieb. Vgl. Ziegler, S. 73 f.

21 Peter Ackroyd: London. Die Biographie, München 2002, S. 731.

22 Ziegler, S. 61.

23 Ebd., S. 56.

24 Ebd., S. 54.

25 Ebd., S. 197.

26 Ebd., S. 79, Übers. S. Wittek.

27 Ebd., S. 77.

28 Ebd., S. 77.

29 Ackroyd, S. 727.

30 Schapire an Schmidt-Rottluff, 31. Oktober 1946, Hervorhebungen im Original.

31 Schapire an Christian Töwe, mit Briefkopf 21 Leinster Square, London, W.2., GNM, DKA, NL Töwe, Christian, I,C-68 (1947-05-05).

32 Ziegler, S. 143 f.

33 Ackroyd, S. 733.

34 Ziegler, S. 143 f.

35 Ackroyd, S. 737.

36 Ebd., S. 738 f.

37 Beate Meyer: Deportationen, in: Das Jüdische Hamburg. Ein historisches Nachschlagewerk, https://www.dasjuedischehamburg.de/inhalt/deportationen (letzter Zugriff: 24. Februar 2021).

38 Beiersdorf, in: Schulze, S. 264-266.

39 Schapire an Holthusen, GNM, DKA, NL Agnes Holthusen, I,C-8 (1945-08-26).

40 Gustav Delbanco an Willem Grimm, GNM, DKA, NL Agnes Holthusen, I,B-1 (1954-02-03).

41 Schapire an Saxl, 22. Januar 1939, Warburg Institute Archive, General Correspondence. Ich danke Dr. Leonie Beiersdorf, die mir diesen Brief zur Verfügung gestellt hat.
42 Schapire an Schmidt-Rottluff, 2. Mai 1951.
43 Am 18. Juli 1951 schrieb Schapire an Schmidt-Rottluff, Elsa Delbanco habe ihr nach ihrem Umzug in die Kingsbridge Road »einen Check gestiftet, damit ich mir etwas, das mir Spaß macht, für das neue Heim kaufe«. Am 11. Dezember 1953 und am 14. Dezember 1953 berichtete sie ihm von einem »Weihnachtsgeschenk von Elsa Delbanco«, das ihr ermöglicht habe, »bei einem Althändler einen Tisch und in Proportionen dazu gehörigen Stuhl« zu besorgen.
44 Schapire an Karl und Emy Schmidt-Rottluff, 21. Februar 1951.
45 Siehe S. 65.
46 Günther Sandner: Otto Neurath. Eine politische Biographie, Wien 2014, S. 41 und S. 186.
47 Sandner: Anna Schapire: ein intellektuelles Porträt, in: Dogramaci; Sandner, S. 119-141, hier S. 138.
48 Ebd., S. 119.
49 Ebd., S. 127. Kurz nach der Jahrhundertwende, im Sommer 1904, hielten sich Otto Neurath und die beiden Schwestern in Grünberg bei Steyr in Oberösterreich auf. Vgl.: Sandner: Otto Neurath, S. 37.
50 Zu Schapires Freundschaft mit Neurath siehe auch S. 81.
51 Sandner: Otto Neurath, S. 10.
52 Ebd., S. 122-132 und S. 142.
53 Ebd., S. 234-240.
54 Ebd., S. 262-270.
55 ISOTYPE ist die Kurzform von International System of Typographic Picture Education.
56 Sandner: Otto Neurath, S. 271-273.
57 Beiersdorf, in: Schulze, S. 264f.
58 Ackroyd, S. 738-740.
59 Ebd., S. 740.

4. Nachkriegszeit

1 Schapire an Holthusen, GNM, DKA, NL Agnes Holthusen, I,C-8 (1945-08-26).
2 Schapire an Holthusen, GNM, DKA, NL Agnes Holthusen, I,C-8 (1946-01-06).
3 Schmidt-Rottluff an Schapire, 5. Dezember 1945.
4 So bestätigte Schmidt-Rottluff am 5. November 1946 den Empfang eines Briefes vom 20. Oktober 1946.
5 Denn Schapire meinte Schmidt-Rottluffs Brief vom 5. Dezember 1945, wenn sie am 6. Januar 1946 an Holthusen schrieb: »Und dass Du es fertig gebracht hast, eine Abschrift meines Briefes an S-R. zu schicken – gestern kam ein Brief von ihm! – werde ich Dir nie vergessen.« GNM, DKA, NL Agnes Holthusen, I,C-8 (1946-01-06).
6 Schmidt-Rottluff an Schapire, o.D., mit handschriftlicher Notiz von Schapire »ang. 13.III.46.«
7 Otto Neurath starb am 22. Dezember 1945 in Oxford.
8 Schapire an Holthusen, GNM, DKA, NL Agnes Holthusen, I,C-8 (1946-01-06).

9 Schmidt-Rottluff an Schapire, ohne Datum, mit handschriftlicher Notiz von Schapire »ang. 13.III.46.«.

10 Ebd.

11 Schapire an Holthusen, DKA, NL, Holthusen, Agnes, I,C-8 (1946-01-06).

12 Zur Geschichte des Brücke-Museums: Christiane Remm: Karl Schmidt-Rottluff und das Brücke-Museum in Berlin, in: Mössinger, S. 19-23, hier S. 19.

13 Pevsner war jüdischer Herkunft, aber seit 1920 evangelischen Glaubens. Er konnte in Großbritannien zunächst ein von der SPSL finanziertes Forschungsprojekt durchführen, schlug sich dann mehrere Jahre lang als Möbeleinkäufer und -berater durch, wurde 1940 als »feindlicher Ausländer« interniert und beteiligte sich anschließend an der Trümmerräumung in London. Ab 1941 konnte er seine wissenschaftliche Laufbahn fortsetzen, er hatte Lehraufträge und ab 1959 Professuren an der University of London, in Cambridge und Oxford inne. Vgl.: Ulrike Wendland: Biographisches Handbuch deutschsprachiger Kunsthistoriker im Exil: Leben und Werk der unter dem Nationalsozialismus verfolgten und vertriebenen Wissenschaftler, Teil 2, L-Z, S. 506f.

14 Beiersdorf, in: Schulze, S. 265. Bei Dogramaci und Sandner heißt es allerdings auf S. 268, Schapires Arbeiten zu den Bänden über Nottinghamshire und County Durham seien nicht gesichert.

15 Michels, S. 29, Anm. 178.

16 Schmidt-Rottluff an Schapire, 15. Juni 1953.

17 Schapire an Schmidt-Rottluff, 31. Oktober 1946, Hervorhebungen im Original.

18 Schmidt-Rottluff an Schapire, 5. November 1946.

19 Schmidt-Rottluff an Schapire, 19. Dezember 1946.

20 Städtische Kunstsammlung zu Chemnitz (Hrsg.): »Karl Schmidt-Rottluff. Aquarelle aus den Jahren 1943-1946«, Katalog zur Ausstellung im Schlossberg-Museum, Sommer 1946, Chemnitz 1946. Die Ausstellung fand vom 6. September bis 13. Oktober 1946 statt.

21 Friedrich Schreiber-Weigand sammelte als Direktor der Städtischen Kunstsammlungen Chemnitz Werke u.a. der Brücke-Maler Schmidt-Rottluff, Erich Heckel, Ernst Ludwig Kirchner und Max Pechstein. 1933 wurde er als einer der ersten deutschen Museumsdirektoren amtsenthoben. Nach 1945 sorgte er für die Neuordnung der Sammlungen und für die Rehabilitation der bis 1945 verfemten Künstler.

22 Schmidt-Rottluff an Schapire, 20. Januar 1947. Er bezog sich auf ihren Brief vom 30. Dezember 1946, der verloren gegangen ist.

23 Rosa Schapire: Zu Schmidt-Rottluffs Ausstellung bei Commeter, in: Der Hamburger, Bd. 1, 1911, H. 12, S. 267-268.

24 Rosa Schapire: Karl Schmidt-Rottluff, in: Karl Schmidt-Rottluff. Ausstellung in der Kunsthütte zu Chemnitz, 1929, Bl. 2-3.

25 Schmidt-Rottluff an Schapire, 20. Januar 1947.

26 Schapire an Schmidt-Rottluff, 1. August 1950.

27 Schapire an Schmidt-Rottluff, 15. Januar 1954.

5. Die letzten Jahre

1 Schapire an Schmidt-Rottluff, 3. August 1951.

2 Schapire an Schmidt-Rottluff, 25. Oktober 1951.

3 Schapire an Schmidt-Rottluff, 12. Dezember 1952.

4   Schapire an Schmidt-Rottluff, 5. Oktober 1950.
5   Schapire an Schmidt-Rottluff, 25. Dezember 1952.
6   Schapire an Schmidt-Rottluff, 7. Dezember 1953.
7   Hin und wieder ist von verloren gegangenen Briefen die Rede. Es liegen vor: 38 Briefe von Schapire gegenüber 34 Briefen von Schmidt-Rottluff im Jahr 1951, 51 gegenüber 38 Briefen im Jahr 1952, 56 gegenüber 50 Briefen im Jahr 1953.
8   Siehe Schapires Brief an Schmidt-Rottluff vom 11. September 1953, S. 129.
9   Wietek: Maler der Brücke, Geleitwort, S. 6.
10 Schmidt-Rottluff an Schapire, 9. April 1953.
11 Marian Stein-Steinfeld: Eine Freundschaft jenseits von allem Zeitbedingten: Hanna Bekker und Karl Schmidt-Rottluff, in: Mössinger, S. 9-13, hier S. 13.
12 Christian Saehrendt: »Die Brücke« zwischen Staatskunst und Verfemung. Expressionistische Kunst als Politikum in der Weimarer Republik, im »Dritten Reich« und im Kalten Krieg, Stuttgart 2005, S. 22.
13 Hornstein, S. 97.
14 Ingrid Mössinger: Einführung, in: dies., S. VIII-XIV, hier S. X.
15 Saehrendt, S. 110.
16 Schapire an Schmidt-Rottluff, 22. April 1953.
17 Schapire an Schmidt-Rottluff, 2. November 1951.
18 Schapire an Schmidt-Rottluff, 24. November 1951, Hervorhebung im Original.
19 So berichtete Schapire Schmidt-Rottluff am 30. Mai 1953: »Meine neuen Autofreunde waren […] bei mir […]. Sie hatten deinen Namen noch nie gehört […]. Umso stärker war ihre Reaktion, besonders auf das große ekstatische Frauenbildnis. Es hätte Dir auch Freude gemacht.« Am 10. Oktober 1953 an Karl und Emy Schmidt-Rottluff: »Die junge Schweizer Kunsthistorikerin, Frl. Schneider […] ist wieder da. Sie war in Luzern und ist voller Begeisterung über die Farben Deiner Aquarelle.« Am 26. November 1953 an Schmidt-Rottluff: »[…] Besuch von einer […] Nichte von Cläre Grimm, die […] mir viel von alten Hamburger Freunden zu erzählen wusste. Sie war auch von Deinen Bildern sehr beeindruckt, eine wirklich erfreuliche Begegnung.«
20 Schapire an Schmidt-Rottluff, 19. Juni 1950.
21 Ebd.
22 Schmidt-Rottluff an Schapire, 22. Juni 1950.
23 Schapire an Holthusen, GNM, DKA, NL Holthusen, Agnes, I,C-11 (1954-01-15a).
24 Schapire an Schmidt-Rottluff, 1. März 1952.
25 Schapire an Schmidt-Rottluff, 24. November 1951.
26 Schapire an Karl und Emy Schmidt-Rottluff, 8. September 1950.
27 Schapire an Holthusen, GNM, DKA, NL Agnes Holthusen, I,C-10 (1951b).
28 Schapire an Schmidt-Rottluff, 9. Juni 1950.
29 Dogramaci, S. 240.
30 Schapire an Holthusen, GNM, DKA, NL Agnes Holthusen, I,C-11 (1953-11-16).
31 Dogramaci, S. 240.
32 Schapire an Schmidt-Rottluff, 5. Oktober 1950.
33 Dogramaci, S. 241.
34 Beiersdorf, in: Schulze, S. 266.
35 Schapire an Schmidt-Rottluff, 19. November 1953.
36 Schapire an Schmidt-Rottluff, 10. November 1952.
37 Schapire an Schmidt-Rottluff, 24. November 1952.

38 Ebd.
39 Schapire an Karl und Emy Schmidt-Rottluff, 5. Februar 1953.
40 Schapire in Die Weltkunst (Auswahl): Die Mosaiken von Ravenna (Jg. 22, Nr. 18,
    15. September 1952, S. 2), Die Neuordnung der ostasiatischen Abteilung im Victo-
    ria and Albert Museum (Jg. 22, Nr. 24, 15. Dezember 1952, S. 6), Die großen Hol-
    länder von 1450 bis 1750 (Jg. 22, Nr. 24, 15. Dezember 1952, S. 11), Theodor Géri-
    cault in der Marlborough Galerie in London (Jg. 23, Nr. 1, 1. Januar 1953, S. 3 f.),
    Matisse in der Tate Gallery (Jg. 23, Nr. 4, 15. Februar 1953, S. 11), Barlach. Leben
    und Werk in seinen Briefen (Jg. 23, Nr. 6, 15. März 1953, S. 2), Mexikanische Kunst
    in der Tate Gallery (Jg. 23, Nr. 9, 1. Mai 1953, S. 3), Rodin-Ausstellung in London
    (Jg. 23, Nr. 11, 1. Juni 1953, S. 12), Michelangelo in London (Jg. 23, Nr. 14, 15. Juli
    1953, S. 3 f.), Französische Kunst in London (Jg. 23, Nr. 15, 1. August 1953, S. 4),
    Henry Moore (Jg. 23, Nr. 18, 15. September 1953, S. 2 und 4).
41 Schapire an Schmidt-Rottluff, 10. November 1952.
42 Umbro Apollonio: »Die Brücke« e la Cultura dell' Expressionismo, Venedig 1952.
43 Schapire an Karl und Emy Schmidt-Rottluff, 4. Juni 1953.
44 Schapire: Ein Italiener würdigt die Dresdener »Brücke«, in: Die Weltkunst, Jg. 23,
    Nr. 11, 1. Juni 1953, S. 11.
45 Schapire: Bilder deutscher Künstler in der Tate Gallery, in: Die Weltkunst, Jg. 23,
    Nr. 17, 1. September 1953, S. 6.
46 Ebd.
47 John Rothenstein war von 1938 bis 1964 Direktor der Tate Gallery in London.
48 Schapire an Schmidt-Rottluff, 15. Januar 1950.
49 Beiersdorf, in: Schulze, S. 270.
50 Schapire an Schmidt-Rottluff, 29. Mai 1950.
51 Ebd.
52 Schapire an Schmidt-Rottluff, 26. Juli 1950.
53 Schapire an Schmidt-Rottluff, 30. Juli 1950.
54 Schapire an Schmidt-Rottluff, 1. August 1950.
55 Schapire an Schmidt-Rottluff, 14. September 1950.
56 Schapire an Karl und Emy Schmidt-Rottluff, 22. September 1950.
57 Ebd.
58 Die »Fauves« (franz. für Wilde, Bestien, wilde Tiere) waren eine Gruppe französi-
    scher Künstler um Henri Matisse, die zwischen 1905 und 1907 in wechselnder Be-
    teiligung miteinander ausstellten.
59 Schmidt-Rottluff an Schapire, o.D., Poststempel vom 28. Februar 1951.
60 Schapire an Schmidt-Rottluff, 3. März 1951.
61 Vgl. Hannah M. Krause: Die Kunsthalle Mannheim zwischen 1945 und 1955, in:
    Julia Friedrich; Andreas Prinzing (Hrsg.): »So fing man einfach an, ohne viele
    Worte«. Ausstellungswesen und Sammlungspolitik in den ersten Jahren nach dem
    Zweiten Weltkrieg, Berlin 2013, S. 147-156, hier S. 151.
62 Schapire an Schmidt-Rottluff, 26. Juni 1951.
63 Schapire an Schmidt-Rottluff, 18. Juli 1951.
64 Ettlinger war mithilfe Saxls und Pevsners nach England entkommen. Noch wäh-
    rend er sich zunächst in der Betreuung emigrierter Kinder engagierte, setzte er
    seine in Deutschland begonnene wissenschaftliche Arbeit fort. 1940 wurde er wie
    viele andere deutsche Flüchtlinge als »Enemy Alien« (»feindlicher Ausländer«) auf
    der Isle of Man interniert. Parallel zu einer Professur an der Slade School des Uni-

versity College in London (1959-1970) hatte er in den 1960er Jahren bereits Gast-
professuren an den US-amerikanischen Universitäten Yale und Berkeley inne, bevor er 1970 in die USA übersiedelte. Als Professor an der University of California
in Berkeley war er zeitweilig Dekan der Fakultät für Kunstgeschichte. Vgl.:
Wendland: Biographisches Handbuch, Teil 1, A-K, S. 139f.

65 Schapire an Schmidt-Rottluff, 5. Oktober 1950.
66 Schapire an Schmidt-Rottluff, 3. März 1951. Ettlingers besuchten Schapire noch ein-
    mal am 17. Oktober 1953, siehe Schapire an Schmidt-Rottluff, 18. Oktober 1953.
67 »Ronald Alley, […], was keeper of the modern collection at the Tate gallery for 21
    years until his retirement in 1986. Alley joined the staff of the Tate gallery in 1951,
    midway through the directorship of Sir John Rothenstein.« Vgl. https://www.thegu-
    ardian.com/news/1999/may/17/guardianobituaries2 (letzter Zugriff: 21. Juni 2021).
68 Schapire an Emy Schmidt-Rottluff, 17. Juli 1952.
69 Schapire an Schmidt-Rottluff, 2. Juni 1952.
70 Ebd.
71 Schapire an Schmidt-Rottluff, 2. September 1952, Hervorhebung im Original.
72 Vermutlich ist der Zeichner Herbert Meinke gemeint, der Schapire auf die Mög-
    lichkeit einer »Wiedergutmachung« durch den deutschen Staat aufmerksam machte.
    Er berichtete dem Hamburger SPD-Bundestagsabgeordneten Hellmut Kalbitzer,
    dass sie in »ärmlichsten Verhältnisse« lebte, und setzte ein Wiedergutmachungsver-
    fahren in Gang. Vgl. Bruhns: Kunst in der Krise, Bd. 1, S. 481. In einem Brief an
    Schmidt-Rottluff vom 24. November 1951 erwähnte Schapire auch Meinkes Buch
    Abschied von Blankenese.
73 Schapire an Schmidt-Rottluff, 11. Oktober 1951.
74 Schapire an Schmidt-Rottluff, 3. November 1952.
75 Prof. Dr. Georg Otto Schaltenbrand, Mitglied der NSDAP (1937) und des NS-
    Ärztebundes, forschte über Multiple Sklerose (MS), entzog zu diesem Zweck MS-
    Kranken Gehirn-Rückenmarksflüssigkeit, die anschließend zunächst Primaten
    und später Psychiatriepatienten gespritzt wurde, um sie mit MS anzustecken und
    so zu beweisen, dass die Krankheit durch ein Virus hervorgerufen werde. Die Ex-
    perimente endeten vorzeitig, da die Behinderten deportiert und vergast wurden. In
    einem Ermittlungsverfahren, das 1947 gegen Schaltenbrand eingeleitet wurde, ka-
    men mehrere Gutachter zu dem Ergebnis, die Experimente seien »weder strafbar
    noch sittlich anfechtbar«. Schaltenbrand wurde Vorsitzender, später Ehrenvorsit-
    zender der deutschen Gesellschaft für Neurologie und galt als »MS-Papst«. Vgl.
    Ernst Klee: Auschwitz, die NS-Medizin und ihre Opfer, Frankfurt a.M. 1997,
    S. 71-77.
76 Schapire an Schmidt-Rottluff, 2. Mai 1953.
77 Schapire an Emy Schmidt-Rottluff, 9. Mai 1953.
78 Ebd., Hervorhebung im Original.
79 Schmidt-Rottluff an Schapire, 6. März 1951.
80 Schapire an Schmidt-Rottluff, 24. März 1951.
81 Möglicherweise handelte es sich um Alfred Scharf, von 1928 bis 1932 Herausgeber
    der Zeitschriften Der Cicerone, in der Schapire von 1907 bis 1921 gelegentlich
    Aufsätze veröffentlicht hatte, und Die Weltkunst, für die sie ab 1952 bis zu ihrem
    Tod als Londoner Korrespondentin tätig war. Nachdem seine Habilitation in
    Frankfurt »an antisemitischen Kräften (scheiterte)«, emigrierte er 1933 nach Groß-
    britannien. Dort betätigte er sich als freiberuflicher »Kunstexperte«, Berater und

Kunstschriftsteller, u.a. in Kooperation mit dem Warburg Institute. Vgl.: Wenland: Biographisches Handbuch, Teil 2, L-Z, S. 601f.
82 Schapire an Schmidt-Rottluff, 26. Juni 1952, Hervorhebung im Original.
83 Schapire an Schmidt-Rottluff, 30. Juli 1950, Hervorhebung im Original.
84 Ebd.
85 Schapire an Holthusen, GNM, DKA, NL Agnes Holthusen, I,C-8 (1934-04-19a/b).
86 Schapire an Schmidt-Rottluff, 15. Januar 1950.
87 Schapire an Schmidt-Rottluff, 15. Januar 1950; 24. März 1950; 27. März 1950; 6. April 1950; 30. Juli 1950; 17. August 1950.
88 Schapire an Karl und Emy Schmidt-Rottluff, 27. März 1950.
89 Schapire an Schmidt-Rottluff, 24. März 1950.
90 Ebd.
91 In neun der 38 erhaltenen Briefe: Schapire an Schmidt-Rottluff, 2. Mai 1951; 19. Juni 1951; 18. Juli 1951; 21. September 1951; 11. Oktober 1951; 25. Oktober 1951; 2. November 1951; 19. November 1951; 24. November 1951.
92 Schapire an Schmidt-Rottluff, 2. Mai 1951.
93 Schapire an Schmidt-Rottluff, 18. Juli 1951.
94 Schulze, S. 119.
95 Schapire an Schmidt-Rottluff, 21. September 1951.
96 Schapire an Schmidt-Rottluff, 11. Oktober 1951.
97 Schapire an Karl und Emy Schmidt-Rottluff, 25. April 1951.
98 Ebd.
99 Schapire an Schmidt-Rottluff, 24. Mai 1951.
100 Schapire an Karl und Emy Schmidt-Rottluff, 12. August 1953.
101 Schapire an Schmidt-Rottluff, 10. Juni 1951.
102 Ebd.
103 Ebd.
104 Schapire an Schmidt-Rottluff, 16. Juni 1951.
105 Schapire an Schmidt-Rottluff, 25. Oktober 1951.
106 Schapire an Schmidt-Rottluff, 19. Juni 1951.
107 Schapire an Schmidt-Rottluff, 18. Juli 1951.
108 Am 26. Juli 1951.
109 Schapire an Schmidt-Rottluff, 10. Juli 1951.
110 Ebd.
111 Am 16. August 1951. Schapire an Karl und Emy Schmidt-Rottluff, 18. August 1951.
112 Schapire an Schmidt-Rottluff, 8. September 1951, Hervorhebung im Original.
113 Schapire an Schmidt-Rottluff, 3. Dezember 1951.
114 Schapire an Schmidt-Rottluff, 2. November 1951.
115 Ebd.
116 Schapire an Schmidt-Rottluff, 19. November 1951.
117 Ebd.
118 Schapire an Schmidt-Rottluff, 24. November 1951, Hervorhebung im Original.
119 Schapire an Schmidt-Rottluff, 25. Oktober 1951, Hervorhebung im Original.
120 Ebd.
121 Schapire an Karl und Emy Schmidt-Rottluff, 10. Juli 1951.
122 Schmidt-Rottluff an Schapire, 15. Juli 1951.
123 Schapire an Schmidt-Rottluff, 18. Juli 1951.
124 Schapire an Karl und Emy Schmidt-Rottluff, 4. Februar 1951.

125 Schapire an Schmidt-Rottluff, 14. Januar 1951.

126 Schapire an Schmidt-Rottluff, 2. Mai 1951.

127 Schmidt-Rottluff an Schapire, 19. Mai 1951.

128 Schapire an Schmidt-Rottluff, 24. Mai 1951.

129 Schmidt-Rottluff an Schapire, 27. April 1951.

130 Schapire an Schmidt-Rottluff, 2. Mai 1951.

131 Schmidt-Rottluff an Schapire, 19. Mai 1951.

132 Schapire an Emy Schmidt-Rottluff, 18. März 1951.

133 Schapire an Schmidt-Rottluff, 13. September 1951.

134 Schapire an Schmidt-Rottluff, 3. Dezember 1951.

135 Vom 26. Juli 1951 bis zum 21. März 1953.

136 Schapire an Schmidt-Rottluff, 14. Oktober 1952, Hervorhebung im Original.

137 Schapire an Emy Schmidt-Rottluff, 5. Januar 1952.

138 Ackroyd, S. 446 und S. 775.

139 Schapire an Schmidt-Rottluff, 19. Januar 1952.

140 Schapire an Schmidt-Rottluff, 20. Juli 1952.

141 Schapire an Karl und Emy Schmidt-Rottluff, 12. September 1952, Hervorhebung im Original.

142 Schmidt-Rottluff an Schapire, 21. September 1952.

143 Schapire an Schmidt-Rottluff, 24. September 1952.

144 Von ihrer »Todessehnsucht« spricht Schapire in ihren Briefen an Karl Schmidt-Rottluff vier Mal im Jahr 1952 (bei 51 Briefen) und fünf Mal im Jahr 1953 (bei 56 Briefen).

145 Schapire an Schmidt-Rottluff, 28. Oktober 1952

146 Friedrich Müller an Rosa Schapire am 19. Dezember 1952, Unternehmensarchiv SWR – Bestand SDR: 49-58: Künstlerfonds. Protokolle/Tätigkeitsberichte, 28. Februar 1952 bis 31. Dezember 1961. Ich danke Tobias Fasora aus der Abteilung Information, Dokumentation und Archive des Südwestrundfunks und des Saarländischen Rundfunks für seine Recherchen und die Bereitstellung von Dokumenten zur »Ehrengabe« des Süddeutschen Rundfunks an Rosa Schapire.

147 Schapire an Schmidt-Rottluff, 25. Dezember 1952.

148 Brief Friedrich Müller, Unternehmensarchiv SWR – Bestand SDR: 49-58: Künstlerfonds. Protokolle/Tätigkeitsberichte, 28. Februar 1952 bis 31. Dezember 1961.

149 Matthias Pasdzierny: »Der Ozean, der mich seitdem von dem Geburtslande trennte, hat wieder zwei Ufer…« Der Künstlerfonds des Süddeutschen Rundfunks und das deutsch-jüdische Musikexil, in: Claus-Dieter Krohn; Erwin Rotermund; Lutz Winckler; Wulf Koepke in Verbindung mit Dörte Schmidt (Hrsg.): Exilforschung. Ein internationales Jahrbuch, 26/2008, Kulturelle Räume und ästhetische Universalität. Musik und Musiker im Exil, München 2008, S. 195-231, hier S. 195.

150 Ebd., S. 200f.

151 Auch Paul Celan sollte bedacht werden, verweigerte jedoch die Annahme. Siehe Matthias Pasdzierny, S. 195. Die 748 bis zum Jahr 2008 unterstützten Personen setzten sich so zusammen: 188 Schriftsteller, 164 Musiker und Sänger, 91 Maler, 89 Schauspieler, 66 Journalisten, 21 Bildhauer, 12 Fotografen, 6 Tänzer, 3 Filmschaffende, 2 Architekten und 106 Sonstige. Ebd., S. 218.

152 Pasdzierny, S. 196.

153 Der ersten »Ehrengabe« an Schapire lag laut der Karteikarte 49-250 aus dem Ar-

chiv des SDR ein Antrag mit der Nummer 77 zugrunde, der zweite Antrag hatte
die Nummer 200.

154 Unternehmensarchiv SWR – Bestand SDR: Tätigkeitsbericht des SDR vom 10. März
1954.

155 Pasdzierny, S. 207.

156 Ebd., S. 202.

157 Ebd., S. 203.

158 Ebd., S. 204.

159 Rosa Schapire an Friedrich Müller, 24. Dezember 1952, Unternehmensarchiv
SWR – Bestand SDR: 49-61: Künstlerfonds. Korrespondenz A-Z, 1. Dezember
1952 – 1. Januar 1954

160 Ebd.

161 Schapire an Schmidt-Rottluff, 27. November 1952.

162 Ebd.

163 Schapire an Karl und Emy Schmidt-Rottluff, 21. Dezember 1952.

164 Schapire an Schmidt-Rottluff, 2. April 1951.

165 Schmidt-Rottluff an Schapire, 1. Januar 1953.

166 Schapire an Schmidt-Rottluff, 26. Januar 1953.

167 Ebd.

168 Schmidt-Rottluff an Schapire, 1. Februar 1953.

169 Schapire an Karl und Emy Schmidt-Rottluff, 5. Februar 1953.

170 Ebd.

171 Schapire an Schmidt-Rottluff, 9. März 1953.

172 Schapire an Schmidt-Rottluff, 20. März 1953.

173 Schapire an Karl und Emy Schmidt-Rottluff, 21. März 1953.

174 Schapire an Schmidt-Rottluff, o.D., Poststempel vom 18. Juli 1953.

175 Statt der ursprünglich geplanten 60 Blätter konnten wegen des begrenzten Raumes nur 40 ausgestellt werden, so Schapire an Schmidt-Rottluff, 26. Juli 1953.

176 Ebd.

177 Schapire an Karl und Emy Schmidt-Rottluff, 12. August 1953.

178 Schapire an Schmidt-Rottluff, 26. März 1953.

179 Schapire an Schmidt-Rottluff, 27. August 1953.

180 Schapire an Schmidt-Rottluff, 9. September 1953.

181 Schapire an Schmidt-Rottluff, 27. August 1953.

182 Schapire an Schmidt-Rottluff, 9. September 1953.

183 Schapire blieb mindestens bis zum 17. September 1953 in Leicester, denn ein un-
datierter Brief von dort an Schmidt-Rottluff trug den Poststempel dieses Datums.

184 Schapire an Schmidt-Rotlluff, 9. September 1953. Später nahm Schapire von dem
Plan Abstand, denn Tomory wollte seine Stelle in Leicester verlassen, sodass die
Weiterentwicklung der dortigen Galerie ungewiss war. Schapire an Karl und Emy
Schmidt-Rottluff, 27. September 1953.

185 Schapire an Schmidt-Rottluff, 9. September 1953, Hervorhebungen im Original.

186 Schmidt-Rottluff an Schapire, 6. September 1953.

187 Schapire an Schmidt-Rottluff, 11. September 1953, Hervorhebung im Original.

188 Schapire an Karl und Emy Schmidt-Rottluff, 27. September 1953, und Schapire an
Schmidt-Rottluff, 3. Oktober 1953.

189 Schmidt-Rottluff an Schapire, 7. Oktober 1953.

190 Schapire an Schmidt-Rottluff, 18. Oktober 1953.

191 Schapire an Schmidt-Rottluff, 5. Oktober 1953.
192 Schapire an Schmidt-Rottluff, 26. Oktober 1953.
193 Schapire an Schmidt-Rottluff, 7. Dezember 1953.
194 Schmidt-Rottluff an Schapire, 7. November 1953.
195 Schapire an Schmidt-Rottluff, 7. Dezember 1953.
196 Schapire an Schmidt-Rottluff, 14. Dezember 1953.
197 Schapire an Schmidt-Rottluff, 7. Dezember 1953.
198 Vermutlich handelte es sich um die Anfang 1953 in London erschienene Publikation »Sculpture: Theme and Variations: Towards a Contemporary Aesthetic«.
199 Schapire an Schmidt-Rottluff, 8. Dezember 1953.
200 Schmidt-Rottluff an Schapire, 2. Januar 1954.
201 Schapire an Schmidt-Rottluff, 11. Dezember 1953.
202 Mössinger, S. 13.
203 Hierzu im Einzelnen: Stein-Steinfeld, S. 9-13.
204 Ebd., S. 13.
205 Ebd., S. 12.
206 Bruhns, in: Junge-Gent, S. 279, Anm. 21.
207 Schapire an Schmidt-Rottluff, 14. Dezember 1953.
208 Schapire an Schmidt-Rottluff, 17. Dezember 1953.
209 Bruhns, in: Schulze, S. 240. Siehe auch S. 36f.
210 Schapire an Emy Schmidt-Rottluff, 2. Januar 1954.
211 Schapire an Schmidt-Rottluff, 5. Januar 1954.
212 Die Weltkunst, Jg. 24, Nr. 1, 1. Januar 1954, S. 7: »Die Regierung der Volksrepublik Polen beabsichtigt, nach einer Erklärung des polnischen Botschafters in Ost-Berlin, dem ›deutschen Volk‹ in den nächsten Tagen ›mehr als hundert Gemälde deutscher Meister‹ als Geschenk zu übergeben. Nach einer Meldung des sowjetzonalen Nachrichtendienstes ADN befinden sich unter diesen Gemälden Werke von Graff, Tischbein, Runge, Menzel, Lenbach, Thoma, Trübner und Corinth. Die Werke sollen im Pergamo[n]-Museum in einer Sonderausstellung gezeigt werden.«
213 Schapire an Schmidt-Rottluff, 5. Januar 1954.
214 Schapire: Russische Emigranten aus Paris in London; Bazarbilder aus Calcutta im Albert Museum; Hugh Ross Williamson: Canterbury Cathedral, in: Die Weltkunst, Jg. 24, Nr. 1, 1. Januar 1954, S. 1, 2 und 4.
215 Schapire an Schmidt-Rottluff, 15. Januar 1954. Am selben Tag bat sie auch Agnes Holthusen, ihr den betreffenden Katalog zu schicken. Schapire an Holthusen, DKA, NL, Holthusen, Agnes, I,C-11 (1954-01-15b).
216 Schapire an Schmidt-Rottluff, 15. Januar 1954. Dr. Otto Jäger steuerte zum Katalog zur Ausstellung »Karl Schmidt-Rottluff. Aquarelle aus den Jahren 1943-1946« den sechsseitigen Aufsatz »Chemnitz und Schmidt-Rottluff« bei.
217 Vgl. S. 84f.
218 Schapire an Karl und Emy Schmidt-Rottluff, 26. Januar 1954, Hervorhebung im Original.
219 Nikolaus Pevsner: Rosa Schapire †, in: Kunstchronik, 7. Jg., April 1954, S. 111. Auch Pevsner an Wietek, 9. Januar 1954: »She had been warned by her doctor not to go out in trying weather.« In: Wietek: Schmidt-Rottluff. Oldenburger Jahre 1907-1912, S. 205, Anm. 2.
220 Sean Rainbird: Andauernde Vernachlässigung – Rosa Schapire und die Rezeption

deutscher Kunst des 20. Jahrhunderts in Großbritannien, in: Schulze, S. 282-299, hier S. 284.

221 Schapire an Schmidt-Rottluff, 18. August 1952.

222 Delbanco an Grimm, GNM, DKA, NL Agnes Holthusen, I,B-1 (1954-02-03).

223 Beiersdorf, in: Schulze, S. 276.

6. Nachrufe

1 Delbanco an Grimm, GNM, DKA, NL Agnes Holthusen, I,B-1 (1954-02-03).

2 Schmidt-Rottluff an Delbanco, 7. Februar 1954, zitiert nach: Wietek: Schmidt-Rottluff. Oldenburger Jahre 1907-1912, S. 175.

3 Agnes Holthusen: Nachruf auf Rosa Schapire, GNM, DKA, NL Agnes Holthusen, I,B-1-1950.

4 Die Weltkunst, Jg. 24, Nr. 4, 15. Februar 1954, S. 10.

5 Nikolaus Pevsner in: Kunstchronik, 7, 1954, S. 111.

6 Barbara Herrmann: Ein guter Mensch – und mutig. Begegnung mit Rosa Schapire, in: Hamburger Abendblatt, Nr. 29/1954, 4. Februar 1954, S. 8.

7 Die Zeit, Nr. 6/1954, 11. Februar 1954, S. 7.

8 Die Welt, Nr. 28/1954, 3. Februar 1954, S. 6.

7. Verbleib der Kunstsammlung

1 Delbanco an Grimm, GNM, DKA, NL Agnes Holthusen, I,B-1 (1954-02-03).

2 Ahrens, in: Schulze, S. 38-42.

3 Wietek: »Dr. phil. Rosa Schapire«, S. 127.

4 Schapire an Schmidt-Rottluff, 26. Juni 1951.

5 Paul Martin Neurath an seine Patin Frau Korkisch, 21. Februar 1937, zitiert nach Anton Amann; Michael Domes; David Felder; Eva Sibitz; Anna Spitta: Die erfolgreiche Immigration des Paul M. Neurath in die USA, Projektbericht erstellt im Rahmen des Projektes OeNB Nr. 14993, Wien, Oktober 2013, S. 62, https://services.phaidra.univie.ac.at/api/object/o:1031159/diss/Content/get (letzter Zugriff: 20. Mai 2021).

6 Paul Martin Neurath an seine Patin Frau Korkisch, 21. Februar 1937, zitiert nach Amann u.a., S. 46.

7 Amann u.a., S. 66f.

8 Susanne Wittek: »So muss ich fortan das Band als gelöst ansehen.« Ernst Cassirers Hamburger Jahre 1919 bis 1933, Göttingen 2019, S. 174. In Göteborg besuchte P.M. Neurath an der Universität Vorlesungen Ernst Cassirers. Vgl.: Amann u.a., S. 76.

9 Amann u.a., S. 68.

10 Ebd., S. 104-118.

11 Schapire an Schmidt-Rottluff, 21. September 1951: »Von meinem Neffen, der in einem Wagen ungefähr ganz Nordamerika durchquert hat, kam ein überwältigender Bericht.«

12 Schapire an Schmidt-Rottluff, 3. September 1953.

13 Schapire an Holthusen, GNM, DKA, NL Agnes Holthusen, I,C-8 (1947-10-21).

14 Hier handelt es sich um Anna Neurath, geborene Schapire. Siehe S. 46f.

15 Wietek: »Dr. phil. Rosa Schapire«, S. 115f.
16 Amann u.a., S. 47.
17 Schulze, S. 277.
18 Schmidt-Rottluff an Schapire, 5. November 1946.
19 Lentos Kunstmuseum Linz (Hrsg.): Karl Schmidt-Rottluff. Stiftung Prof. Dr. Paul und Grete Neurath, Ausstellungskatalog, Linz 2004, S. 6.
20 Detaillierte Angaben über die Bestände in: Schulze: Heutige Standorte des Nachlass Schapire, S. 328f.
21 Siehe S. 41. Im Katalog zur Ausstellung Rosa. Eigenartig grün. Die Sammlerin Rosa Schapire und die Expressionisten (S. 30) wird das Gemälde als Bildnis Rosa Schapire bezeichnet. Dem Brücke-Museum zufolge lautet jedoch der originale (vom Künstler vergebene) Titel Bildnis R.S. (E-Mail von Christiane Remm, wissenschaftliche Mitarbeiterin der Karl und Emy Schmidt-Rottluff Stiftung, an die Autorin am 16. Juli 2021).
22 Mitteilung von Christiane Remm, wissenschaftliche Mitarbeiterin der Karl und Emy Schmidt-Rottluff Stiftung, an die Autorin am 12. Mai 2021.

8. Rezeption nach 1954

1 Linde Rohardt ergänzte die von Wietek erstellte Bibliografie später um weitere mehr als sechzig Publikationen. Vgl.: Publikationen von Rosa Schapire, bearbeitet von Linde Rohardt, in: Schulze, S. 331-342, und Ahrens, in: Schulze, S. 37.
2 Schmidt Rottluff an Wietek, 26. März 1964, zitiert nach: Wietek: Schmidt-Rottluff. Oldenburger Jahre 1907-1012, S. 180, Brief 223.
3 Ich danke herzlich Ralf Zander vom Bezirksamt Bergedorf, der die Mühe auf sich genommen hat, die Beschlussvorlage vom 18. November 1988 im Archiv ausfindig zu machen.
4 Siehe auch: Rita Bake: Ein Gedächtnis der Stadt. Nach Frauen und Männern benannte Straßen, Plätze und Brücken in Hamburg (Band I, Überblick und Analyse), Landeszentrale für politische Bildung, Hamburg 2015.
5 Wietek: »Dr. phil. Rosa Schapire«, S. 115-152.
6 Siehe S. 31.
7 Schapire: Karl Schmidt-Rottluffs graphisches Werk bis 1923, Berlin, Nachdruck: New York 1987.
8 Schapire: Die Frau in der bildenden Kunst, in: Carola Muysers (Hrsg.): Die bildende Künstlerin, Wertung und Wandel in deutschen Quellentexten 1855-1945, Amsterdam, Dresden 1999, S. 170-174.
9 Schapire: Hans Speckter – ein Hamburger Maler 1848-1888, Wienhausen 2004, mit einem Vorwort von Gisela Jaacks, seinerzeit Direktorin des Museums für Hamburgische Geschichte. Hans Speckters Briefe aus Italien, in der Originalfassung mehr als 300 Seiten, sind nicht enthalten.
10 Peter Schmidt Group (Hrsg.): Rosa!, (Publikation über den Rosa-Schapire-Kunstpreis), Hamburg, o.J., Blatt »A«.
11 Ebd.
12 Ebd.
13 Preisträger (und Juroren) waren bisher: 2016 Dan Perjovschi (Kasper König), 2017 Ana Jotta (Penelope Curtis), 2018 Natalia LL (Agnieszka Morawinska), 2019 Tati-

ana Trouvé (Alexia Fabre). Siehe: https://rosa-schapire-kunstpreis.de/archiv (letzter Zugriff: 4. Juli 2021).

14 Veronika Schöne: Rosa-Schapire-Kunstpreis 2020, in: Ekkehard Nümann für die
Freunde der Kunsthalle (Hrsg.): Freunde, Ausgabe 14, Herbst 2020, Hamburg 2020,
S. 58-59. Ebd., S. 59.

15 Ebd., S. 58.

16 © Kathleen Ryan. »Agate, amazonite, amethyst, aragonite, aventurine, black silk
stone, bone, calcite, carnelian, chalcedony, Ching Hai jade (dolomite and fuchsite),
chrysanthemum stone, citrine, crystal quartz, feldspar, fluorite, freshwater pearls,
garnet, hematite, jasper, labradorite, lepidolite, magnesite, malachite, marble, moss
agate, onyx, quartz, rhodochrosite, rhodonite, rhyolite, rose quartz, rutilated
quartz, serpentine, smoky quartz, tektite, tigereye, tree agate, turquoise, unakite,
yellow turquoise, ruby in zoisite, acrylic, glass, steel and stainless steel pins, poly-
styrene, wood and steel tools, fishing rods, steel trailer, rubber tires.
200.7 × 231.1 × 442 cm.« Ich danke Kathleen Ryan für die Genehmigung, das Foto
abzubilden.

17 Schöne, S. 58.

18 Ekkehard Nümann für die Freunde der Kunsthalle (Hrsg.): Freunde, Ausgabe 17,
Frühjahr 2022, Hamburg 2022, S. 56-57.

Anhänge

Stammtafel (Auszug)

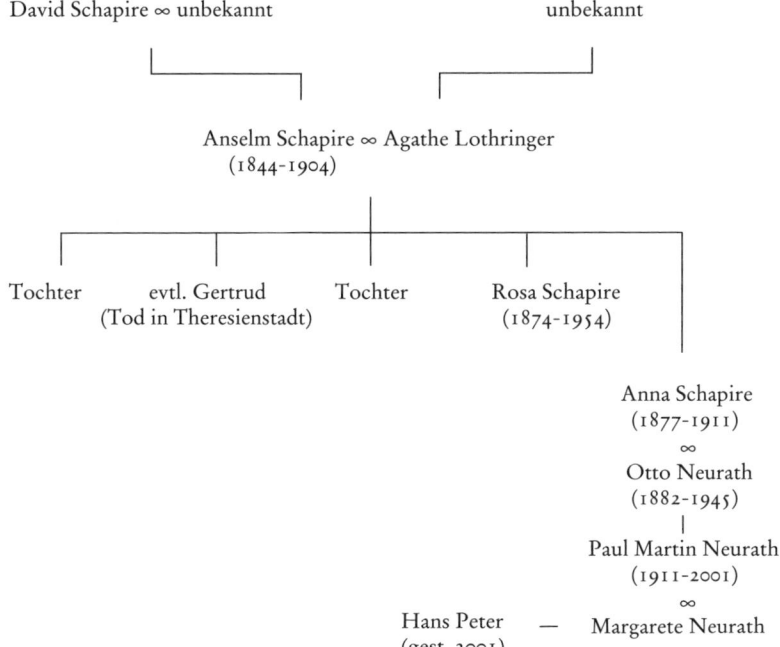

David Schapire ∞ unbekannt   unbekannt

Anselm Schapire ∞ Agathe Lothringer
(1844-1904)

Tochter   evtl. Gertrud   Tochter   Rosa Schapire
       (Tod in Theresienstadt)   (1874-1954)

Anna Schapire
(1877-1911)
∞
Otto Neurath
(1882-1945)

Paul Martin Neurath
(1911-2001)
∞
Hans Peter — Margarete Neurath
(gest. 2001)

Rosa Schapires Lebensdaten im Überblick

9. September 1874	Geburt in Brody (Österreich-Ungarn)
1893	Übersiedlung nach Hamburg
1895	Ausbildung zur Kontoristin, frauenpolitisches Engagement
1897	Unter Beobachtung der Politischen Polizei in Hamburg
1901	Immatrikulation in Kunstgeschichte an der Universität Bern
1902	Fortsetzung des Studiums an der Universität Heidelberg
1904	Promotion und erneute Übersiedlung nach Hamburg
	Beginn der Tätigkeit als freiberufliche Kunsthistorikerin
1907	Erste Begegnung mit Emil Nolde
1908	Erste Begegnung mit Karl Schmidt-Rottluff
	Eintritt in die Künstlervereinigung Brücke als Passives Mitglied
1914	Annahme der deutschen Staatsbürgerschaft
1916	Gründung des Frauenbundes zur Förderung deutscher bildender Kunst
1919	Mit Karl Lorenz Gründung von »Die Rote Erde. Monatszeitschrift für Kunst und Kultur«
1920	Mit Wilhelm Niemeyer Gründung von »Kündung. Eine Zeitschrift für Kunst«
1923	Publikation *Schmidt-Rottluffs graphisches Werk bis 1923*
1924	Reise nach Ägypten, Syrien, Palästina
1926	Reise nach Spanien
1933-1939	Antisemitisch bedingte Einschränkung der Berufsausübung
1934 und 1936	Reisen nach Italien
1937	Diffamierung in der Ausstellung »Entartete Kunst«
1938	Reise nach London, Kontakt zum Warburg Institute
12. August 1939	Emigration nach England, Rettung eines Teils der Kunstsammlung
1939-1954	Übersetzerin und Publizistin in London
1945	Kontaktaufnahme zu Freunden in Deutschland
5. Dezember 1945	Erster Nachkriegsbrief von Schmidt-Rottluff
Vor 1946	Annahme der britischen Staatsbürgerschaft
1952-1954	Tätigkeit als London-Korrespondentin der Zeitschrift »Die Weltkunst«
Sept. 1953	Vortrag in Leicester anlässlich der ersten Einzelausstellung Schmidt-Rottluffs in Großbritannien
1. Februar 1954	Tod in London

Literatur

Ackroyd, Peter: London. Die Biographie, München 2002.

Ahrens, Birgit: »… hat selbst vorausschauend Geschichte gemacht« – Zur Rezeption von Rosa Schapire, in: Schulze, Sabine (Hrsg.): Rosa. Eigenartig grün. Rosa Schapire und die Expressionisten, Ostfildern 2009, S. 28-53.

Amann, Anton; Domes, Michael; Felder, David; Sibitz, Eva; Spitta, Anna: Die erfolgreiche Immigration des Paul M. Neurath in die USA, Projektbericht erstellt im Rahmen des Projektes OeNB Nr. 14993, Wien, Oktober 2013, https://services.phaidra.univie.ac.at/api/object/o:1031159/diss/Content/get (letzter Zugriff: 20. Mai 2021)

Assel, Jutta: Der Sonderbund. Auszug aus F.H. Ehmckes Lebenserinnerungen 1, 1909-1911, in: Neusser Jahrbuch für Kunst, Kulturgeschichte und Heimatkunde 1985, Neuss 1985, S. 5-25.

Bake, Rita: Ein Gedächtnis der Stadt. Nach Frauen und Männern benannte Straßen, Plätze und Brücken in Hamburg (Band I, Überblick und Analyse), Landeszentrale für politische Bildung, Hamburg 2015.

Baumann, Annette: Ein neues Menschenbild in der Malerei, in: Joppien, Rüdiger (Hrsg.): Entfesselt. Expressionismus in Hamburg, Ausstellungskatalog des Museums für Kunst und Gewerbe, Hamburg 2006, S. 109-116.

Behr, Shulamith: Die Künstlergruppe Brücke und die Öffentlichkeit – Von der Überbrückung der Kluft zwischen den Geschlechtern, in: Schulze, Sabine (Hrsg.): Rosa. Eigenartig grün. Rosa Schapire und die Expressionisten, Ostfildern 2009, S. 54-87.

– Dr Rosa Schapire – Art Historian and Critic in Exile, in: Brinson, Charmian (Hrsg.): Keine Klage über England? Deutsche und österreichische Exilerfahrungen in Großbritannien 1933-1945, München 1998, S. 215-223.

Beiersdorf, Leonie: Mit Überzeugung und spitzer Feder. Zu Rosa Schapires Publikationen, in: Dogramaci, Burcu; Sandner, Günther (Hrsg.): Rosa und Anna Schapire – Sozialwissenschaft, Kunstgeschichte und Feminismus um 1900, Berlin 2017, S. 175-196.

– »_ dass Leben und Arbeit eines sind«. Gelebte Utopie in Kirchners Ateliers und Schapires Wohnräumen, in: Beil, Ralf; Dillmann, Claudia (Hrsg.): Gesamtkunstwerk Expressionismus. Kunst, Film, Literatur, Theater, Tanz und Architektur 1905 bis 1925, Katalog zur Ausstellung auf der Mathildenhöhe Darmstadt vom 24. Oktober 2010 bis 13. Februar 2011, Ostfildern 2010, S. 68-79.

– Einführung, in: Schulze, Sabine (Hrsg.): Rosa. Eigenartig grün. Rosa Schapire und die Expressionisten, Ostfildern 2009, S. 20-27.

– »Wieder Boden unter den Füßen« – Rosa Schapire in England (1939-1954), in: Schulze, Sabine (Hrsg.): Rosa. Eigenartig grün. Rosa Schapire und die Expressionisten, Ostfildern 2009, S. 250-279.

Bleitner, Thomas: Rosa Schapire (1874-1954). Kunsthistorikerin und Mäzenin, Förderin der »Brücke«, in: ders.: Hamburgerinnen, die lesen, sind gefährlich, München 2011, S. 90-100.

Bottin, Angela unter Mitarbeit von Rainer Nicolaysen: Enge Zeit. Spuren Vertriebener und Verfolgter der Hamburger Universität. Ausstellung 23. Februar bis 4. April 1991, Hamburg 1991.

Bruhns, Maike; Dauschek, Anja; Tiedemann-Bischop, Nicole (Hrsg.): Tanz des Lebens. Die Hamburgische Sezession 1919-1933, Dresden 2019.

Bruhns, Maike: Rosa Schapire: Freie Kunsthistorikerin in Hamburg – Beruf und Berufung, in: Schulze, Sabine (Hrsg.): Rosa. Eigenartig grün. Rosa Schapire und die Expressionisten, Ostfildern 2009, S. 216-249.
– Kunsthistorikerin mit einer Passion für den Expressionismus. Die Sammlerin Rosa Schapire, in: Wimmer, Dorothee (Hrsg.): Kunstsammlerinnen. Peggy Guggenheim bis Ingvild Goetz, Berlin 2009, S. 117-127.
– Kunst in der Krise, Bd. 1: Hamburger Kunst im »Dritten Reich«, Hamburg 2001.
– Kunst in der Krise, Bd. 2: Künstlerlexikon Hamburg 1933-1945, Hamburg 2001.
– Rosa Schapire und der Frauenbund zur Förderung deutscher bildender Kunst, in: Junge-Gent, Henrike: Avantgarde und Publikum. Zur Rezeption avantgardistischer Kunst in Deutschland 1905-1933, Köln u.a. 1992, S. 269-282.
Crawford, Elizabeth: The Women's Suffrage Movement: A Reference Guide 1866-1928, London 1999.
Dogramaci, Burcu: Still Fighting for Modern Art. Rosa Schapire in England, in: Dogramaci, Burcu; Sandner, Günther (Hrsg.): Rosa und Anna Schapire – Sozialwissenschaft, Kunstgeschichte und Feminismus um 1900, Berlin 2017, S. 229-256.
– Sandner, Günther (Hrsg.): Rosa und Anna Schapire – Sozialwissenschaft, Kunstgeschichte und Feminismus um 1900, Berlin 2017.
– Sandner, Günther: Rosa und Anna Schapire: eine intellektuelle Doppelbiografie, in: dies.: Rosa und Anna Schapire – Sozialwissenschaft, Kunstgeschichte und Feminismus um 1900, Berlin 2017, S. 7-37.
Frauenbund zur Förderung deutscher bildender Kunst (Hrsg.): Ausstellung von Werken neuerer Kunst aus Hamburger Privatbesitz in der Hamburger Kunsthalle, Hamburg 1917.
Freunde der Kunsthalle (Hrsg.): Rosa-Schapire-Kunstpreis 2020, in: Freunde, Ausgabe 14, Herbst 2020, Hamburg 2020.
Friedrich, Julia; Prinzing, Andreas (Hrsg.): »So fing man einfach an, ohne viele Worte«. Ausstellungswesen und Sammlungspolitik in den ersten Jahren nach dem Zweiten Weltkrieg, Berlin 2013.
Herrmann, Barbara: Ein guter Mensch – und mutig. Begegnung mit Rosa Schapire, in: Hamburger Abendblatt, 4. Februar 1954, S. 8.
Herzig, Arno (Hrsg.): Die Juden in Hamburg 1590 bis 1990. Wissenschaftliche Beiträge der Universität Hamburg zur Ausstellung »Vierhundert Jahre Juden in Hamburg«, Bd. 2, Hamburg 1991.
Hildebrandt, Wolfgang: Das Gewicht der Farbe Rosa, Typoskript, S. 73-86, Bruhns-Archiv im Warburg-Haus.
Hoffmann, Traute; Der erste deutsche Zonta-Club. Auf den Spuren außergewöhnlicher Frauen, Hamburg 2006.
– Lessmann, Johanna: Der erste deutsche Zonta-Club. Auf den Spuren außergewöhnlicher Frauen, Hamburg 2019.
Hornstein, Erika von: So blau ist der Himmel. Meine Erinnerungen an Karl Schmidt-Rottluff und Carl Hofer, Berlin 1999.
Jäger, Otto: Chemnitz und Schmidt-Rottluff, in: Städtische Kunstsammlung zu Chemnitz (Hrsg.): Karl Schmidt-Rottluff. Aquarelle aus den Jahren 1943-1946, Katalog zur Ausstellung im Schlossberg-Museum, Sommer 1946, Chemnitz 1946.
Joppien, Rüdiger: Max Sauerlandt und Rosa Schapire, in: Schulze, Sabine (Hrsg.): Rosa. Eigenartig grün. Rosa Schapire und die Expressionisten, Ostfildern 2009, S. 144-185.

– Entfesselt. Expressionismus in Hamburg, Ausstellungskatalog des Museums für Kunst und Gewerbe, Hamburg 2006.
– Zur Ausstellung Entfesselt, in: ders. (Hrsg.): Entfesselt. Expressionismus in Hamburg, Ausstellungskatalog des Museums für Kunst und Gewerbe, Hamburg 2006, S. 109-116.
Kirchner, Ernst Ludwig – Gustav Schiefler: Briefwechsel: 1910-1935/1938; mit Briefen von und an Luise Schiefler und Erna Kirchner sowie weiteren Dokumenten aus Schieflers Korrespondenz-Ablage. Bearb. von Wolfgang Henze in Verbindung mit Annemarie Dube-Heynig und Magdalena Kraemer-Noble, Stuttgart, Zürich 1990.
Klee, Ernst: Auschwitz, die NS-Medizin und ihre Opfer, Frankfurt a.M. 1997.
Krause, Hannah M.: Die Kunsthalle Mannheim zwischen 1945 und 1955, in: Friedrich, Julia; Prinzing, Andreas (Hrsg.): »So fing man einfach an, ohne viele Worte«. Ausstellungswesen und Sammlungspolitik in den ersten Jahren nach dem Zweiten Weltkrieg, Berlin 2013, S. 147-156.
Kuzmany, Börries: Das intellektuelle und wirtschaftliche Umfeld der Familie Schapire in Brody, in: Dogramaci, Burcu; Sandner, Günther (Hrsg.): Rosa und Anna Schapire – Sozialwissenschaft, Kunstgeschichte und Feminismus um 1900, Berlin 2017, S. 38-53.
– Eine galizische Grenzstadt im langen 19. Jahrhundert, Wien 2011.
Lenau, Nikolaus: Sämtliche Werke und Briefe in zwei Bänden. Erster Band, Gedichte und Versepen, hrsg. von Walter Dietze, Frankfurt a.M. 1971.
Lentos Kunstmuseum Linz (Hrsg.): Karl Schmidt-Rottluff. Stiftung Prof. Dr. Paul und Grete Neurath, Ausstellungskatalog, Linz 2004.
Lessmann, Johanna: Zur Geschichte des Zonta-Clubs Hamburg, in: Traute Hoffmann: Der erste deutsche Zonta-Club. Auf den Spuren außergewöhnlicher Frauen, Hamburg 2019, S. 11-19.
Luckhardt, Ulrich: »Hier wird nicht nach Kunst gesucht« – Rosa Schapire und das private Kunstsammeln in Hamburg, in: Schulze, Sabine (Hrsg.): Rosa. Eigenartig grün. Rosa Schapire und die Expressionisten, Ostfildern 2009, S. 88-103.
Meyer, Beate: Deportationen, in: Das Jüdische Hamburg. Ein historisches Nachschlagewerk, https://www.dasjuedischehamburg.de/inhalt/deportationen (letzter Zugriff: 24. Februar 2021).
Michels, Karen: Transplantierte Kunstwissenschaft: deutschsprachige Kunstgeschichte im amerikanischen Exil, Berlin 1999.
Mössinger, Ingrid (Hrsg.): Karl Schmidt-Rottluff. Werke in den Kunstsammlungen Chemnitz. Bestandskatalog der Kunstsammlungen Chemnitz anlässlich der Ausstellung »Karl Schmidt-Rottluff. 490 Werke in den Kunstsammlungen Chemnitz« vom 13. Dezember 2015 bis 10. April 2016, Köln 2015.
Muysers, Carola (Hrsg.): Die bildende Künstlerin, Wertung und Wandel in deutschen Quellentexten 1855-1945, Amsterdam, Dresden 1999.
Nolde, Emil: Jahre der Kämpfe, Köln 1967.
– Jahre der Kämpfe, Berlin 1934.
Oppens, Edith: Der Mandrill: Hamburgs zwanziger Jahre, Hamburg 1969.
Pasdzierny, Matthias: »Der Ozean, der mich seitdem von dem Geburtslande trennte, hat wieder zwei Ufer …« Der Künstlerfonds des Süddeutschen Rundfunks und das deutsch-jüdische Musikexil, in: Krohn, Claus-Dieter; Rotermund, Erwin; Winckler, Lutz; Koepke, Wulf in Verbindung mit Dörte Schmidt (Hrsg.): Exilforschung. Ein internationales Jahrbuch, 26/2008, Kulturelle Räume und ästhetische Universalität. Musik und Musiker im Exil, München 2008, S. 195-231.

Peter Schmidt Group (Hrsg.): Rosa! (Publikation über den Rosa-Schapire-Kunstpreis), Hamburg, o.J.

Peters, Olaf: Rosa Schapire und Karl Schmidt-Rottluff. Eine Freundschaft im Zeichen Saturns, in: Dogramaci, Burcu; Sandner, Günther (Hrsg.): Rosa und Anna Schapire – Sozialwissenschaft, Kunstgeschichte und Feminismus um 1900, Berlin 2017, S. 197-210.

– Karl Schmidt-Rottluff – die Sehnsucht nach reinstem Ausdruck, in: Mössinger, Ingrid (Hrsg.): Karl Schmidt-Rottluff. Werke in den Kunstsammlungen Chemnitz. Bestandskatalog der Kunstsammlungen Chemnitz anlässlich der Ausstellung »Karl Schmidt-Rottluff. 490 Werke in den Kunstsammlungen Chemnitz« vom 13. Dezember 2015 bis 10. April 2016, Köln 2015, S. 2-8.

Pevsner, Nikolaus: Rosa Schapire †, in: Kunstchronik, 7. Jg., April 1954, Nürnberg, S. 111.

Pirsich, Volker: Verlage, Pressen und Zeitschriften des Hamburger Expressionismus, Frankfurt a.M. 1988, S. 227-240.

Planert, Ute: Antifeminismus im Kaiserreich: Indikator einer Gesellschaft in Bewegung, in: Archiv für Sozialgeschichte 38, 1998, S. 93-118, http://library.fes.de/jportal/servlets/MCRFileNodeServlet/jportal_derivate_00021201/afs-1998-093.pdf (letzter Zugriff: 1. Juni 2021).

Presler, Gerd: Brücke-Sammlung wird versteigert, in: https://www.weltkunst.de/auktionen/2022/01/bruecke-sammlung-gerlinger-ketterer-expressionismus, 9. Januar 2022 (letzter Zugriff: 21. Januar 2022).

– Dr. phil. Rosa Schapire – ein sehr aktives Passiv-Mitglied der Brücke, in: Schulze, Sabine (Hrsg.): Rosa. Eigenartig grün. Rosa Schapire und die Expressionisten, Ostfildern 2009, S. 104-127.

– Die Brücke, Hamburg 2007.

– Schöne Grüße an die liebe Ro, in: ART – Das Kunstmagazin, 8/August 1989, Hamburg 1989. S. 54-65.

– »Rosa Schapire – diese einzigartige Frau«, o.J., https://presler.de/data/Rosa_Schapire_WK.pdf (letzter Zugriff: 23. Mai 2021).

Rainbird, Sean: Andauernde Vernachlässigung – Rosa Schapire und die Rezeption deutscher Kunst des 20. Jahrhunderts in Großbritannien, in: Schulze, Sabine (Hrsg.): Rosa. Eigenartig grün. Rosa Schapire und die Expressionisten, Ostfildern 2009, S. 282-299.

Remm, Christiane: Karl Schmidt-Rottluff und das Brücke-Museum in Berlin, in: Mössinger, Ingrid (Hrsg.): Karl Schmidt-Rottluff. Werke in den Kunstsammlungen Chemnitz. Bestandskatalog der Kunstsammlungen Chemnitz anlässlich der Ausstellung »Karl Schmidt-Rottluff. 490 Werke in den Kunstsammlungen Chemnitz« vom 13. Dezember 2015 bis 10. April 2016, Köln 2015, S. 19-23.

Reuss-Löwenstein, Harry: Hamburgs schaffende Frauen. Eine Vorkämpferin für junge Kunst, in: Hamburger Anzeiger vom 17. August 1931, Bruhns-Archiv im Warburg-Haus.

Ring, Christian: Gustav Paulis Verhältnis zu Max Sauerlandt und Rosa Schapire, in: Schulze, Sabine (Hrsg.): Rosa. Eigenartig grün. Rosa Schapire und die Expressionisten, Ostfildern 2009, S. 128-143.

Rohardt, Linde: Publikationen von Rosa Schapire, in: Schulze, Sabine (Hrsg.): Rosa. Eigenartig grün. Rosa Schapire und die Expressionisten, Ostfildern 2009, S. 331-339.

– Rosa Schapire. Kunsthistorikerin, in: Künstlerinnen der Avantgarde in Hamburg

zwischen 1890 und 1933. Bd. 2 des Ausstellungskatalogs der Hamburger Kunsthalle, S. 36-38, Bremen 2006.

Rohde, Saskia: Synagogen im Hamburger Raum 1680-1943, in: Herzig, Arno (Hrsg.):
Die Juden in Hamburg 1590 bis 1990. Wissenschaftliche Beiträge der Universität
Hamburg zur Ausstellung »Vierhundert Jahre Juden in Hamburg«, Bd. 2, Ham-
burg 1991, S. 143-175.

Roth, Gerd: Bundeskanzleramt. Erneut Verhandlungen über Leihgaben, in: Jüdische
Allgemeine vom 8. April 2019, https://www.juedische-allgemeine.de/kultur/er-
neut-verhandlungen-ueber-leihgaben/ (letzter Zugriff: 9. Juni 2021).

Saehrendt, Christian: »Die Brücke« zwischen Staatskunst und Verfemung. Expressionistische Kunst als Politikum in der Weimarer Republik, im »Dritten Reich« und
im Kalten Krieg, Stuttgart 2005, S. 14-17.

Sandner, Günther: Anna Schapire: ein intellektuelles Porträt, in: Dogramaci, Burcu;
Sandner, Günther (Hrsg.): Rosa und Anna Schapire – Sozialwissenschaft, Kunstgeschichte und Feminismus um 1900, Berlin 2017, S. 119-141.

– Otto Neurath. Eine politische Biographie, Wien 2014.

Schapire, Rosa: Hans Speckter – ein Hamburger Maler 1848-1888, Wienhausen 2004,
mit einem Vorwort von Gisela Jaacks (Hamburg und Leipzig, 1910).

– Die Frau in der bildenden Kunst, wieder abgedruckt in: Carola Muysers (Hrsg.): Die
bildende Künstlerin, Wertung und Wandel in deutschen Quellentexten 1855-1945,
Amsterdam, Dresden 1999, S. 170-174 (Frau und Gegenwart, Nr. 40, 4. Jg., Hamburg 1927).

– Karl Schmidt-Rottluffs graphisches Werk bis 1923, Nachdruck: New York 1987
(Berlin 1924).

– Ein Italiener würdigt die Dresdner Brücke, in: Die Weltkunst, Bd. 23, 1953, Heft 11,
S. 11.

– Gustav Schiefler und die Kunst seiner Zeit, in: Der Kreis, 12, 1927, S. 681-683.

– Ernst Ludwig Kirchner, in: Der Kreis, 4, 1927, S. 143-147.

– Der Frauenbund zur Förderung deutscher bildender Kunst, in: Die Literarische Gesellschaft, Bd. 4, 1918, Heft 6, S. 204-207.

– Zu Schmidt-Rottluffs Ausstellung bei Commeter, in: Der Hamburger, Bd. 1, 1911,
Heft 12, S. 267-268.

– Hans Speckter – ein Hamburger Maler 1848-1888, Hamburg und Leipzig, 1910,
https://archive.org/details/hansspecktersbri00specuoft (letzter Zugriff: 16. Juni
2021).

– Johann Ludwig Ernst Morgenstern. Ein Beitrag zu Frankfurts Kunstgeschichte im
XVIII. Jahrhundert. Dissertation, Heidelberg, Straßburg, 1905.

– Ein Wort zur Frauenemanzipation, in: Sozialistische Monatshefte, Bd. 13, 1897, H. 9,
S. 510-517, http://library.fes.de/sozmon/pdf/1897/1897_09.pdf (letzter Zugriff:
8. Juli 2021).

Schiefler, Gustav: Eine Hamburgische Kulturgeschichte 1890-1920. Beobachtungen
eines Zeitgenossen, bearb. von Gerhard Ahrens, Hans Wilhelm Eckardt und
Renate Hauschild-Thiessen, Hamburg 1985.

Schmidt, Sarah: Nationalsozialismus 1933-1945, Teil 1: Von der Machtübernahme der
Nationalsozialisten bis zum Kriegsbeginn, in: https://geschichtsbuch.hamburg.de/
epochen/nationalsozialismus/ (letzter Zugriff: 24. Februar 2021).

Schöne, Veronika: Rosa-Schapire-Kunstpreis 2020, in: Freunde der Kunsthalle (Hrsg.):
Freunde, Ausgabe 14, Herbst 2020, Hamburg 2020, S. 58-59.

Schulze, Sabine (Hrsg.): Rosa. Eigenartig grün. Rosa Schapire und die Expressionisten, Ostfildern 2009.

Schumacher, Fritz: Selbstgespräche, Erinnerungen und Betrachtungen, Hamburg 1949.

Soika, Aya: Weltenbruch. Die Künstler der Brücke im Ersten Weltkrieg. Brücke-Museum Berlin, 2014.

– Hoffmann, Meike: Flucht in die Bilder? Die Künstler der Brücke im Nationalsozialismus, Berlin 2019. Publikation anlässlich der gleichnamigen Ausstellung im Brücke-Museum/Kunsthaus Dahlem, Berlin, vom 14. April bis 11. August 2019.

Spielmann, Heinz: Die Sammlung Hermann Gerlinger und die Maler der »Brücke« auf Schloß Gottorf, in: Heinz Spielmann, Schleswig-Holsteinisches Landesmuseum (Hrsg.): Die Maler der »Brücke«. Sammlung Hermann Gerlinger, Stuttgart 1995, S. 7-12.

Städtische Kunstsammlung zu Chemnitz (Hrsg.): Karl Schmidt-Rottluff. Aquarelle aus den Jahren 1943-1946, Katalog zur Ausstellung im Schlossberg-Museum, Sommer 1946, Chemnitz 1946.

Stein-Steinfeld, Marian: Eine Freundschaft jenseits von allem Zeitbedingten: Hanna Bekker und Karl Schmidt-Rottluff, in: Mössinger, Ingrid (Hrsg.): Karl Schmidt-Rottluff. Werke in den Kunstsammlungen Chemnitz. Bestandskatalog der Kunstsammlungen Chemnitz anlässlich der Ausstellung »Karl Schmidt-Rottluff. 490 Werke in den Kunstsammlungen Chemnitz« vom 13. Dezember 2015 bis 10. April 2016, Köln 2015, S. 9-13.

Süß, Dietmar: Tod aus der Luft. Kriegsgesellschaft und Luftkrieg in Deutschland und England, München 2011.

Thiem, Gunther; Zweite, Armin (Hrsg.): Karl Schmidt-Rottluff. Retrospektive. Ausstellungskatalog Kunsthalle Bremen und Städtische Galerie im Lenbachhaus München, München 1989.

Vahland, Kia: Merkel alleine im Büro, in: Süddeutsche Zeitung vom 9. April 2019, https://www.sueddeutsche.de/kultur/nolde-merkel-schmidt-rottluff-bundeskanzleramt-1.4402530 (letzter Zugriff: 29. Dezember 2021).

Vasanta, Parvati: »Aber unsere Ziele haben wir höher gesteckt« – Rosa Schapire und der Frauenbund zur Förderung deutscher bildender Kunst, in: Dogramaci, Burcu; Günther Sandner (Hrsg.): Rosa und Anna Schapire – Sozialwissenschaft, Kunstgeschichte und Feminismus um 1900, Berlin 2017, S. 161-174.

Warburg, Aby: Tagebuch der Kulturwissenschaftlichen Bibliothek Warburg, hrsg. von Karen Michels und Charlotte Schoell-Glass, Berlin 2001.

Weichmann, Elsbeth: Zuflucht – Jahre des Exils, Hamburg 1983.

Wendland, Ulrike: Biographisches Handbuch deutschsprachiger Kunsthistoriker im Exil. Leben und Werk der unter dem Nationalsozialismus verfolgten und vertriebenen Wissenschaftler, Teil 1 (A-K) und Teil 2 (L-Z), München 1999.

Wietek, Gerhard: Schmidt-Rottluff. Plastik und Kunsthandwerk. Werkverzeichnis, München 2001.

– Schmidt-Rottluff. Oldenburger Jahre 1907-1912, hrsg. von der Stiftung Kunst und Kultur der Landessparkasse Oldenburg, Oldenburg 1994.

– Rosa Schapire und Karl Schmidt-Rottluff, in: Die Kunst, Heft 9, 1974, S. 510-513.

– »Dr. phil. Rosa Schapire«, in: Jahrbuch der Hamburger Kunstsammlungen, Bd. 9, Hamburg 1964, S. 115-152.

– Maler der Brücke. Farbige Kartengrüße an Rosa Schapire, Wiesbaden 1958.

Wimmer, Dorothee (Hrsg.): Kunstsammlerinnen. Von Peggy Guggenheim bis Ingvild Goetz, Berlin 2009.

Wittek, Susanne: »So muss ich fortan das Band als gelöst ansehen.« Ernst Cassirers Hamburger Jahre 1919 bis 1933, Göttingen 2019.
– Funkelnde Augen, kantige Wangen – Rosa Schapire, Streiterin für die Freiheit der Kunst, in: dies.: Absprung über Niemandsland. Hamburger Exil-Biografien im 20. Jahrhundert, Bremen 2014, S. 160-173.
– Magdalene Schoch – unbeirrbar konsequent »in den Tagen, in denen Freundschaft allein besteht«, in: dies.: Absprung über Niemandsland. Hamburger Exil-Biografien im 20. Jahrhundert, Bremen 2014, S. 174-187.
Ziegler, Philip: London at War 1939-1945, London 1995.
Zürn, Gaby: Forcierte Auswanderung und Enteignung 1933 bis 1941: Beispiele Hamburger Juden, in: Herzig, Arno (Hrsg.): Die Juden in Hamburg 1590 bis 1990. Wissenschaftliche Beiträge der Universität Hamburg zur Ausstellung »Vierhundert Jahre Juden in Hamburg«, Bd. 2, Hamburg 1991, S. 487-498.

Zeitschriften und Zeitungen

Art – Das Kunstmagazin, 8/1989, Hamburg 1989.
Der Kreis – Zeitschrift für künstlerische Kultur; Organ der Hamburger Bühne, Hamburg 4/1929, 12/1927, 3/1926.
Die Rote Erde – Monatszeitschrift für Kunst und Kultur, Hamburg 1919.
Die Weltkunst – Illustrierte Wochenschrift, München 1952, 1953, 1954.
Hamburger Anzeiger, Hamburg 17. August 1931.
Kündung – Eine Zeitschrift für Kunst, Hamburg 1920.
Kunstchronik – Monatsschrift für Kunstwissenschaft, Museumswesen und Denkmalpflege; Mitteilungsblatt des Verbandes Deutscher Kunsthistoriker, Nürnberg 1954.

Dokumente aus Archiven

Archiv der Karl und Emy Schmidt-Rottluff Stiftung, Berlin
Rosa Schapires Briefe an Karl Schmidt-Rottluff.
Rosa Schapires Briefe an Emy Schmidt-Rottluff.
Karl Schmidt-Rottluffs Briefe an Rosa Schapire.

Bruhns-Archiv im Warburg-Haus, Hamburg
Hildebrandt, Wolfgang: Das Gewicht der Farbe Rosa, Typoskript, S. 73-86.
Reuss-Löwenstein, Harry: Hamburgs schaffende Frauen. Eine Vorkämpferin für junge Kunst, in: Hamburger Anzeiger vom 17. August 1931.

Die ZEIT-Archiv
Die Zeit, Nr. 6/1954, 11. Februar 1954.

Germanisches Nationalmuseum, Deutsches Kunstarchiv, Nürnberg
Rosa Schapire an Agnes Holthusen:
NL Holthusen, Agnes, I,C-8 (1934-04-19a/b).
NL Holthusen, Agnes, I,C-8 (1945-08-26).
NL Holthusen, Agnes, I,C-8 (1946-01-06).

NL Holthusen, Agnes, I,C-8 (1947-10-21).
NL Holthusen, Agnes, I,C-8 (1948-01-10a).
NL Holthusen, Agnes, I,C-9 (1949-04-14).
NL Holthusen, Agnes, I,C-10 (1951-01-26a/b).
NL Holthusen, Agnes, I,C-11 (1953-11-16).
Agnes Holthusens Nachruf auf Rosa Schapire: NL Holthusen, Agnes, I,B-1-1950.
Gustav Delbanco an Willem Grimm: NL Holthusen, Agnes, I,B-1 (1954-02-03).
Rosa Schapire an Christian Töwe:
NL Töwe, Christian, I,C-68 (1947-01-28).
NL Töwe, Christian, I,C-68 (1947-05-05).

Hamburger Abendblatt-Archiv
https://www.abendblatt.de/archive/1954/pdf/19540204.pdf/ASV_HAB_19540204_HA_
008.pdf (letzter Zugriff am 8. Juli 2021).

Paul F. Lazarsfeld Archiv, Wien
Foto Paul Martin Neurath, Signatur NAA-99.99-LB-001.

Staatsarchiv Hamburg
Oberfinanzpräsident, 314-15, FVg 5994, Schapire (Rosa).
720-I_Zeitschrift Liskor-Erinnern.

Unternehmensarchiv des Südwestrundfunks, Stuttgart
Bestand SDR: 49-58: Künstlerfonds. Protokolle / Tätigkeitsberichte, 28. Februar 1952
bis 31. Dezember 1961.
Bestand SDR: 49-61: Künstlerfonds. Korrespondenz A-Z, 1. Dezember 1952 bis 1. Januar 1954.

Internetquellen

http://library.fes.de/jportal/servlets/MCRFileNodeServlet/jportal_derivate_000
21201/afs-1998-093.pdf (letzter Zugriff: 8. Juli 2021)
http://library.fes.de/sozmon/pdf/1897/1897_09.pdf (letzter Zugriff: 16. Juni 2021)
https://archive.org/details/hansspeckttersbrioospecuoft (letzter Zugriff: 16. Juni 2021)
https://bibliothek.univie.ac.at/fb-soziologie/paul_martin_neurath_1911_.html (letzter
Zugriff: 16. Juni 2021)
https://de.wikipedia.org/wiki/Wangoni#/media/Datei:WANGONI_WL.jpg (letzter Zugriff: 14. Juli 2021)
https://digi.ub.uni-heidelberg.de/diglit/kk1926/0402/scroll (letzter Zugriff: 22. März 2020)
https://digi.ub.uni-heidelberg.de/diglit/wk (letzter Zugriff: 5. April 2020)
https://geschichtsbuch.hamburg.de/epochen/nationalsozialismus/ (letzter Zugriff: 24. Februar 2021)
https://presler.de/data/Rosa_Schapire_WK.pdf (letzter Zugriff: 16. Juli 2021)
https://rosa-schapire-kunstpreis.de (letzter Zugriff: 4. Juli 2021)
https://services.phaidra.univie.ac.at/api/object/o:1031159/diss/Content/get (letzter Zugriff: 23. Mai 2021)
https://wi-calm.sas.ac.uk/calmview/Record.aspx?src=CalmView.Catalog&id=WIA+
GC%2f19467&pos=9 (letzter Zugriff: 23. Mai 2021)

https://www.abendblatt.de/archive/1954/pdf/19540204.pdf/ASV_HAB_19540204_
HA_008.pdf (letzter Zugriff: 8. Juli 2021)

https://www.britannica.com/event/Phony-War (letzter Zugriff: 6. Februar 2021)

https://www.dasjuedischehamburg.de/inhalt/deportationen (letzter Zugriff: 24. Februar
2021)

https://www.deutscher-pavillon.org/de/hintergruende/ (letzter Zugriff: 23. Mai 2021)

https://www.digizeitschriften.de/dms/img/?PID=urn:nbn:de:bsz:16-diglit-61882llog
00144&physid=phys00237#navi (letzter Zugriff: 25. März 2020)

https://www.juedische-allgemeine.de/kultur/erneut-verhandlungen-ueber-leihgaben/
(letzter Zugriff: 22. April 2021)

https://www.sueddeutsche.de/kultur/nolde-merkel-schmidt-rottluff-bundeskanzleramt-
1.4402530 (letzter Zugriff: 29. Dezember 2021)

https://www.theguardian.com/news/1999/may/17/guardianobituaries2 (letzter Zugriff:
21. Juni 2021)

https://www.weltkunst.de/auktionen/2022/01/bruecke-sammlung-gerlinger-ketterer-
expressionismus, 9. Januar 2022 (letzter Zugriff: 21. Januar 2022)

Bildnachweis

S. 58, 66, 137	Staatsarchiv Hamburg
S. 85	Städtische Kunstsammlung zu Chemnitz
S. 115	Stedelijk Museum Amsterdam
S. 53, 97	Tate Modern London
S. 42	Thiem, Gunther; Zweite, Armin (Hrsg.): Karl Schmidt-Rottluff. Retrospektive. Ausstellungskatalog Kunsthalle Bremen, Städtische Galerie im Lenbachhaus München, München 1989
S. 118, 122	Unternehmensarchiv Südwestrundfunk Stuttgart
S. 61, 100	Warburg Institute London
S. 67	Wikipedia
S. 153	Wittek, Susanne

Abkürzungen

DKA	Deutsches Kunstarchiv
GNM	Germanisches Nationalmuseum
K.B.W.	Kulturwissenschaftliche Bibliothek Warburg
KZ	Konzentrationslager
NL	Nachlass
NS	Nationalsozialismus
NSDAP	Nationalsozialistische Deutsche Arbeiterpartei
SDR	Süddeutscher Rundfunk
SPSL	Society for the Protection of Sciences and Learning
SWR	Südwestrundfunk
StAHH	Staatsarchiv Hamburg
V&A	Victoria and Albert (Museum/Gallery)

Dank

Es ist für mich ein besonderer Glücksfall, dass aus einer ersten Zusammenarbeit mit der Hamburgischen Wissenschaftlichen Stiftung eine zweite hervorgegangen ist. Ihrem Vorsitzenden Dr. Ekkehard Nümann, Herausgeber der Reihe *Künstler in Hamburg*, danke ich herzlich nicht nur für sein Vertrauen, sondern auch für seine ermutigende Unterstützung. Und ich danke Dr. Johannes Gerhardt, Geschäftsführer der Stiftung, für die konstruktive, zuverlässige Zusammenarbeit und den offenen Austausch über alle Belange.

Ein besonderer Dank geht an das Brücke-Museum Berlin und seine Direktorin Lisa Marei Schmidt sowie an die Karl und Emy Schmidt-Rottluff Stiftung und deren wissenschaftliche Mitarbeiterin Christiane Remm. Sie haben mir in äußerst entgegenkommender Weise ermöglicht, die in ihrem Haus verwahrten 521 Briefe von Rosa Schapire und Karl Schmidt-Rottluff zu sichten und auszuwerten. Christiane Remm, vielfach ausgewiesene Schmidt-Rottluff-Kennerin, stand mir während meines zweiwöchigen Forschungsaufenthaltes im Berliner Archiv trotz pandemiebedingt erhöhter Arbeitsbelastung umstandslos mit Rat und Tat zur Seite. Mehrfach hat sie im Archiv Einzelfragen für mich geklärt, die erst nach meiner Rückkehr nach Hamburg auftraten, und über die ganze Dauer meiner Arbeit hat sie zahllose Fragen kenntnisreich beantwortet. Dass sie mich an ihrem profunden Wissen hat teilhaben lassen, war für mich eine unschätzbar wertvolle Hilfe.

Zum wiederholten Male durfte ich die Expertise von Dr. Jost Dülffer, emeritierter Professor für Neuere Geschichte an der Universität zu Köln, in Anspruch nehmen. Für die Gründlichkeit und Ausführlichkeit, mit der er meinen Text durchdacht, kommentiert und mit mir diskutiert hat, kann ich ihm nicht genug danken.

Der Schapire-Forscherin Dr. Leonie Beiersdorf, Kuratorin der Ausstellung *Rosa. Eigenartig grün. Die Sammlerin Rosa Schapire und die Expressionisten* von 2009, danke ich für wichtige Anregungen und die großzügige Überlassung eigener Forschungsergebnisse zur Verwendung in meinem Buch. Wertvolle Hinweise verdanke ich außerdem dem Schapire-Kenner und früheren Kurator des Museums für Kunst und Gewerbe Hamburg Dr. Rüdiger Joppien.

Laura Metz vom Deutschen Kunstarchiv und Historischen Archiv im Germanischen Nationalmuseum Nürnberg war mit ihrer nie nachlassenden Hilfsbereitschaft bei der Handhabung der Archivbestände stets ein besonderer Lichtblick. Tobias Fasora, Archivar im Unternehmensarchiv des Südwestrundfunks, hat sich unter den schwierigen Bedingungen der Pandemie die Zeit genommen, Dokumente zur »Ehrengabe« des Süddeutschen Rundfunks an Rosa Schapire herauszusuchen und zu digitalisieren. Dafür danke ich ihm vielmals.

Sehr dankbar bin ich Margit Fischer, Vorstandsvorsitzende des Österreichischen Frauenrats, die mir den entscheidenden Hinweis zur Klärung der Frage nach eventuellen Nachfahren Rosa Schapires gab. Ingrid Dellin, entfernte Angehörige von Rosa Schapires Neffen Paul Martin Neurath, danke ich für wichtige Auskünfte und für die Erlaubnis, ein Foto der Familie Neurath zu verwenden.

Für das ebenso akribische wie kenntnisreiche Lektorat bin ich Frauke Hamann (Hamburg) außerordentlich verbunden. Nicht zuletzt danke ich Anna-Theresa Kölczer (Wallstein Verlag) für ihr hilfreiches, förderliches Mitdenken.

Personenregister

Verzeichnet sind die Namen von natürlichen Personen, die in der Vorbemerkung sowie in den Kapiteln 1 bis 8 genannt werden. Anmerkungen bleiben unberücksichtigt, ebenso der Name Rosa Schapire. Ein * verweist darauf, dass auf der angegebenen Seite (auch) ein Bild der jeweiligen Person beziehungsweise das Werk eines Malers oder Fotografen erscheint.